Diogenes Taschenbuch 21325



R

o

W. Somerset Maugham

# *Don Fernando*

*oder*
*Eine Reise*
*in die spanische*
*Kulturgeschichte*

*Aus dem Englischen von*
*Matthias Fienbork*

Diogenes

Titel der Originalausgabe:
›Don Fernando Or Variations
on Some Spanish Themes‹ 1935

Umschlagillustration: Edouard Manet
›Stilleben mit Melone und Pfirsichen‹,
1866 (Ausschnitt)

*Deutsche Erstausgabe*


40/95/8/2
ISBN 3 257 21325 5

# *Vorbemerkung*

Ich möchte den Leser darauf hinweisen, daß ich mir die Neuausgabe dieses Buches zunutze gemacht habe, um darin gewisse Änderungen vorzunehmen. Es passiert einem Schriftsteller nicht oft, daß er kritischen Worten begegnet, die ihm von Nutzen sein können. In einem solchen Glücksfall wäre es töricht von ihm, nicht davon zu profitieren. Und genau das habe ich bei der vorliegenden Ausgabe versucht. Als Mr. Desmond MacCarthy in der *Sunday Times* mein *The Summing Up* besprach, bemerkte er ohne Schärfe, in dem rezensierten Buch stünden einige Dinge, die ich bereits in *Don Fernando* gesagt hätte. Das war mir klar. Ich hatte seinerzeit, als ich daran arbeitete, nicht die Absicht, *The Summing Up* zu schreiben, und da ein Thema, das ich zufällig in *Don Fernando* behandelt hatte, mir den naheliegenden Vorwand lieferte, verschiedene mir wichtige Dinge zur Sprache zu bringen, brachte ich sie zur Sprache. Ich hoffte, der Titel würde deutlich machen, daß es sich bei *The Summing Up* um eine Zusammenfassung meiner Überlegungen zu den meisten Dingen handelte, die mich im Laufe meines Lebens beschäftigt hatten, und so hielt ich es für ganz normal, mehr oder weniger vollständig zu wiederholen, was ich (wie mir durchaus bewußt war) in mehr als nur einem Buch gesagt hatte. Da aber *The Summing Up* eine viel größere Verbreitung fand, als ich erwarten durfte, hielt ich es für angebracht, in dem vorliegenden Buch auf all das zu verzichten, was ich in dem späteren vermutlich sehr viel besser gesagt habe. Dieser Verzicht fiel mir umso leichter, als ich bei neuerlicher Lektüre von *Don Fernando* nach fünfzehn Jahren feststellen mußte, daß es dem Aufbau des Buches abträglich war, sich ausführlich mit einer Sache zu beschäftigen, die für mein Thema nicht wesentlich war. Vom schwierigen Geschäft des Schreibens habe ich doch soviel gelernt, um zu wissen, daß man bei einer Fuchsjagd keine Hasen hetzen soll.

Mr. Raymond Mortimer bezeichnet in seiner Rezension über *Don Fernando* im *New Statesman* eines der Kapitel als ermüdend. Es enthielt eine lange Passage aus einem Spanisch-Führer, den ein gewisser John Minsheu im sechzehnten Jahrhundert geschrieben hatte, um Engländer mit Redewendungen vertraut zu machen, die ihnen auf Reisen von Nutzen sein könnten. Ich nahm sie auf, weil ich dachte, sie würden ein ungewöhnliches Licht auf die damalige Zeit werfen. John Minsheu beschreibt seine Dialoge als »kurzweilig und ergötzend«, aber ich glaube gern, daß der durchschnittliche Leser, von dem ich nicht erwarten kann, er werde mein spezifisches Interesse teilen, sie anders empfindet. Also habe ich die Passage gestrichen und ersetzt durch etwas, was hoffentlich mehr nach seinem Geschmack ist.

In einem anderen Punkt, zu dem Mr. Mortimer sich kritisch äußerte, konnte ich nichts tun. Ich hatte erklärt, daß diese Betrachtungen zu verschiedenen Aspekten von Spanien unter Philipp III. auf Material beruhten, das ich gesammelt hatte, weil ich einen Roman schreiben wollte, den ich aber aus bestimmten Gründen dann doch nicht geschrieben habe. Mein Kritiker hielt das für Unsinn, ja er sagte, wenn ich mich recht erinnere, eine so billige Rechtfertigung für das Schreiben eines Buches sei ihm noch nie untergekommen. Und doch war es so, es gibt keine andere Erklärung. Das ist die ganze Wahrheit. Ich glaube, kein Schriftsteller macht sich die Mühe, so viele, häufig langweilige Bücher zu lesen, in einem Spanisch, das zu lesen selbst Spaniern von heute schwerfällt – wenn er nicht ein Motiv hat: darüber zu schreiben. Der beste Beweis dafür, daß es seinerzeit keine faule Ausrede gewesen war, bloß um meinem Buch eine Form zu geben und um mühelos von einem Thema zum nächsten kommen zu können, ist der Umstand, daß ich Jahre später eben nicht den beabsichtigten Roman schrieb, sondern ein anderes Buch über dieselbe Epoche, bei dem mir das zusammengetragene Material sehr zustatten kam.

Ich bin bestrebt, Anklang zu finden, und als ich mir den *Don Fernando* jetzt wieder vornahm, versuchte ich, für den von Mr. Mortimer bemängelten Punkt eine Lösung zu finden. Es hat ja keinen Sinn, seinen Lesern nur zu sagen, dieses oder jenes sei eine Tatsache. Die Tatsache muß plausibel sein. Weil aber das ganze Buch an diesem Faden hing, der vielleicht dünn, für das Gewicht aber wohl stark genug war, erkannte ich bald, daß die einzige Möglichkeit, sich dieses nützlichen Hilfsmittels zu entledigen, darin bestehen würde, das Buch völlig neu zu schreiben, und dazu war ich nicht bereit. Wenn es keine größeren Mängel hat, darf ich zufrieden sein.

Ich freue mich über diese Gelegenheit, die beiden hervorragenden Kritiker meiner großen Dankbarkeit zu versichern – für ihre kritischen Worte, die mich hoffentlich in die Lage versetzt haben, ein Buch vorzulegen, das etwas besser ist als jenes, das ich vor so vielen Jahren geschrieben habe.

# I

Ich wohnte seinerzeit in Sevilla, in einer Straße namens Guzman el Bueno, und ob ich in die Stadt ging oder nach Hause zurückkehrte, jedesmal kam ich an Don Fernandos Taverne vorbei.

Wenn die Arbeit des Vormittags getan war und ich meinen Spaziergang auf der bunten und quirligen Sierpes gemacht hatte, kehrte ich auf dem Nachhauseweg dort sehr gern ein, um vor dem Mittagessen noch ein Glas Manzanilla zu trinken. Und in der abendlichen Kühle, wenn ich mein Pferd nach einem Ausritt über das gefährliche Kopfsteinpflaster heimwärts führte, pflegte ich oft dort anzuhalten, den Burschen herbeizurufen, er solle die Leine halten, und einzutreten. Die Taverne war nicht mehr als ein langer, niedriger Raum, und da sie an einer Straßenecke lag, hatte sie an beiden Seiten eine Tür. Der Tresen, hinter dem sich die Weinfässer befanden, aus denen Don Fernando die Gläser füllte, erstreckte sich über die ganze Länge des Raumes. Von der Decke hingen spanische Zwiebelzöpfe, Wurstringe und Schinken aus Granada, die besten in Spanien, worauf Don Fernando immer wieder hinwies. Seine Kundschaft bestand wohl hauptsächlich aus den Bediensteten des Viertels, Santa Cruz, der damals elegantesten Gegend von Sevilla. Gewundene, weiße Straßen mit prächtigen Häusern und hier und da eine Kirche. Das Viertel machte einen eigentümlich verlassenen Eindruck. Wer morgens hinaustrat, sah vielleicht eine schwarzgekleidete Dame mit ihrer Zofe zur Messe gehen. Zuweilen kam ein Straßenhändler mit seinem Esel vorbei, die Waren in bauchigen, offenen Satteltaschen, oder ein Bettler, der an jedem Haus stehenblieb, an jeder *reja,* dem schmiedeeisernen Tor, das zum Patio führte, seine Stimme erhob und mit seinen uralten Formeln um Almosen bat. Bei Einbruch der Nacht kehrten die Damen, die in einem von zwei Pferden gezogenen Landauer zum Paseo gefahren waren, nach Hause zurück, und in den Straßen hallte das Klappern der Hufe. Dann war alles wieder still. Das ist schon lange her. Ich spreche von den letzten Jahren des neunzehnten Jahrhunderts.

Don Fernando war selbst für einen Spanier klein, aber sehr dick. Sein rundes, braunes Gesicht glänzte vom Schweiß, und sein Bart war immer zwei Tage alt. Nie mehr und nie weniger. Wie er das schaffte, weiß ich nicht. Er war unglaublich schmutzig. Er hatte große, schwarze, glänzende Augen mit überaus langen Wimpern, Augen, die zugleich scharf, gutmütig und fröhlich waren. Er war ein Spaßvogel, der sich an seinem trockenen Humor ergötzte. Er sprach das weiche andalusische Spanisch, dem der maurische Einfluß die Härte des Kastilischen genommen hatte, doch gut verstehen konnte ich ihn erst, als ich mit der Sprache vertraut war. Er begeisterte sich für den Stierkampf und war stolz darauf, daß der große Guerrita gelegentlich hereinschaute, um mit ihm ein Glas Wein zu trinken. Er war ledig, lebte allein mit einem kümmerlichen, bleichen Jungen aus dem Waisenhaus, der kochte, die Gläser spülte und den Fußboden scheuerte. Nie habe ich ein ausgeprägteres Schielen gesehen als bei diesem Jungen.

Don Fernando verkaufte einem indes nicht nur den besten Manzanilla von ganz Sevilla, er handelte auch mit Antiquitäten. Das war auch der Grund, warum ich ihn so oft besuchte. Man wußte nie, was er gerade auf Lager hatte. Die Gegenstände kamen wohl über einen verschwiegenen Diener aus den Häusern des Viertels. Ihre Besitzer, zeitweilig in Geldschwierigkeiten, waren zu stolz, um sie selbst einem Händler anzubieten. Es waren zumeist kleine und leicht zu transportierende Dinge, Stücke aus Silber oder Spitze, alte Fächer mit goldbesetzten Perlmuttergriffen, Kruzifixe, Straßschmuck und antike Ringe von barocken Formen. Möbel hat Don

Fernando nur selten erworben, aber wenn er tatsächlich einmal etwas ankaufte, einen *bargueño* oder ein paar Stühle mit gerader Lehne, die Sitzfläche lederbezogen und mit Nägeln ringsum beschlagen, dann behielt er es in seinem Schlafzimmer, das er mit dem Findling teilte. Ich besaß sehr wenig Geld, und er wußte, daß ich nur Kleinigkeiten erstehen konnte, doch es bereitete ihm großes Vergnügen, seine Erwerbungen vorzuführen, und zwei-, dreimal führte er mich auf sein Zimmer. Die Fenster waren geschlossen, um tagsüber die Hitze und nachts die unangenehme Luft fernzuhalten. Es war dreckig, und es stank. In einander gegenüberliegenden Ecken standen zwei kleine eiserne Bettgestelle, die, wann immer man das Zimmer betrat, ungemacht waren, und die Laken sahen aus, als seien sie seit Monaten nicht gewechselt worden. Der Fußboden war übersät mit Zigarettenkippen. Don Fernandos Augen glänzten noch mehr als sonst, wenn er seine schmuddelige Patschhand über das Holz eines Stuhles gleiten ließ, den dreihundert Jahre Gebrauch blankpoliert hatten. Bei einem Tabernakel etwa spuckte er auf die staubbedeckte Goldschicht und rieb die Stelle mit dem Finger, um einem hocherfreut die hervorragende Qualität des Goldes zu zeigen. Wenn man unten im Schankraum stand, angelte er zuweilen ein Paar Ohrringe hinter dem Tresen hervor, diese alten, schweren spanischen Ohrringe, und legte sie nebeneinander, auf daß man die Schönheit des Materials und die Eleganz der Verarbeitung bewundere. Er hatte eine so sinnliche und zärtliche Art, mit diesen Dingen umzugehen, die einem besser als all seine Worte zeigte, wieviel er für sie empfand. Wenn er mit dem eigentümlichen Schnalzen der Spanierin einen Fächer öffnete und sich zufächelte, einen alten Fächer, mit dem eine elegante Dame mit Mantilla bei einem Stierkampf geprotzt haben mochte, als Karl III. König von Spanien war, dann spürte man sofort, daß er, bei all seiner Einfalt, eine gewisse Leidenschaft für die Vergangenheit empfand.

Don Fernando kaufte und verkaufte billig. Und so konnte ich, nach tagelangem, oft wochenlangem Handeln, an dem wir wohl beide unseren Spaß hatten, nach und nach ein paar Gegenstände von ihm erwerben, die, obschon ohne den geringsten Wert für mich, mein Verlangen erweckten, weil sie mit ihren Assoziationen meine Phantasie beflügelten. Also kaufte ich Fächer, die irgendwelche Schönheiten, tot seit hundertfünfzig Jahren, geschwenkt hatten, Ohrringe, die sie an den Ohren, Ringe, die sie an den Fingern getragen, und Kruzifixe, die sie in ihren Zimmern aufgehängt hatten. Es war Plunder. Im Laufe der Zeit ist alles gestohlen oder verschenkt worden oder verloren gegangen. Von all den Gegenständen, die ich Don Fernando abgekauft habe, besitze ich nur noch ein Buch, und das wollte ich nicht haben, erwarb es gegen meinen Willen. Eines Tages, als ich über die Schwelle trat, sprach Don Fernando mich sogleich an:

»Ich habe etwas für Sie«, sagte er. »Ich habe es eigens für Sie angekauft.«

»Was ist es denn?«

»Ein Buch.«

Er öffnete eine Schublade im Tresen und zog ein dickes, pergamentgebundenes Büchlein hervor. Ich machte ein langes Gesicht.

»Kein Interesse.«

»Aber sehen Sie nur! Es ist ein altes Buch. Es ist über dreihundert Jahre alt!«

Er schlug es auf und zeigte mir das Titelblatt. Es stimmte, dort stand die Jahreszahl 1568, der Erscheinungsvermerk Madrid und der Name des Verlegers: *Por la viuda de Alonso Gomez, Impressor de la C.R.M.*

»Es ist nicht teuer«, fuhr er fort. »Ich überlasse es Ihnen für fünfzig Peseten.«

»Ich will es aber nicht, egal, wieviel es kostet.«

»Es ist ein berühmtes Buch. Als ich es bekam, sagte ich zu

mir: Es wird Don Guillermo gefallen. Er ist ein gebildeter Mann.«

»Das ist Quatsch!« (Nicht jeder kennt den spanischen Ausdruck dafür.) »Verkaufen Sie es jemand anders. Ich bin kein Sammler. Ich kaufe nur Bücher, die ich auch lese.«

»Aber warum sollten Sie dieses hier denn nicht lesen? Es ist sehr interessant.«

»Nicht für mich.«

»Ein dreihundert Jahre altes Buch? Machen Sie mir doch nichts vor. Sehen Sie mal, der Rand ist stellenweise beschrieben, und die Rückseite ist auch beschrieben. Das beweist doch, daß es alt ist.«

Gewiß, ein Leser hatte hier und da Anmerkungen notiert, in einer Handschrift, die durchaus aus dem siebzehnten Jahrhundert stammen mochte, aber ich konnte kein Wort davon entziffern. Ich blätterte ein wenig darin herum. Das Buch war wunderbar gedruckt, auf festem, schönem Papier, doch die Buchstaben standen so eng, daß sie nur mit Mühe zu lesen waren. Die altertümliche Schreibweise und die Abkürzungen, die ich bemerkte, gaben dem Text etwas schwer Verständliches. Ich schüttelte den Kopf und gab es Don Fernando zurück.

»Sie können es für vierzig Peseten haben. Ich selbst habe fünfunddreißig dafür bezahlt.«

»Ich möchte es nicht einmal geschenkt haben.«

Er zog seufzend die Schultern hoch und legte das Buch beiseite.

Einige Tage später kam ich mit meinem Pferd zufällig an der Taverne vorbei. Don Fernando, der auf einem Zahnstocher kauend in der Tür stand, rief mir zu:

»Kommen Sie mal kurz rein, ich habe Ihnen was zu sagen.«

Ich stieg aus dem Sattel und gab die Zügel dem Jungen. Don Fernando legte das Buch in meine Hände.

»Ich gebe es Ihnen für dreißig Peseten. Ich verliere dabei fünf, aber ich möchte, daß Sie es haben.«

»Ich will das Buch aber nicht!« rief ich.

»Fünfundzwanzig Peseten!«

»Nein.«

»Sie brauchen es ja nicht zu lesen. Stellen Sie es in Ihre Bibliothek.«

»Ich habe keine Bibliothek.«

»Sollten Sie aber! Fangen Sie Ihre Bibliothek mit diesem Buch an. Es ist ein schönes Buch.«

»Es ist kein schönes Buch.«

Und das stimmte. Obwohl ich wußte, daß ich es nie lesen würde, wäre ich vielleicht in Versuchung geraten, wenn es in Leder gebunden wäre, mit einem goldenen Wappen darauf, ein hübscher Foliant mit breitem Rand. Doch es war ein reizloses kleines Buch, viel zu dick für seine Höhe, und der Pergamenteinband war zerknittert und gelb. Ich wollte das Buch wirklich nicht haben. Don Fernando war, ich weiß nicht, warum, fest entschlossen, daß ich es haben sollte. Wann immer ich danach seine Taverne betrat, wurde ich von ihm attackiert. Er schmeichelte mir, redete mir gut zu, er ergab sich mir auf Gnade und Ungnade, appellierte an meinen Gerechtigkeitssinn, ging auf zwanzig Peseten herunter, auf zehn, doch ich blieb standhaft. Eines Tages dann bekam er eine hölzerne Statuette des hl. Antonius, zweifellos aus dem siebzehnten Jahrhundert stammend, wunderschön geschnitzt und bemalt, die mir sofort gefiel. Wir handelten über mehrere Wochen hinweg, bis wir schließlich etwa bei der Summe angekommen waren, für die er sie hergeben mochte und die ich bezahlen konnte. Die Differenz betrug nur zwanzig Peseten. Den genauen Preis habe ich vergessen. Ich glaube, er verlangte einhundertdreißig Peseten, und ich bot einhundertzehn.

»Geben Sie mir einhundertdreißig für die Statue und das Buch«, sagte er, »und Sie werden es nicht bereuen.«

»Verdammtes Buch!« rief ich verärgert.

Ich bezahlte mein Glas und wandte mich der Tür zu. Don Fernando rief mich zurück.

»Einen Moment«, sagte er.

Ich drehte mich um. Er kam auf mich zu, ein gewinnendes Lächeln auf seinen fetten roten Lippen, in der einen Hand die Statuette, in der anderen das Buch.

»Ich lasse Ihnen die Statuette für einhundertzwanzig Peseten und gebe Ihnen das Buch als Geschenk dazu.«

Einhundertzwanzig Peseten war der Preis, den zu zahlen ich mich schon längst entschlossen hatte.

»Einverstanden«, sagte ich, »aber das Buch können Sie behalten.«

»Es ist ein Geschenk!«

»Ich will kein Geschenk haben!«

»Aber ich möchte Ihnen ein Geschenk machen. Es ist mir ein Vergnügen. Ein Geschenk können Sie doch nicht ablehnen. Na los, kommen Sie schon!«

Ich seufzte. Ich war geschlagen. Ich schämte mich ein wenig.

»Ich gebe Ihnen zwanzig Peseten für das Buch.«

»Selbst dann ist es ein Geschenk«, sagte er. »Sie können es in Madrid für zweihundert verkaufen.«

Er wickelte es in ein schmutziges Stück Zeitungspapier ein. Ich gab ihm das Geld und ging, das Buch in der Hand und die Statuette unter dem Arm, nach Hause.

## 2

Im Laufe der Zeit habe ich dann doch so etwas wie eine Bibliothek zusammengetragen, und das dicke Büchlein, das Don Fernando mir aufgezwungen hatte, fand dort seinen Platz. Wegen seines Formats und seines Pergamenteinbands lenkte es, neben all den Schutzumschlägen der ausländischen und den bunten Leinenrücken der englischen Bücher, oft meine Aufmerksamkeit auf sich. Das störte mich nicht, denn es erinnerte mich an Don Fernandos Taverne, an die sommerlichen Straßen Sevillas (quer über die Straße gespannte Markisen milderten das gleißende Licht) und an den kühlen, herben Geschmack des Manzanilla, aber auf den Gedanken, es zu lesen, bin ich nie gekommen.

Eines verregneten Nachmittags jedoch, ich schmökerte gerade in meinen Büchern, bemerkte ich es zufällig und nahm es aus dem Regal. Ziellos blätterte ich ein wenig. Ich dachte, ich könnte ja einen Absatz lesen und mich überraschen lassen. Der Absatz war freilich sechs Seiten lang. Ich fand den Text nicht so schwer wie ich vermutet hatte. Das lange s war etwas ungewohnt, und das n wurde nach einem nicht ersichtlichen System weggelassen und durch eine kleine Wellenlinie über dem vorhergehenden Buchstaben bezeichnet. Ein v in der Wortmitte wurde durch ein u und am Wortanfang zuweilen durch ein b ersetzt. Dies ergab die im sechzehnten Jahrhundert übliche Aussprache. Es war aber, weil für mich ungewohnt, ein harter Brocken, erraten zu müssen, daß *boluer* wie *volver* zu lesen ist. Es gab eine Fülle von Abkürzungen, und die Schreibweise war altertümlich. Ich stellte jedoch fest, daß sich bei konzentriertem Lesen keine größeren Probleme stellten, und ich fand, daß der Autor klar und verständlich schrieb. Was er zu sagen hatte, sagte er in knappen Worten. Ich kehrte zur ersten Seite zurück und begann ganz vorn.

Die Geschichte, die ich las, war seltsam. Ihr Protagonist war der jüngste Sohn von dreizehn Kindern des Don Beltran Yañez de Oñaz und seiner Frau Doña Maria Saez de Balda. Don Beltran war das Haupt eines alten und angesehenen Hauses, und seine Frau war ihm von Geburt und Charakter her ebenbürtig. Sie waren verwandt mit den bedeutendsten Familien in der Provinz Guipuzcoa. Es ist dies eine der schönsten Gegenden Spaniens, ein bergiges Land mit grünen, fruchtbaren Tälern, durch die klare, murmelnde Bäche fließen. Die Kälte im Winter ist erträglich, und im Sommer geht ein kühler und frischer Wind. Don Beltrans Haus existiert noch immer, es steht in einem langen, schmalen Tal, das vorn und seitlich von Bergen eingeschlossen wird. Trotz dieser Begrenzungen bietet sich von dort eine weite Sicht. Die Berggipfel sind nackt und steinig, doch an den Hängen wachsen Bäume, und weiter unten gibt es Weiden, Mais- und Kornfelder. Es ist eine heitere, überaus bunte Szenerie. Ein kleiner Fluß windet sich durch das Tal, und man darf wohl annehmen, daß das Haus seinetwegen an diesem Ort errichtet wurde. Doch es waren unruhige Zeiten, und wenn es auch nicht mehr die Festung war, die auf Geheiß König Heinrichs IV. und der Bruderschaften von Guipuzcoa zerstört worden war, so konnte es nötigenfalls doch verteidigt werden. Es ist ein eckiges Gebäude, die untere Partie (die Überreste der aus dem vierzehnten Jahrhundert stammenden Bastion) ist aus grauem, unbehauenem Stein, die obere Partie jedoch, ein Jahrhundert später in nicht ganz so trutziger Manier errichtet, besteht aus Ziegelsteinen, und die vier Ecken werden von kleinen, wie Pfeffermühlen aussehenden Erkertürmchen (sogenannten Bartisanen) geschmückt. Es ist nicht sehr groß, nach englischen Begriffen nur ein bescheidenes Landhaus, und Don Beltran und seine Frau dürften, mit ihrer großen Familie und der Vielzahl von Bediensteten, die ihre Stellung erforderte, recht beengt gewohnt haben. Don Beltran war ein einflußreicher Mann, und sein Erbe, Don Martin, heiratete Doña Magdalena d'Araoz, Ehrenjungfer von Königin Isabella der Katholischen, die ihr zur Hochzeit ein Verkündigungsbild schenkte. Einige Tage nach dem Einzug in ihr neues Heim fand die Braut zu ihrer Überraschung das Gemälde schweißgebadet. Das Wunder rief große Bestürzung unter den Familienangehörigen hervor, und Don Pedro Lopez, der Bruder ihres Gatten und ein Priester machte den Vorschlag, das Gemälde in der Dorfkirche aufzuhängen, damit es dort von den Gläubigen angebetet werden könne. Don Martin, der nicht bereit war, sich von einem so bedeutenden Schatz zu trennen, bot statt dessen an, im Haus eine Kapelle zu bauen, wo man das wundersame

Gemälde in geeigneter Weise als Heiligtum verwahren könne.

Don Beltrans jüngster Sohn, der Held der Geschichte, wurde auf den Namen Iñigo getauft. Fast noch als Kind wurde er von seinem Vater in die Dienste des Don Juan Velazquez de Cuellar gegeben, des Schatzmeisters der Katholischen Könige. Der Dienst war eine ehrenvolle Aufgabe. Männer von Stand hielten es keineswegs für unwürdig, ihre Söhne in großen Adelshäusern dienen zu lassen, wo sie bei Tisch auftrugen, die Betten machten, sich um die Kamine kümmerten, den Boden fegten und ihre Herrschaft bedienten. Don Juan Velazquez war Gouverneur von Arevalo (Provinz Avila), einer jener Städte, die Juan II. von Kastilien seiner Witwe, der Mutter Isabellas, übertragen hatte. Das Wappen von Arevalo zeigte eine zinnenbewehrte Mauer und einen Ritter in voller Montur zu Pferde, mit Helmbusch und gesenkter Lanze. Hier lernte der junge Iñigo Umgangsformen und Lebensart eines Edelmannes. Herangewachsen, fühlte er sich vom Beispiel seiner Brüder, tatkräftigen Männern, und von seiner eigenen Abenteuerlust zum Kriegshandwerk gedrängt. Er wollte besser sein als die anderen und berühmt sein ob seiner Tapferkeit. Sein Biograph verweilt indes nur kurz bei diesem Lebensabschnitt. Nur wegen der Bemerkungen, die er später selber machte, weiß man, daß er rasch zum Degen griff, wenn seine Ehre auf dem Spiel stand, daß er ein begeisterter Jäger und ein Freund des Glücksspiels gewesen sein soll. Er war ein Jüngling von angenehmer Erscheinung, eher klein, aber von schöner Gestalt, mit schlanken Beinen, auf die er nicht wenig stolz war. In späteren Jahren bekannte er, sehr gern engsitzende Stiefel getragen zu haben. Er hatte wunderschöne Haare, kastanienbraun mit rötlichem Schimmer, und seine braunen Augen waren groß, lebendig und herrlich ausdrucksvoll. Sein Teint war weiß. Seine Nase, das Auffallendste an seinem Gesicht, war hakenförmig, aber nicht so groß, als daß sie entstellend gewirkt hätte. Er trug die prächtigen Kleider eines Höflings mit Anmut. Der Geist der Nüchternheit, der infolge der Sparsamkeit Ferdinands des Katholischen das Leben, außer bei feierlichen Empfängen, stark geprägt hatte, war ja seit der Ankunft Philipps des Schönen und seiner flämischen Entourage einem Hang zu luxuriöser Pracht gewichen. Don Iñigo war eine attraktive Erscheinung. Er soll der Geliebte von Germaine de Foix gewesen sein, jener jungen Frau, welche Ferdinand, ungeachtet seines Beinamens »der Kluge«, nach dem Tode Isabellas ehelichte. Der französische Chronist bezeichnete sie als *»bonne et fort belle princesse«*, während ein anderer Zeitgenosse, ein Spanier, sagte, sie sei häßlich und lahm gewesen. Vielleicht war dieser voreingenommen. »Diese Dame führte in Kastilien großartige Festtafeln ein, obschon die Kastilier und sogar ihre Könige in dieser Hinsicht äußerst bescheiden sind«, sagte er streng. »Wer Feste und Bankette für sie gab, war ihr Freund.« Sie war erst achtzehn, als sie heiratete (Ferdinand war vierundfünfzig), und daß sie sich gern amüsierte, wird wohl niemand überraschen. Don Iñigo verliebte sich leidenschaftlich in sie. Er trug ihre Farben und komponierte Madrigale zu ihren Ehren. Er war wirklich ein Edelmann.

Sorglos führte er ein galantes Leben, bis er als Siebenundzwanzigjähriger, König Ferdinand war tot, und seine Witwe hatte sich wieder vermählt, in die Dienste des Don Antonio Manrique trat, des Herzogs von Najera, der seiner Familie eng verbunden war. Er nahm an verschiedenen militärischen Unternehmungen teil. Er war ehrgeizig und energiegeladen. Er hatte ein Talent, Menschen zu führen, so daß der Herzog ihn mit Angelegenheiten beauftragte, die Geschick erforderten. Einmal entsandte er ihn nach Guipuzcoa, um zwischen rivalisierenden Parteien zu schlichten, und Don Iñigo vermochte die strittigen Fragen zur Zufriedenheit aller zu lösen. Karl v. begann seine Herrschaft über Spanien mit einer Reihe von Fehlern, die seine neuen Untertanen zum Aufstand trieben. Der König von Frankreich nutzte die Gunst der Stunde, erklärte seinem Rivalen den Krieg und ließ ein französisches Heer in Navarra einrücken. Der Herzog von Najera, der die spanischen Soldaten befehligte, etablierte eine Garnison in Pamplona und verließ die Provinz. Die Franzosen belagerten die Festung, und die Offiziere der Garnison, zu denen auch Don Iñigo gehörte, waren, da sie die Lage für aussichtslos hielten, schon zur Kapitulation bereit. Da wandte sich Don Iñigo gegen die allgemeine Einschätzung der Lage und sprach mit so leidenschaftlichen Worten zu den Offizieren, daß sie beschlossen, bis zum letzten Blutstropfen Widerstand zu leisten. Während eines Angriffs wurde Don Iñigos rechtes Bein von einer Kugel getroffen, und ein Steinsplitter verwundete gleichzeitig das linke Bein. Er lag darnieder, und die Garnison, die sich von seiner Begeisterung hatte mitreißen lassen, verlor den Mut und ergab sich.

Die Franzosen marschierten in Pamplona ein. Als sie auf Don Iñigo stießen und erkannten, um wen es sich handelte, wurden sie von Mitleid gerührt und versorgten seine Wunden. Überaus edelmütig und ritterlich verfügte der französische Kommandant, Don Iñigo solle zwecks besserer Versorgung in einer Sänfte auf sein Schloß zurückgebracht werden. Kaum angelangt, verschlimmerte sich sein Zustand, besonders der des rechten Beins. Die Ärzte gelangten zu der Überzeugung, daß der Knochen, um richtig zusammenzuwachsen, abermals gebrochen werden müsse. So wurde die schmerzhafte Operation durchgeführt, ohne daß der Verwundete blaß wurde, stöhnte oder etwas sagte, was auf mangelnden Mut deutete. Das Bein indes wollte nicht heilen, und es bestand nur wenig Aussicht, daß Don Iñigo genesen würde. Er erfuhr von seiner Verfassung, worauf er die Beichte ablegte und die Sterbesakramente empfing. In dieser Nacht aber erschien ihm der hl. Petrus, den er stets verehrt hatte, und ließ ihn gesund werden. Seine Knochen wuchsen allmählich zusammen und wurden kräftiger. Zwanzig Knochensplitter waren aus seinem Bein entfernt worden, so daß es kürzer war als das andere und häßlich aussah. Und er konnte weder gehen noch stehen. Unterhalb des Knies stand ein Knochen unschön hervor, was Don Iñigo derart betrübte, daß er die Ärzte fragte, ob Abhilfe möglich sei. Sie sagten, daß der Auswuchs weggeschnitten werden könne, doch es wäre schmerzhafter als die bisherigen Operationen. Don Iñigo wollte seine militärische Laufbahn fortsetzen können. Er war eitel, wollte die eleganten Stiefel tragen können, die damals in Mode waren. Also bestand er darauf, ungeachtet ärztlicher Bedenken, operiert zu werden. Er ließ sich nicht festschnallen, das war eines tapferen Mannes unwürdig, und er ertrug die Qualen regungslos und ohne Klagen. Der Höcker wurde entfernt, und dann wurde das Bein, mittels Rädern und anderer Instrumente, die ihm furchtbare Schmerzen zufügten, langsam gestreckt und gerichtet. Doch es erreichte nie mehr die Länge des anderen Beins. Don Iñigo mußte fortan humpeln.

Um die Langeweile seiner Bettlägerigkeit zu vertreiben, bat er um die Rittererzählungen, die er so gern las, aber es waren keine im Haus. Man brachte ihm die Bücher, die gerade vorhanden waren, nämlich eine Schilderung des Lebens Christi* und die unter dem Namen *Flos Sanctorum* bekannten Heiligenlegenden. Unvorsichtigerweise begann er zu lesen, war aber schon bald zutiefst bewegt, und sogleich entstand in ihm der Wunsch, den großen Taten, von denen er las, nachzueifern. Allein, er konnte seine Vergangenheit nicht vergessen, die Erinnerungen an seine mutigen Handlungen, an die angenehmen Stunden bei Hofe, und die Gedanken an die Liebe ließen ihn nicht los. Gott und der Teufel rangen um seine Seele. Er bemerkte freilich, daß die himmlischen Gedanken ihn mit Freude, die irdischen Gedanken mit Unzufriedenheit erfüllten. Das war genug. Er beschloß, sein Leben zu ändern. Am meisten machte ihm die Wollust zu

* Die Vita Jesu Christi des Kartäusers Ludolf von Sachsen (A. d. Ü.)

schaffen, die er vergeblich aus seinem begehrenden Herzen zu reißen suchte. Als er eines Nachts, wie es seine Gewohnheit war, aus dem Bett stieg, um zu beten, erschien ihm die Himmelskönigin mit dem Jesuskind in den Armen. Fortan war er erlöst von den sinnlichen Phantasien, die ihn verzaubert hatten, so daß er bis ans Ende seiner Tage die Keuschheit seiner Seele erhalten konnte.

Sein älterer Bruder und die Bewohner des Hauses bemerkten seine Wandlung, denn obwohl er sein Geheimnis für sich behielt, hatte sich sein Verhalten geändert. Sie müssen tatsächlich gedacht haben, daß da etwas Wundersames vor sich ging, denn als sich der junge Soldat schließlich entschloß, in die Fußstapfen Christi zu treten, erbebte das Haus. Man beobachtete, daß er viel las (was zu einem Mann seines Standes nicht recht paßte), daß er betete und nicht mehr zu Scherzen aufgelegt war. Er sprach ernst und ruhig, von geistigen Dingen zumeist, und er schrieb viel. In ein prächtig gebundenes Buch schrieb er, denn er war ein guter Schreiber, die bemerkenswertesten Aussprüche und Taten von Jesus, von Maria und den Heiligen. Die Worte des Herrn malte er in goldenen Lettern, die der Jungfrau in Blau und die der übrigen Heiligen in anderen Farben, je nach dem Grade seiner Verehrung. Dieses Tun beglückte ihn sehr, vor allem aber die Betrachtung des Himmels und der Sterne, die ihn alles Irdische verachten ließ und seine Gottesfurcht steigerte. An dieser Gewohnheit hielt er zeitlebens fest, und sein Biograph berichtet, daß er völlig entrückt wirkte, wenn er in hohem Alter von einem Hügel aus den Himmel betrachten konnte. Wenn er wieder zu sich fand, standen Freudentränen in seinen Augen, und er rief: »Wie schlecht und gemein erscheint mir doch die Erde, wenn ich den Himmel schaue. Sie ist nichts als Dreck und Mist.« Er beschloß, nach Jerusalem zu pilgern, sobald seine Gesundheit wiederhergestellt wäre. Bis dahin wollte er mit Fasten, verschiedenen Bußübungen und Kasteiungen sein Fleisch züchtigen. Er suchte eine von allen irdischen Eitelkeiten befreite Lebensweise, die es ihm gestatten würde, sich so rigoros zu kasteien, daß es seinem Heiland ein Wohlgefallen wäre.

Schließlich war Don Iñigo so weit genesen, daß er seine Pilgerreise antreten konnte. Da er mit Widerstand in seiner Familie rechnete, erklärte er seinen Aufbruch zum Schein damit, daß er den Herzog von Najera, seinen Dienstherrn, der sich während seiner Krankheit mehrmals nach ihm erkundigt hatte, besuchen wolle. Don Martin, sein älterer Bruder, ahnte freilich, daß die Reise einem anderen Zweck dienen sollte als einem Höflichkeitsbesuch, und nahm Don Iñigo beiseite:

»Alles an dir ist großartig, mein Bruder«, sagte er, »deine Klugheit, deine Urteilsfähigkeit, dein Mut, deine Abstammung, deine Erscheinung, dein Einfluß bei den Mächtigen, der Ruf, den du im Lande genießt, deine militärische Erfahrung, dein wacher Verstand, dein Alter, du stehst jetzt in der Blüte deiner Jugend, und die Hoffnungen, die deswegen allenthalben in dich gesetzt werden. Wie also kannst du aus bloßer Laune heraus unsere begründeten Hoffnungen enttäuschen, wie uns zum Gespött machen, unserem Haus die Trophäen deiner Siege nehmen und ihm den Ruhm vorenthalten, der auf deine Taten folgen wird? Ich habe dir gegenüber nur den einen Vorzug, daß ich vor dir geboren wurde. Aber ich weiß, daß du mich in allen anderen Dingen übertriffst. Sieh, ich bitte dich, mein Bruder, der du mir lieber bist als mein eigenes Leben, bedenke dein Tun und entscheide dich nicht für einen Weg, der nicht nur unsere Hoffnungen zunichte machen, sondern auch unsere Familie in immerwährende Schande stürzen wird.«

Don Iñigo antwortete kurz und bündig. Er sagte, er werde nicht vergessen, daß er von edler Geburt sei, und er versprach, nichts zu tun, was Schande über das Haus bringen könnte. Dann brach er auf, begleitet von zwei Dienern, die er jedoch bald entlöhnte und aus seinen Diensten entließ. Sein nächstes Ziel war Monserrat. Vom Tage seines Weggangs aus dem väterlichen Hause an geißelte er sich allnächtlich. Er wollte große und schwierige Taten vollbringen und kasteite sich mitleidlos, weil die Heiligen, deren Beispiel er zu folgen bestrebt war, sich auf diesem Wege von Schuld befreit hatten. Dabei kam es ihm weniger darauf an zu büßen, als darauf, Gott zu gefallen. Unterwegs begegnete er einem Mauren, die damals noch in großer Zahl in den Königreichen Valencia und Aragon lebten, und man ritt eine Weile gemeinsam dahin. Sie knüpften ein Gespräch an und waren bald in einen Disput über die Jungfräulichkeit Mariens verstrickt. Der Maure gab zu, daß sie vor und während der Geburt Jesu durchaus in diesem gesegneten Zustand gewesen sei, leugnete aber, daß sie danach noch Jungfrau gewesen sei. Don Iñigo ließ nichts unversucht, ihn aufzuklären, doch der Maure war derart verstockt, daß die Stimme der Vernunft bei ihm nichts ausrichtete. Der Maure ritt weiter, und Don Iñigo blieb verwirrt zurück. Er wußte nicht, ob sein Glaube und die christliche Nächstenliebe nicht verlangten, dem Burschen zu folgen und ihn wegen seiner Unverfrorenheit zu erdolchen. Er war Soldat, hatte einen ausgeprägten Ehrbegriff und betrachtete es als persönliche Beleidigung, daß ein Feind des Glaubens es wagte, in seiner Gegenwart ungebührlich von der Himmelskönigin zu sprechen. Nach sorgfältiger Überlegung beschloß er, die Sache dem Urteil Gottes zu überlassen. An der nächsten Weggabelung wollte er die Zügel seines Pferdes loslassen: würde es den Weg des Mauren nehmen, würde er ihn verfolgen und töten, sollte es aber die andere Richtung einschlagen, würde er von ihm lassen. So geschah es. Das Pferd ließ den breiten, flachen Weg, den der Maure entlanggeritten war, links liegen und entschied sich für die andere Richtung. Gott hatte gesprochen. Als Don Iñigo schließlich in der Nähe des Monserrat ankam, fand er ein Dorf, wo er die für seine Pilgerfahrt benötigten Dinge erwarb, ein Gewand aus rauhem, grobem Tuch, das bis auf die Füße fiel, einen Strick, um sich damit zu gürten, Sandalen, einen Stab und ein Trinkgefäß.

Das Benediktinerkloster Monserrat war bekannt für seine wundersamen Erscheinungen und für die große Schar von Pilgern, die von überallher kamen, um die Gunst der Heiligen Jungfrau zu erflehen. Kaum angekommen, suchte Don Iñigo sich sogleich einen Beichtvater und legte eine drei Tage währende Generalbeichte ab. Dann schenkte er sein Pferd dem Kloster und legte Schwert und Dolch vor den Altar Mariens. Im Dunkel der Nacht ging er zu einem Bettler und schenkte ihm all seine Kleider, sogar sein Hemd, und legte das härene Gewand an, das er gekauft hatte. Und da er in den Rittererzählungen gelesen hatte, daß frisch geschlagene Ritter die Nacht über ihren Waffen wachten, verbrachte er, der neuernannte Ritter Christi, die Nacht vor dem Bild der Jungfrau, weinte bitterlich um seiner Sünden willen und beschloß, fortan ein besseres Leben zu führen. Vor Anbruch der Morgendämmerung, auf daß niemand erführe, wohin er gegangen, machte er sich auf den Weg, bog von der Landstraße, die nach Barcelona führte (normalerweise schiffte man sich dort nach Italien ein), ab und ging, so schnell er nur konnte, in Richtung Manresa, einem Bergdorf. Er trug seine Pilgerkleidung, doch der eine Fuß war beschuht, da seine Wunde ihn noch plagte. Er war noch nicht weit gekommen, als er bemerkte, daß ein Mann ihm folgte und ihm zurief. Er holte ihn ein und fragte Don Iñigo, ob es wahr sei, daß er seine vornehmen Kleider einem Bettler geschenkt habe. Dieser sei nämlich, da man die Sachen bei ihm gefunden habe, als mutmaßlicher Dieb ins Gefängnis geworfen worden. Don Iñigo bezeugte, er habe dem Mann die Sachen wirklich geschenkt, gab aber auf die Frage, wer er sei und woher er komme, keine Antwort.

In Manresa nahm er, seine Geburt und seine bisherige Lebensweise verheimlichend, Quartier im Armenspital. Und weil er sein Äußeres immer gepflegt hatte und stolz gewesen war auf seine wunderschönen langen Haare, achtete er fortan nicht mehr darauf und ging barhäuptig. Bart und Nägel wurden nicht mehr geschnitten. Er geißelte sich dreimal täglich und verbrachte sieben Stunden auf den Knien. Jeden Tag ging er zur Messe, zur Vesper und zum Kompletorium. Jeden Tag bat er um Almosen, aß aber kein Fleisch und trank keinen Wein, sondern lebte von Wasser und Brot. Er schlief auf der nackten Erde und verbrachte den größten Teil der Nacht mit Beten. Er verbat sich alles, was seinem Körper angenehm sein könnte, und obschon ein kräftiger Mann, war er infolge der Strenge seiner Geißelungen binnen kurzem außerordentlich geschwächt. Eines Tages fragte er sich im Spital, unter den Bettlern, in all dem Dreck und Gestank: Was tust du hier? Warum kleidest du dich so armselig und unwürdig? Siehst du nicht, daß du, indem du dich auf eine Stufe stellst mit so niedrigen Menschen und dich wie einer von ihnen verhältst, die Würde deiner Geburt versteckst? Er wußte es: das war die Stimme des Teufels, und er rückte noch näher zu den Armen und zwang sich, noch freundlicher zu ihnen zu sein. Ein weiterer Tag verging. Er fühlte sich matt und erschöpft, als ihm plötzlich der Gedanke kam, daß er ein so hartes und elendes Leben, schlimmer als das eines Wilden, unmöglich würde aushalten können, schon gar nicht siebzig Jahre lang. »Und was«, erwiderte er, »sind siebzig Jahre der Bußfertigkeit verglichen mit der Ewigkeit?« Nach einer Weile verließ ihn der Seelenfriede, der sein Trost gewesen, und er spürte eine große Trockenheit in seinem Herzen. Seine Seele schien eingeschnürt, und er betete, ohne Zufriedenheit oder Erleichterung dabei zu empfinden. Zweifel ergriffen ihn, in der Generalbeichte vielleicht nicht alles gesagt zu haben, was er hätte sagen müssen. Sein Gewissen plagte ihn so sehr, daß er die Nächte in bangen Sorgen und bitterlich weinend verbrachte. Eines Tages, er war inzwischen aus dem Armenspital in ein Dominikanerkloster umgezogen, wollte er sich aus lauter Verzweiflung aus dem Fenster seiner Zelle stürzen. In diesem Augenblick kam es ihm zustatten, daß er das *Flos Sanctorum* gelesen hatte, denn er entsann sich eines Heiligen, der sich etwas von Gott gewünscht hatte und so lange fasten wollte, bis ihm sein Wunsch erfüllt würde. Don Iñigo beschloß, diesem Beispiel zu folgen und weder zu essen noch zu trinken, bis er seinen Seelenfrieden wieder gefunden hätte. Eine Woche nahm er nichts zu sich, er betete täglich sieben Stunden auf den Knien, geißelte sich täglich dreimal und verrichtete die sonstigen Übungen. Am Ende der Woche wähnte er sich stark genug, um das Fasten fortzusetzen, doch sein Beichtvater gebot ihm, das Fasten zu brechen, und weigerte sich, ihm Absolution zu erteilen, solange er nichts gegessen habe. Also brach Don Iñigo das Fasten und war bald völlig frei von seinen Skrupeln. Er begrub die Erinnerungen an seine früheren Sünden und wurde hinfort nie mehr von ihnen geplagt.

Daraufhin empfing der Büßer weitere Gnadenbeweise. Eines Tages, er betete gerade auf den Stufen der Kirche des Dominikanerklosters, ward sein Geist erleuchtet, und er wurde der Heiligen Dreifaltigkeit gewahr, als schaute er sie mit eigenen Augen. Diese Vision erfüllte ihn mit so großer Freude, daß er an nichts anderes denken und von nichts anderem sprechen konnte. Er schilderte die Erscheinung mit soviel Logik, Gründen, Gleichnissen und Beispielen, daß alle, die ihm zuhörten, von Bewunderung und Erstaunen ergriffen wurden. Während seiner Gebete erschien ihm oft die Gestalt Christi, zuweilen auch die der Heiligen Jungfrau. Eines Tages ging er, um sich an einem Ort außerhalb von Manresa ganz der Betrachtung frommer Dinge zu widmen. Er setzte sich ans Flußufer und betrachtete das vorbeifließende Wasser. Plötzlich wurden seine Augen aufgetan, und alles erschien ihm in einem neuen, ungewohnten Licht, so daß er nicht nur die Mysterien des Glaubens begriff, sondern auch die Mysterien aller Wissenschaft. Später, gegen Ende seines Lebens, bezeugte er, daß alle Kenntnisse zusammengenommen, die er erworben, ihm nicht soviel wirkliche Erkenntnis gebracht hätte wie jener Augenblick der Erleuchtung.

Eines Samstags, Don Iñigo war wie gewöhnlich bei seinen Gebetsübungen, fiel er in Ohnmacht, und die Umstehenden hielten ihn für tot und hätten ihn beerdigt, wenn nicht zufällig jemand seinen Puls gefühlt und bemerkt hätte, daß das Herz noch schlug. Don Iñigo verharrte in diesem Zustand, bis er am darauffolgenden Samstag wie aus einem süßen Schlummer erwachte.

Erschöpft von den großen körperlichen Strapazen und den unaufhörlichen inneren Kämpfen sah er sich genötigt, ein wenig zu ruhen. Er hatte indes so wunderschöne Visionen und erlebte so süßen Trost, daß er nicht imstande war, dem Schlaf die wenige Zeit zu schenken, die er dafür bestimmt hatte und verbrachte seine Nächte in heftiger Erregung. Er erkrankte so schwer, daß man um sein Leben bangte. Als er sich auf das Sterben vorbereitete, gab ihm der Satan den Gedanken ein, er habe als rechtschaffener und frommer Mann doch nichts zu fürchten. Don Iñigo erschrak und wehrte sich nach Leibeskräften gegen diese Vorstellung, versuchte, durch die Erinnerung an seine früheren Sünden die Hoffnung auf göttliche Gnade zu vertreiben. Und als er so weit genesen war, daß er sprechen konnte, beschwor er alle, die seinen Todeskampf miterlebt hatten, ihm zuzurufen: »Du elender und unglücklicher Sünder, gedenke der Taten, durch die du den Zorn Gottes auf dich gelenkt hast.« Einigermaßen wiederhergestellt, setzte Don Iñigo seine gewohnten Bußübungen und seine asketische Lebensweise fort. Infolge seines rastlosen Strebens, sich selbst zu besiegen, bürdete er seinem ermatteten Körper Lasten auf, die seine Kraft überstiegen, und er erkrankte ein zweites und drittes Mal schwer. Seine Erfahrungen, dazu heftige Magenschmerzen und die Unbill des Wetters, es war Winter, brachten ihn endlich dazu, sich warm zu kleiden. So verbrachte er die meiste Zeit des Jahres, und dann kam der Augenblick, da er zu seiner Pilgerreise nach Jerusalem aufbrechen konnte.

Einige seiner Freunde wollten ihn begleiten, damit er nicht allein sei, andere wiederum rieten ihm davon ab, eine so lange und gefährliche Reise allein zu unternehmen, ohne einen Führer, der Italienisch oder Latein spräche und als Dolmetscher fungieren könnte. Don Iñigo aber wollte allein sein mit Gott, um das Einssein mit dem Allmächtigen völlig ungestört genießen zu können. In ihn wollte er sein Vertrauen setzen und es nicht dadurch untergraben, daß er sich auf die Hilfe anderer verließe. Alsbald machte er sich auf den Weg nach Barcelona und seinem entfernten Ziel, allein in der Gesellschaft Gottes.

Das waren die frühen Jahre des Don Iñigo de Oñaz, eines spanischen Edelmannes, der in die Geschichte eingegangen ist als der heilige Ignatius von Loyola. Das wird der Leser schon lange geahnt haben, denn die Geschichte, die ich erzählt habe, ist bekannt. Das Buch, das Don Fernando mir aufgenötigt hatte, war die Biographie des hl. Ignatius, die kurz nach seinem Tode von Pater Pedro de Ribadeneyra S.J. niedergeschrieben worden war.

## 3

Pamplona kannte ich schon seit längerem. Die Stadt liegt auf einer Anhöhe, umgeben von sanften Bergen, die blaß aussehen unter dem blauen Himmel. Die Hänge sind bewirtschaftet, hier und da ein Maisfeld, dann wieder, wo der Weizen geerntet worden ist, ein Stück ausgedörrte Erde. Die Bauern ringen diesem steinigen Boden gewiß nur mit unablässiger Arbeit ihren kargen Lebensunterhalt ab. In der Ebene fast nur Pappeln. Sie bilden ein kleines Wäldchen, stehen Seite an Seite, und doch irgendwie zerstreut, mit einer Art schüchternem Eifer. Bei ihrem Anblick denkt man an eine Gruppe junger Seminaristen, die sich vor der Saaltür versammelt haben, um dem Theologieprofessor zu applaudieren, der soeben einen großen Sieg für den Glauben errungen hat.

Pamplona ist ein Provinzstädtchen ohne besondere Sehenswürdigkeiten. Die Plaza de la Constituçion ist umbenannt worden in Plaza de la Republica. In den Caféhäusern, die den Platz säumen, unter den Markisen, sitzen die Einwohner den ganzen Tag vor einem leeren Glas. In der Mitte steht ein Musikpavillon, und hier wird eines Tages bestimmt die Statue des ersten Präsidenten der Republik aufgestellt. Die engen, gewundenen Gassen des mittelalterlichen Städtchens sind erweitert und begradigt, die Geschäfte mit Schaufenstern versehen worden. Die Häuser haben *miradores,* in denen stundenlang die Frauen sitzen und nähend und plaudernd auf die Straßen heruntergucken. Darüber ein Spinnennetz von Telegraphenleitungen, Telefondrähten und Elektrizitätskabeln. Die Zeiten, da jedes Handwerk sein eigenes Stadtviertel hatte, sind vorbei, trotzdem kann man auf dem Wall hinter der Kathedrale noch immer die Seilmacher sehen, die nach jahrhundertealtem Brauch ihre Seile herstellen und die Schiffchen mit Öl aus einem Rinderhorn beträufeln. Und die Sandalenmacher nähen, als ginge es um ihr Leben, was ja tatsächlich der Fall ist.

Vom frühen Morgen bis spät in die Nacht herrscht ein unaufhörlicher Lärm. Das Hupen der Autos, das Knattern der Motoren, das Läuten der Fahrradklingeln, das Rumpeln der Pferdefuhrwerke auf dem Kopfsteinpflaster, das Schreien der Esel und das Klappern der Hufe, Klavierspiel und Grammophongeplärr und über allem, als ständige Begleitmusik, der durchdringende Klang von Stimmen in lebhafter Unterhaltung. An der Stelle, wo der hl. Ignatius verwundet wurde, erhebt sich jetzt eine Kapelle und daneben eine Kirche. In der Kapelle hängt ein Bild, das den Heiligen darstellt, der da natürlich noch nicht heiliggesprochen war, wie er auf der Erde liegt und von seinen Gefährten versorgt wird. Ein Mann auf einem Schimmel beobachtet die Szene gleichgültig, doch über dem Verwundeten schwebt ein von tiefer Unruhe erfüllter Engel. Im Hintergrund ist die mächtige Stadtmauer zu erkennen. Die Kirche ist das Häßlichste, was ich bislang an Kirchen gesehen habe. Ihre Dekoration erinnert an die Parfümerien der Rue de la Paix. Sie ist blitzsauber und sieht aus, als hätte sie Unsummen gekostet. Religiöse Kunst dürfte wohl kaum tiefer gesunken sein als hier, und daß die Kirche nicht bei einem Erdbeben eingestürzt ist, wird der gute Katholik gewiß als außergewöhnliches Beispiel der unendlichen Geduld Gottes ansehen. Große Teile der Mauer sind im Zuge der Stadterweiterung zwar eingerissen worden, doch die übriggebliebenen Partien sind noch immer eindrucksvoll. Offenbar wurden sie unter Philipp II. erneuert, und die Stadt hat sich seitdem als uneinnehmbar erwiesen. Entlang der Mauer fließt ein Bach, daran angrenzend erstreckt sich eine Wiese mit Bäumen, die köstlichen Schatten spenden, und die Menschen, die dort sitzen, teils am Ufer mit einer Angel, teils in Gespräche vertieft, lassen ein reizvolles Bild entstehen, das an ein Gemälde eines französischen Impressionisten erinnert.

Aber ich war noch nie in Loyola, Azpeitia oder Manresa gewesen, drei Orte, die allesamt aufs engste mit dem Gründer des Jesuitenordens verbunden sind, und nachdem ich seine Biographie gelesen hatte, nahm ich mir vor, diese drei Ortschaften zu besichtigen. In Azpeitia war Don Iñigo getauft worden, und in der Kirche wird einem das Taufbecken gezeigt, an dem die Zeremonie vorgenommen und das inzwischen mit Schnitzereien und einem Holzdeckel verschönert wurde. Beiderseits davon stehen steinerne Taufbecken, an denen, wie man später hoffte, die Leute aus der Umgebung ihre Kinder würden taufen lassen, aber nach wie vor besteht man darauf, dasjenige zu nehmen, das durch den Heiligen geweiht wurde. Der Sakristan weist nachsichtig darauf hin, daß man hofft, der Nachwuchs werde auf diesem Wege der Heiligkeit des Ignatius teilhaftig werden. Loyola ist weniger als eine Meile entfernt, heutzutage führt eine baumgesäumte Chaussee in den Ort. Die Straße bringt einen direkt zu einer Statue des hl. Ignatius, und dort steht man auch genau vor dem Portikus der Basilika, einer im jesuitischen Stil des siebzehnten Jahrhunderts erbauten, üppig ausgestatteten Kirche. Eine Treppe führt zu ihr hinauf. Das Innere ist von grandioser Pracht. Links daneben, umringt von großen Steinhäusern, befindet sich der Familiensitz der Loyolas, der sein äußeres Erscheinungsbild zwar gewahrt hat, dessen Räume aber zu Kapellen umgebaut worden sind. Die Wände sind marmoriert, die Fenster aus buntem Glas. Eine neue, imposante Treppe ist an die Stelle der alten getreten, und die Holzbalustraden sind im überladenen Stil der achtziger Jahre gearbeitet. Im ersten Geschoß wird einem das kleine Zimmer gezeigt, das der junge Iñigo mit einem seiner Brüder teilte. Daneben befindet sich ein niedriger, breiter Raum mit mächtigen Deckenbalken, in dem er während seiner Rekonvaleszenz lag und las und betete. Hier, auf einer goldenen Sitzbank, steht eine Plastik, die ihn in seinen besten Kleidern zeigt, gegen ein Kissen gelehnt, in der Hand ein Buch, im Augenblick seiner Bekehrung. Daneben steht ein Marmoraltar, an dem besonders privilegierte Besucher ihr Gebet verrichten dürfen. Er ist sehr eindrucksvoll und sehr häßlich.

Anschließend begab ich mich nach Manresa. Durch diese sonnige Landschaft zu fahren ist wunderschön. Die Farben haben nicht das Duftig-Zarte französischer Landschaften, sie sind tiefer und kräftiger. Der Himmel ist hellblau, die reglosen Wölkchen wirken schneeweiß dagegen. Die Hügel sind mit Pinien bedeckt, ihr Grün glänzt in der Sonne. Rings um den Ort sind sie etwas spärlicher, mit knorrigen Olivenbäumen bewachsen. Man folgt einem dahineilenden kleinen Fluß, der von Binsengras, Pappeln und Buchen gesäumt wird, aber sobald er durch die Ortschaft fließt, wird er ruhiger, als wäre es unziemlich, sich an einem so ruhigen Ort schnell zu bewegen. Er wird überspannt von einer schmalen, schlichten, aber sehr anmutigen Brücke mit einem Bogen in der Mitte, zu dem sie von beiden Seiten her ansteigt. Die Häuser am Ufer stehen dichtgedrängt, alte, hohe Häuser mit offenen Loggien, auf denen die Wäsche zum Trocknen aufgehängt wird.

In Manresa schrieb der hl. Ignatius die erste Fassung eines Büchleins, das einen ungeheuren Einfluß ausüben sollte – die *Geistlichen Übungen.* Der Besucher bekommt die Höhle zu sehen, in welcher der Heilige sie laut Überlieferung niedergeschrieben haben soll. Sie liegt an einem Berghang und bietet einen herrlichen Blick auf den Monserrat, der an klaren Tagen scharf und deutlich, an diesigen Tagen aber merkwürdig verschwommen erscheint. Die Höhle ist lang und hoch, uneben, und liegt offen da. Sie kann niemals ein Ort großer Abgeschiedenheit gewesen sein. Heute wird sie von einem enormen Drahtgitter versperrt, und darüber erheben sich ein Jesuitenkolleg und eine Kirche. Die Jesuiten sind allerdings vertrieben und die Gebäude verschlossen und verriegelt.

Bei den *Geistlichen Übungen* handelt es sich um ein Buch, das man nicht ohne ehrfürchtige Scheu lesen kann, denn man darf nicht vergessen, daß die Gesellschaft Jesu mit Hilfe dieses wirkungsvollen Instruments in der Lage war, über Jahrhunderte hinweg ihre Vormachtstellung zu behaupten. Vierhundert Kommentare sind zu diesem Buch geschrieben worden. Päpste, Kardinäle und Bischöfe haben es empfohlen. Papst Leo XIII. sagte von ihm: »Dies ist der Beistand, den ich mir für meine Seele erwünscht habe.« Selbst die Zeitgenossen des Autors, der ja im Augenblick der Niederschrift noch ein ungebildeter Mann war, fanden das Werk so erstaunlich, daß es zumeist auf einen übernatürlichen Ursprung zurückgeführt wurde, eine Theorie, die auch von der Jungfrau Maria selbst erhärtet wurde, denn sie war der Doña Maria Escobar erschienen und hatte ihr mitgeteilt, sie habe den heiligen Ignatius erleuchtet und ihm bei der Abfassung seiner Schrift geholfen. Die erlauchten Helfer hielten es aber aus irgendeinem Grund nicht für notwendig, auf die Tatsache hinzuweisen, daß ein spanischer Mönch namens Francisco Garcia de Cisneros, Abt vom Monserrat, einige Jahre zuvor ein ähnliches Werk mit einem fast identischen Titel verfaßt hatte. Und auch die Lebensgeschichte Christi von Ludolf von Sachsen weist so viele Parallelen zu den *Geistlichen Übungen* auf, daß man die Autoren vom Vorwurf des Abschreibens unmöglich freisprechen kann. Das hat (ich finde, zu Unrecht) viele Menschen mit Besorgnis erfüllt. Ich betrachte dieses Vergehen mit Gelassenheit. Wir Schriftsteller gewinnen unser Material aus den verschiedensten Quellen *(je prends mon bien où je le trouve)*, und unsere Dankesschuld erkennen wir tatsächlich erst dann an, wenn es sich nicht mehr vermeiden läßt. Doch ich wüßte nicht, warum die Jungfrau Maria diesen interessanten Stoff nicht dem Abt vom Monserrat sowie dem Kartäusermönch Ludolf und schließlich auch noch dem heiligen Ignatius diktiert haben soll. Autoren wiederholen sich, und wenn sie auf eine Idee stoßen, von der sie fasziniert sind, können sie oft von nichts anderem mehr reden.

Der vollständige Titel ist eindrucksvoll: *Geistliche Übungen mit dem Zweck, daß man sich selbst überwinde und sein Leben ordne, ohne sich dabei durch irgendeine ungeordnete Neigung bestimmen zu lassen.* Ein nobles Ziel! Nur ein unbeweglicher Geist wird nicht herausfinden wollen, auf welche Weise dieser merkwürdige Mann ein so schwieriges Unternehmen durchzuführen gedachte. Trotz aller Anleihen steht fest, daß sein Buch die Frucht eigener Erfahrung ist. Jede Seite trägt den Stempel seiner strengen Persönlichkeit.

Die Übungen sind auf vier Wochen verteilt, doch jede Woche kann kürzer oder länger dauern, und geübt wird unter Anweisung eines Exerzitienleiters. Der wesentliche Punkt wird sogleich benannt: »Der Mensch ist geschaffen, um Gott, unsern Herrn, zu loben, ihm Ehrfurcht zu erweisen und ihm zu dienen und dadurch sein Seelenheil zu wirken. Die übrigen Dinge auf Erden aber sind des Menschen wegen erschaffen, und zwar, damit sie ihm bei der Verfolgung des Zieles, für das er geschaffen, behilflich seien. Hieraus folgt, daß der Mensch dieselben insoweit benutzen soll, als sie ihm zur Erreichung seines Zieles dienen, und daß er sich von ihnen insoweit trennen muß, als sie ihn daran hindern.

Deshalb ist es notwendig, uns gegen alle geschaffenen Dinge gleichmütig zu stimmen, insoweit es dem eigenen Ermessen unseres freien Willens anheimgestellt und nicht verboten ist, so daß wir unsererseits die Gesundheit nicht mehr als die Krankheit wollen, den Reichtum nicht mehr als die Armut, die Ehre nicht mehr als die Schmach, ein langes Leben nicht mehr als ein kurzes und so weiter in allen übrigen Dingen, indem wir einzig das verlangen und wählen, was uns mehr fördert zum Ziel, für das wir geschaffen sind.«

Mit Hilfe einiger Regeln soll der Exerzitand sich besser auf sein Ziel konzentrieren können:

»Nach dem Schlafengehen soll ich, wenn ich bereits einschlummern will, während der Dauer eines Ave Maria darüber nachdenken, wann und wozu ich aufstehen muß, wobei ich die Übung, die ich zu verrichten habe, kurz durchgehe ...

Wenn ich erwache, soll ich ... gleich meine Aufmerksamkeit auf das lenken, was ich in der ersten Übung um Mitternacht betrachten werde, indem ich mich zur Beschämung über meine so zahlreichen Sünden anrege und mir dafür verschiedene Bilder vorhalte, z. B. wie ein Ritter vor seinem König und dessen ganzem Hofstaat voll Scham und Bestürzung dastehen müßte, weil er den, von dem er früher so viele Gnaden und so viele Gunstbezeugungen empfangen, schwer beleidigt hat.«

Bevor der Exerzitand die Stelle erreicht, wo er die Betrachtung verrichten wird, soll er für die Dauer eines Vaterunsers stehenbleiben, den Geist nach oben gerichtet. Dann beginnt er mit seiner Meditation, »sei es kniend oder zur Erde geworfen, sei es auf dem Rücken liegend, das Gesicht nach oben, oder sitzend oder stehend.« Ist die Übung beendet, soll er eine Viertelstunde lang sitzend oder auf- und abgehend darüber nachdenken, wie es ihm bei seiner Meditation ergangen ist. Er soll nicht an Dinge denken, die Wohlgefallen und Freude erregen, da für den Schmerz über seine Sünden jedweder Gedanke an Freude hinderlich ist. Er soll sich helles Licht versagen, soll Fenster und Türen schließen, außer um zu beten, zu lesen und zu essen. Er soll nicht lachen und auch nichts sagen, was zum Lachen reizt. Er soll Buße tun. Die innere Buße besteht darin, daß er über seine Sünden Schmerz empfindet, mit dem festen Vorsatz, sie nicht wieder zu begehen und auch keine anderen. Die äußere Buße besteht in einer Züchtigung wegen begangener Sünden, die auf dreierlei Art vorgenommen wird:

»Die erste betrifft die Nahrung. Wenn wir hierbei uns das Überflüssige entziehen, so ist dies keine Buße, sondern Mäßigkeit. Buße ist es, wenn wir etwas vom Zukömmlichen wegnehmen, und je mehr und mehr, desto größer und besser ist sie, sofern nur dadurch der Exerzitand sich nicht untauglich macht und keine erhebliche Erkrankung folgt.

Die zweite betrifft die Weise des Schlafens. Auch hier ist es noch keine Buße, wenn man sich das Überflüssige an Verzärtelndem oder Weichlichem entzieht. Buße ist es vielmehr, wenn man bezüglich der Art und Weise des Schlafens sich etwas vom Zuträglichen entzieht...

Die dritte besteht in der Kasteiung des Fleisches, indem man ihm nämlich einen empfindlichen Schmerz bereitet. Diesen bringt man ihm bei, indem man Bußhemden oder Stricke oder eiserne Stangen am Leibe trägt und wenn man sich geißelt oder verwundet und andere Arten von Strengheiten übt. Die zuträglichste und sicherste dieser Art von Buße scheint aber darin zu bestehen, daß der Schmerz im Fleisch gefühlt werde und nicht in das Gebein eindringe, so daß er weh tut, aber keine Erkrankung verursacht. Darum dünkt es angemessener, sich mit dünnen Stricken zu geißeln, die außen Schmerz bereiten, als auf andere Weise, die innerlich eine erhebliche Erkrankung verursacht.«

Die Übung beginnt mit einem Vorbereitungsgebet und zwei Vorübungen. Die erste Vorübung besteht in der anschaulichen Vorstellung des Ortes. Der Exerzitand macht sich ein Bild von dem Ort, an dem der zu betrachtende Gegenstand sich befindet, etwa den Tempel oder den Berg, wo Jesus Christus sich aufhält. Bei der Betrachtung eines unsichtbaren Stoffes, beispielsweise von Sünden, besteht die Vorstellung des Ortes darin, mit den Augen der Einbildungskraft zu schauen und zu sehen, wie die Seele in diesem vergänglichen Körper eingekerkert ist und der ganze Mensch in diesem Jammertal wie ein Verbannter unter wilden Tieren lebt.« In der zweiten Vorübung soll der Exerzitand von Gott erbitten, was er sich von seiner Betrachtung wünscht. Handelt die Betrachtung von der Auferstehung, so soll er um Freude mit dem sich freuenden Christus bitten. Handelt sie von Leiden, so soll er um Schmerz, Tränen und Pein mit dem gepeinigten Christus bitten. Diese Übung endet mit einem Zwiegespräch, bei dem der Exerzitand sich selbst im Angesicht des Gekreuzigten betrachtet, ein Zwiegespräch, so wie ein Freund zum andern spricht oder wie ein Diener zu seinem Herrn, indem man bald um irgendeine Gnade bittet, bald sich wegen einer begangenen Schuld anklagt, bald seine Anliegen mitteilt und in ihnen Rat erfleht.«

Beendet wird die Übung mit einem Vaterunser. Die erste Woche umfaßt fünf Übungen. Die erste behandelt die Sünden der Engel, die Sünden von Adam und Eva sowie die Todsünden des Einzelnen. Die zweite Übung ist eine Betrachtung über die eigenen Sünden, die in der dritten und vierten Übung abermals zur Sprache kommen. In der fünften geht es um die Hölle.

Ich habe eine Ausgabe der *Geistlichen Übungen* auf Spanisch, deren Herausgeber, Pater Ramon Garcia S.J., den lobenswerten Versuch unternimmt, den Weg des Exerzitanden ein wenig leichter zu machen, indem er sehr detailliert das Aussehen des zu betrachtenden Ortes beschreibt und den

Gegenstand der Betrachtung mit Worten charakterisiert, die sie nicht unbedingt als strenge intellektuelle Übung erscheinen lassen. In bezug auf die Hölle entwickelt er ein realistisches, wahrhaft spanisches Bild. Die Hölle, sagt er, ist wie ein sehr dunkles Gefängnis oder eine Höhle mit vielen Feuern und unerträglichem Rauch. Der Büßende soll die furchtbaren Flammen und die Seelen, gleichsam in Körper aus Feuer eingeschlossen, vor sein geistiges Auge holen und betrachten. »Sieh nur«, heißt es, »die unglückseligen Kreaturen, die sich in den lodernden Flammen winden; ihre Haare stehen empor, die Augen quellen aus ihren Höhlen hervor, welch entsetzlicher Anblick! Sie beißen sich in die Hände, schwitzen und erleiden Todesqualen, tausendmal schlimmer als der Tod selbst. Sieh, die Teufel, furchtbar anzusehen, wie sie die Elenden nicht mit freudigen Gedanken foltern, sondern sie wie unbarmherzige Marterknechte peinigen! Sieh, wie sie sie verspotten, sie schlagen und mit unersättlicher Gier über sie herfallen, denn sie sind ja ihre Sklaven, und sie sind in ihrer Gewalt, um zu leiden, so wie sie auf Erden in ihrer Gewalt waren, um zu sündigen. Spitzt eure Ohren und hört euch den Lärm und das unaufhörliche Durcheinander dieser infernalischen Kerker genau an! Wenn schon bei einem Hausbrand die Klagerufe und das Geschrei so groß sind, wie groß wird dann erst das Geschrei dieser unzähligen Menschen sein, die bei lebendigem Leibe in der Höllenglut schmoren?« Der Büßer soll nun ganz bewußt seine Vorstellungskraft bemühen, namentlich seinen Geruchssinn, und wird alsbald den Schwefelrauch und den Gestank der tiefsten Höllen wahrnehmen. Die pestilenzartige Luft zieht durch seine Nase, der widerliche Geruch eines Gefängnisses ohne Lüftung. Das ist schlimmer als der Geruch eines Kerkers, viel schlimmer noch als die Tiefe eines offenen Grabes. Die Körper der Verdammten starren von Würmern, und sie geben mehr Fäulnis ab als Leichname, so daß schon einer imstande wäre, einen ganzen Landstrich zu verseuchen. »Wie also wird der Gestank dieses furchtbaren Gefängnisses sein, vollgepfercht mit so vielen widerlichen Körpern! Wir müssen bedenken, daß der tiefste Höllengrund ein See aus flüssigem Schwefel ist, aus dem schwere Dämpfe emporsteigen, die sich, weil sie nicht entweichen können, niederschlagen. Und dieses schädliche Gift, das man fast mit Händen zu greifen vermag, so schwer ist es, atmen die Elenden in ihrem Todeskampf unablässig ein. Dieser unglückselige Ort ist ein Abgrund, in den nach dem Jüngsten Tag die ganze Fäulnis, das Gift und der Schmutz der Erde abgeladen wird, so daß er sein wird wie eine unendlich tiefe Latrine, in der die Verdammten langsam ertrinken. Welch ein Gestank wird von soviel Unrat aufsteigen! Man denke auch an die bitteren, schmerzhaften Tränen, die ununterbrochen aus den Augen der Verdammten fließen werden, ihre Gesichter zeichnend und verbrennend. Wenn wir selbst, infolge eines Schocks oder eines Anfalls von Zorn, an Verdauungsstörungen leiden, wenn uns die Galle hochkommt, wenn wir schlechtes Blut haben, üblen Geschmack, üblen Atem, Husten, Übelkeit, Erbrechen und sonstige Unannehmlichkeiten erleiden, die uns peinigen und diejenigen ekeln, die uns erblicken, wie wird der Mund und der Atem der Verdammten erst aussehen? Es gibt nichts Ekelhafteres auf der Welt. Hinzu kommt ja noch der Wurm des Gewissens, der ständig an ihren Eingeweiden nagt und bittere Galle und ständige Reue in sie spuckt.«

»Und was sollen wir von dem Durst und dem Hunger sagen, der sie quält?« fragt Pater Ramon. Viel. Der Durst kommt von der Hitze und dem unaufhörlichen Klagen. Die Kehle des reichen Sünders ist auf Jahrhunderte ausgedörrt und seine Zunge hängt aus dem Mund, er bettelt um einen Tropfen Wasser, aber er wird ihn nie bekommen, denn dort gibt es nichts zu trinken außer Galle von Drachen, Gift von Schlangen, kochendes Pech und flüssigen Schwefel. Die armseligen Kreaturen leiden grausamen Hunger, sind abgemagert und schmachten nach einem Bissen Nahrung, doch für sie gibt es nichts außer Wermut, Pech und geschmolzenes Blei, das ihre Eingeweide versengt.

»Jetzt berühre in deiner Vorstellung das Feuer, das die Seelen der Verdammten foltert. Groß ist der Schmerz, der da hervorgerufen wird. Das Feuer dieser Welt ist, im Vergleich dazu, wie ein gemaltes Feuer, denn es ist der Zorn Gottes, der es entfacht und es brennen läßt, auf daß es ein furchtbares Werkzeug seiner gerechten Rache sei. Die Verdammten leben darin wie Fische im Wasser, besser gesagt, wie durchdrungen von glühenden Kohlen, Flammen dringen in ihre Kehlen, Adern, Muskeln, Knochen, Eingeweide und all ihre Organe. Es ist wie die Gesamtheit der Schmerzen und Leiden, die unser Fleisch und unseren Geist heimsuchen und plagen können: Wunden, Krämpfe, Agonien, Gicht und Steine, Stockhiebe, Peitschenschläge, Ketten, Galgen, Handschellen, Schwerter, Räder und Haken. Auch die Seele wird gepeinigt, man weiß nicht wie. Aber soviel steht fest, daß es ungeheuer stark auch den Geist an sich durchdringt und furchtbar peinigt, denn unser Glaube lehrt, daß auch die Dämonen im ewigen Feuer leiden.«

Nach diesem anschaulichen Bild des Schicksals, das den Sünder erwartet, weist der Autor auf die Ewigkeit dieses Loses hin. Die Verdammten sind nicht nur als Seelen ewig, sondern auch als Körper. Sie werden den Tod herbeisehnen, doch der Tod wird sie fliehen, ja der Wunsch, sich selbst den Tod zu geben, wird ihnen schreckliche Pein bescheren, da sie erkennen müssen, daß sie nicht sterben können. Ihre Qualen sind nicht nur ewig, sondern auch permanent, sie sind immer gleich, lassen nicht für eine Stunde nach, nicht für einen Augenblick. Es gibt keine Linderung, und obschon sie ewig währen, gibt es auch keine Gewöhnung, die sie etwas erträglicher machen würde. Jeden Tag sind sie wie neu, kommen sie mit gleichsam neuer Heftigkeit wieder.

Und dann beschäftigt sich der gute Pater in einer Passage, die mir besonders eindringlich erscheint, mit der Bedeutung von Ewigkeit. Die Ewigkeit währt immerfort, sie hat kein Ende. »Um sich einen Begriff von einer so furchtbaren Sache zu machen, wollen wir uns eine beliebige Anzahl von Jahren oder Jahrmillionen vorstellen, und wir werden, nachdem sie längst vergangen sind, bemerken, daß die Ewigkeit nicht weniger geworden ist. Über den Verdammten werden Millionen von Jahren vergehen wie die Wassertropfen, die auf die Erde gefallen sind und fallen werden, wie die Wassertropfen aller Meere auf dem Planeten. So viele Millionen von Jahren, wie es an allen Bäumen oder Pflanzen dieser Welt Blätter gab oder gibt oder geben wird. So viele Millionen von Jahren, wie es Sonnenstrahlen gibt, Atome in der Luft und Sand am Meer. Und nachdem diese unvorstellbare Zahl von Jahren vergangen ist, werden die Qualen dieser unglückseligen Geschöpfe noch andauern, als hätten sie gerade erst begonnen, als wäre gerade der erste Tag, und die Ewigkeit und die Höllenqualen werden sein, als wäre nicht eine einzige Sekunde vergangen.«

»Was sagst du dazu, meine Seele? Wenn du, sanft gebettet, eine lange Nacht der Schlaflosigkeit und der Schmerzen nur unter Qualen hinter dich bringst und sehnsüchtig den Trost der Morgendämmerung erwartest, was wirst du erst in jener ewigen Nacht erleben, die niemals in eine Morgendämmerung münden wird, in der du niemals einen Augenblick der Erfrischung erleben, niemals einen Schimmer der Hoffnung erblicken wirst?«

Mit dieser Betrachtung wird die erste Woche beendet. Der Exerzitand legt eine Generalbeichte ab und empfängt die Absolution.

Ehe ich fortfahre, möchte ich eine kleine Geschichte erzählen, die von Don José Muñoz San Roman berichtet wird und die der Leser interpretieren mag, wie er will. Die Bewohner eines andalusischen Dorfes waren des Ablaßpredigers überdrüssig, der alljährlich versuchte, sie mit Gebeten, die man inzwischen auswendig kannte, zur Buße anzuhalten. Also versicherte sich der Bürgermeister, um ihnen einen

Gefallen zu erweisen, der Dienste eines Mönchs, dessen Ruhm selbst in diesen abgeschiedenen Ort gedrungen war. Man wartete gespannt auf sein Eintreffen, und alles lief auf die Straße, um ihn zu begrüßen. Die weltlichen und kirchlichen Würdenträger empfingen ihn am Bahnhof, und die Frauen des Ortes, in ihrer Mitte die Frau des Bürgermeisters, versammelten sich am Fuße des Kreuzes, das am Ortseingang stand. Unter den Zurufen der Menge zog der Prediger in den Ort. Alles versammelte sich in der Kirche. Um sich auch nicht eines seiner erhabenen Worte entgehen zu lassen, drängte sich jedermann möglichst nahe an die Kanzel heran, und als der Mönch die Stufen zur Kanzel emporstieg, ging ein Schauder der Neugier und der Erwartung durch die Gemeinde. Anfänglich waren die Worte des Mönchs noch bescheiden und mild, doch dann erhob er seine Stimme, schlug einen anderen Ton an, gab plötzlich einen lauten Schrei von sich. Reue packte und zerknirschte ihn, Zorn ließ ihn finster dreinblicken, Furcht ihn erzittern, und abermals wurde er von Zorn gepackt. Er sparte nicht an theatralischen Gesten. Die Schmach, die Jesus Christus während seiner Passion erleiden mußte, und die Seelenpein, welche die Jungfrau Maria deswegen quälte, schilderte er in so packenden Worten, daß die Leute in lautes Schluchzen ausbrachen und bittere Tränen vergossen. So beredt und so anschaulich erzählte der Prediger von den Leiden des Heilands, daß viele der Gläubigen in Ohnmacht fielen und einige auch Krämpfe erlitten. Die Frau des Bürgermeisters fiel ohnmächtig zu Boden, zur Bestürzung der Umstehenden und zur verständlichen Sorge des Bürgermeisters. Die ganze Gemeinde war das Opfer einer völlig zügellosen Erregung geworden.

Schließlich erkannte der Prediger, was geschah. Er war außerordentlich erstaunt. Die Gemeinde, erbost ob des Zustands, in den er sie versetzt, war schon im Begriff, die Kanzel zu erstürmen, und der Unglückliche wußte kaum, wie er dem Sturm der Empörung, den er ausgelöst, Einhalt gebieten sollte. Er beschwor seine Zuhörer, sich zu beruhigen, denn es war ein Aufruhr, und er bat um Stille. Als er sich schließlich wieder Gehör verschaffen konnte, rief er:

»Aber meine Brüder und Schwestern, bedenkt doch, daß alles, was ich euch berichtet habe, sich vor vielen Jahren ereignet hat, und vielleicht hat es sich ja überhaupt nicht ereignet.«

Mit diesen tröstenden Worten vermochte er die bestürzte Gemeinde zu beruhigen.

Einer der interessantesten Aspekte der *Geistlichen Übungen* ist für meine Begriffe die Art und Weise der Sündenbekämpfung, die sogenannte »Besondere und Allgemeine Gewissenserforschung«. Die Besondere Gewissenserforschung gilt den besonderen Sünden, sie wird dreimal täglich vorgenommen. Morgens beim Aufstehen soll der Exerzitand den Vorsatz fassen, sich vor der Sünde zu hüten, von der er sich freimachen will. Nach dem Mittagessen soll er auf einer Linie die Anzahl der begangenen Sünden mit ebenso vielen Punkten markieren, und nach dem Abendessen soll auf einer zweiten Linie jede folgende Übertretung markiert werden. Das wird jeden Tag wiederholt, und tagtäglich wird die Anzahl der Punkte verglichen. Etwas eigenartig ist der Rat, man solle, so oft man einen Fehler begangen hat, die Hand an die Brust legen, »was auch in Gegenwart anderer geschehen kann, ohne daß sie merken, was man tut.«

Die erste Woche gilt den Sünden, die zweite gilt der Betrachtung über das Leben des ewigen Königs, die dritte gilt der Passion Christi und die vierte der Auferstehung. Die zweite Woche ist der Höhepunkt der Übungen, denn sie beinhaltet eine Wahl der Lebensart. Die dritte und vierte Woche bestätigen und bekräftigen den Exerzitanden in den getroffenen Entscheidungen.

Betrachtet man die Übungen als Ganzes, so fällt auf, wie wunderbar sie konzipiert sind, auf daß ihr Zweck erfüllt werde. Der hl. Ignatius ist ein Künstler, der lebendige Seelen nach seinem Bilde formt. Er erschafft sie, wie ein Dichter ein Gedicht erschafft. Ihm ist allerdings wichtiger, den Charakter zu festigen als die Intelligenz zu entwickeln. Er forderte blinden Gehorsam und gestand niemandem die Freiheit des selbständigen Denkens zu. Heute wissen wir, welche Bedeutung der Suggestion zukommt und welch merkwürdige Dinge mit ihrer Hilfe erreicht werden können. Der hl. Ignatius erfuhr ihre Geheimnisse am eigenen Leibe. Die physische Verfassung, in die der Exerzitand gebracht wird, und die Bedingungen, unter denen er die Übungen praktiziert, rufen jene Passivität hervor, in der er bereit ist, die gewünschten Eindrücke zu empfangen. Es ist durchaus vorstellbar, daß der Geist nach dieser erschütternden Erfahrung seine Widerstandskraft für immer einbüßt. Die erste Woche soll ja in der uneingeschränkten Unterwerfung des Novizen resultieren. Die Reue stimmt ihn traurig, Scham und Angst peinigen ihn. Die schrecklichen Bilder, mit denen er sich beschäftigt hat, quälen ihn, aber er ist ja auch geschwächt, weil er nichts gegessen, und erschöpft, weil er nicht geschlafen hat. Er ist in eine derartige Verzweiflung gebracht worden, daß er nicht weiß, wo er Trost finden könnte. Sodann wird ihm ein neues Ideal präsentiert, das Ideal Christi. Und um dieses Ideal zu erreichen, soll er, dessen Wille gebrochen ist, sich freudigen Herzens aufopfern. Angeblich hat noch jeder Häretiker, der die Übungen in der festgelegten Weise vollzog, nicht nur zum Katholizismus heimgefunden, sondern auch Zuflucht in der Gesellschaft Jesu gesucht. Die Jesuiten, die in das protestantische England entsandt wurden, sollen vor ihrer gefährlichen Mission sich einer besonderen Aufgabe unterzogen haben, sich nämlich das Gefängnis vorzustellen, in das sie vielleicht geworfen würden, die schreckliche Kammer, in der sie grausame Foltern erleiden würden, und die Hinrichtungsstätte, wo sie unter furchtbaren Qualen die Marterkrone erlangen würden. Sie mußten sich die bittere Kälte der Kerker vorstellen und den ekelhaften Gestank, die schweren Ketten, die ihr Fleisch wundreiben, die glühend heißen Eisen, mit denen sie gebrandmarkt werden, die Folter, die ihre Glieder streckt, und die Schläge, die den Körper zerfleischen, und schließlich die Schärfe der Messer, mit denen sie, im Todeskampf liegend, aufgeschlitzt werden, der beißende Rauch, der ihre Lungen erstickt, und die Flammen, die sie bei lebendigem Leibe versengen. Diese Übung war so entsetzlich, daß sie, wenn sie schließlich zur Wirklichkeit zurückkehrten, nicht nur ohne Furcht, sondern auch völlig schmerzunempfindlich auf ihre Mission gingen. Sie hatten bereits alles ausgehalten, was der sterbliche Körper und die unsterbliche Seele auszuhalten vermögen. Und wenn es dann anders kam und sie genauso litten wie andere auch, so haben sie später nicht davon gesprochen.

Einmal wollte ich aus Neugier eine der Übungen selbst ausprobieren. Es war ein einzigartiges Erlebnis. Ich begann mit der Vorstellung des Ortes. Das schien ganz einfach zu sein, doch ich fand es nicht so leicht. Es überrascht mich nicht, daß die Kommentatoren die Notwendigkeit erkannt haben, dem Exerzitanden bestimmte Einzelheiten vorzugeben, die detailliert genug sind, einer etwas lahmen Phantasie auf die Sprünge zu helfen. Allerdings erschien mir dies, verglichen mit der eigentlichen Betrachtung, als Kinderspiel. Gewiß, ich hatte mich nicht durch Fasten oder körperliche Bußübungen vorbereitet und wurde auch keiner Gnade teilhaftig. Ich fand es außerordentlich schwer, meine Gedanken auf einen Gegenstand zu richten und mich darauf zu konzentrieren, mich nicht ablenken zu lassen. Ständig wanderten meine Gedanken umher. Ich dachte an alles, nur nicht an das, was ich mir vorgenommen hatte. Vermutlich können Mathematiker und Philosophen den Fluß ihrer Gedanken steuern und ihre Überlegungen mühelos auf das vorgestellte Ziel lenken. Die meisten von uns denken sprunghaft, und es ist äußerst anstrengend, eine Gedankenkette zu entwickeln, Schritt für Schritt, ohne dabei abzuschweifen. Ich denke sehr viel und, wie ich mir einbilde, mit klarem Verstand, aber ich kann nicht geordnet denken: Einfälle und Eindrücke kommen aufs Geratewohl daher, werden im Unterbewußtsein gespeichert und tauchen bei Bedarf wieder auf, gesiebt und bearbeitet, und zwar ohne mein bewußtes Zutun. Sich also ganz bewußt eine Folge von Ereignissen sowie die Gefühle der daran Beteiligten vorzustellen, war eine mir fast schon unmögliche Willensanstrengung. Mein Geist *(animula vagula)* schien umkreist zu werden von nachgerade stofflichen Hindernissen, und er flatterte hin und her, verzweifelt bemüht, ihnen zu entkommen. Der Zwang, den ich meiner Phantasie auferlegte, lähmte sie. Ich fühlte mich wie ein Vogel, der in einem Netz zappelt. Ein stählernes Band schien sich um meinen Kopf gelegt zu haben, und ich verspürte ein so merkwürdiges Gefühl in der Bauchgegend, daß ich meinte, mich übergeben zu müssen.

Der hl. Ignatius wies den Exerzitanden an, dieselbe Übung zweimal, zuweilen auch dreimal auszuführen. Aber ob er das tat, weil er aus eigener Erfahrung wußte, wie schwierig die Übung war, oder ob er sich davon lediglich einen verstärkenden Effekt versprach, entzieht sich meiner Kenntnis. Es muß also eine außerordentlich schwierige Übung sein, denn obwohl wir unsere Gedanken irgendwann einem Thema wieder zuwenden können, das uns einmal beschäftigt hat, und uns womöglich noch tiefer damit auseinandersetzen, sind wir nicht in der Lage, durch reine Willensanstrengung Gefühle zu empfinden, die wir einmal gefühlt haben. Sonst würden wir anderen wohl nicht den Schmerz zufügen, sie nicht mehr zu lieben. Der Versuch dürfte eine enorme seelische Spannung erzeugen. Ich kann mir indes kaum vorstellen, daß auferlegtes Meditieren zu frischen und anregenden Gedanken führt. Ich denke eher, daß dadurch der Geist versklavt und eingeschüchtert und der freie Fluß der Phantasie für immer blockiert wird. Möglicherweise war ja genau das die Absicht des hl. Ignatius. Dann wären die *Geistlichen Übungen* die wunderbarste Methode, die je entwickelt wurde, um jenes umherstreifende, unstete und eigenwillige Ding, die Seele des Menschen, in den Griff zu bekommen.

Wenn man bedenkt, daß ihr Ergebnis sich einer unablässigen und gnadenlosen Beschwörung von Furcht und Scham verdankt, so registriert man mit Erstaunen, daß die letzte Übung einer Betrachtung der Liebe gilt.

## 4

Vor vielen Jahren schrieb ich ein Buch über Andalusien, bin mir seiner Unzulänglichkeiten aber schmerzlich bewußt. Es trägt den Titel *The Land of the Blessed Virgin.* Damals, gegen Ende des neunzehnten Jahrhunderts, waren die Jungen unreifer als heute, sie hatten nicht jene wissende, raffinierte Art, ihr Unwissen zu verbergen, die heutzutage all jene mit Bewunderung erfüllt, die Gelegenheit haben, ihre Werke zu lesen. Ich war erst dreiundzwanzig, als ich nach Sevilla fuhr. Ich hatte fünf Jahre in einem Londoner Krankenhaus zugebracht und war zum ersten Mal in meinem Leben mein eigener Herr. Seitdem bin ich etliche Male in Spanien gewesen. Es hat für mich noch immer den Zauber jener ersten Monate himmlischer Freiheit. Ich hatte keine Bindungen und war für nichts verantwortlich. Ich wollte gut schreiben, mehr nicht. Damals wußte ich nicht, wieviel harte Arbeit und quälende Disziplin das erforderte. Ich fuhr im Land herum, begeistert von allem, was ich sah, doch mein Enthusiasmus war (was ich damals nicht wußte) völlig schablonenhaft. Es ist eigenartig, wie selten der junge Mensch der Welt mit jenem unverbrauchten, offenen Blick begegnet, den man bei ihm wie selbstverständlich erwartet. Ob aus mangelndem Selbstvertrauen oder Ängstlichkeit, der junge Mensch betrachtet das, was er noch nie zuvor gesehen hat, mit den Augen anderer. Vielleicht ist eine gewisse Reife erforderlich, ehe man die Dinge mit eigenen Augen betrachten kann. So war es bestimmt auch bei mir. Meine Gefühle waren durchaus ehrlich gemeint, aber es waren die Gefühle jener Reisenden, die das Land vor mir besucht hatten. Ich sah, was Borrow und Richard Ford, Théophile Gautier und Mérimée gesehen hatten.

Alsbald unternahm ich eine Reise zu Pferde. Zu jener Zeit war die Eisenbahn das einzige Verkehrsmittel, da die Straßen für Fahrzeuge mit Rädern nicht geeignet waren, und wer Orte besichtigen wollte, die nicht an der Eisenbahnlinie lagen, mußte das Pferd nehmen. Zurückgekehrt, hielt ich es für sinnvoll, eine Schilderung meines Ausflugs zu geben. Bei einem Roman wird die Art des Schreibens durch den Stoff bedingt. Ein Ereignis läßt sich nicht in derselben Sprache beschreiben wie die Analyse einer seelischen Verfassung; Dialoge, denen man eine möglichst natürliche Form zu geben sucht, schaffen Abwechslung. Nur im Essay oder in der Reisebeschreibung bleibt man auf einer Ebene. Für den Romancier ist es sehr nützlich, sich hin und wieder auf diesem Gebiet zu versuchen.

Als ich das getan hatte, wußte ich aber nicht mehr, was ich damit anfangen sollte. Ich habe nie zu jenen Schriftstellern gehört, die zufrieden sind, für die Schublade zu produzieren. Während meines Aufenthalts in Sevilla verliebte ich mich, und ich hatte mir öfters überlegt, aus diesem erfreulichen Erlebnis Kapital zu schlagen und einen Roman zu schreiben, in dem ein romantisiertes, wenn auch ironisches Bild dieser Sache gezeichnet würde. Mit meinem raschen Gespür für die eigene Absurdität war mir ja damals schon klar, daß ich mich lächerlich gemacht hatte. Dieses Buch böte mir Gelegenheit, die Kathedrale zu beschreiben, einige Gemälde, einen Stierkampf und das unbeschwerte, schöne Leben von Sevilla. Doch ich zögerte, dachte, die Leute würden glauben, es sei lediglich eine Imitation von Pierre Loti (was es tatsächlich gewesen wäre), der seinerzeit ein sehr populärer Autor war und all diese Dinge sehr schön und in elegantem Französisch beschrieben hatte. Das war töricht von mir. Ich wußte nicht, daß in den kommenden Jahren nicht weniger als drei englische Schriftsteller (und mehrere Amerikaner) durch Anleihen bei Anatole France zu Berühmtheit gelangen sollten. Ich hätte dieses Buch ruhig schreiben können, und hätte es sich als Erfolg herausgestellt, so hätte ich anschließend humorige und sentimentale Geschichten von Liebesaffären in jedem Lande Europas schreiben können. Heutzutage erfreute ich mich womöglich eines großen Ansehens als Schriftsteller von Charme, Sensibilität und Scharfblick. Ich habe es nicht geschrieben. Doch um meine Reisebeschreibung nicht ungenutzt liegen zu lassen, zeichnete ich ein Bild von Sevilla und dem, was ich dort gesehen hatte, und fügte, um das Ganze ein wenig abzurunden, Skizzen anderer Orte in Andalusien hinzu und bekam auf diesem Wege genug Material für ein kleines Buch zusammen.

Es war unreif und schwärmerisch. In den folgenden Jahren gelangte ich zu der Überzeugung, daß ich zu Besserem imstande sei, und jedesmal, wenn ich nach Spanien reiste, gedachte ich einen neuerlichen Versuch zu unternehmen. Allerdings wollte ich keine soundsovielte Reisebeschreibung liefern. Zu viele Reisende hatten Spanien schon besucht. Der Schriftsteller kann nur seine eigenen Gefühle beschreiben, und die Chance, daß seine Beschreibungen Gefühle auslösen, in denen sich die beschriebenen Objekte genau spiegeln, ist ziemlich gering.

Die Straßen von Santiago de Compostela sind eng, gepflastert mit mächtigen Quadern, die die Füße von Generationen abgeschliffen haben, führen bergan und bergab, winden sich hierhin und dorthin. Am Ende aber führen sie allesamt zur Kathedrale, die jahrhundertelang das Ziel unzähliger Pilgerscharen war. Heute ist ihre Fassade eine der bedeutendsten Sehenswürdigkeiten der Welt. Sie besteht aus grauen Steinen, hier und da gelb vor Flechten oder grün dort, wo ein zähes

Gewächs sich festklammern konnte. Gegen dunkle, drohende Wolken (in Santiago regnet es oft) hebt sie sich imposant ab, doch bei Sonne und blauem Himmel sieht sie honigfarben aus. Ihre Architektur ist grandios, doch die majestätische Größe verhindert eine gewisse Ermüdung, und die Harmonie der dekorativen Elemente offenbart eine geradezu klassische Strenge. Sie ist wie eine Glanzstelle in Chapmans *Homer.* Ich kann mich des Gedankens nicht erwehren, daß der Baumeister überwältigt gewesen sein muß, als er die fertige Fassade sah und wußte, daß sie großartig war. Sie zählt nicht zu jenen Sehenswürdigkeiten, die ihre Reize nur andeuten und uns erst nach längerer Bekanntschaft begeistern: Sie erobert einen im Sturm. Sie bleibt in den Gedanken als dauernder Besitz, und wer sich an sie erinnert, fühlt sich bereichert. Worte jedoch können die Schönheit dieser Türme und das Erfüllende dieser reichen Symmetrie nicht wiedergeben. Eine Fotografie wird ihren eigentümlichen Reiz wohl besser vermitteln können als ein halbes Dutzend Seiten detaillierter Beschreibung. Nein, an einer Reisebeschreibung hatte ich kein Interesse.

Mehrere Themen gingen mir durch den Kopf, und es reizte mich, zu überlegen, was sich aus ihnen machen ließe. Eine Weile war ich fasziniert von Ponce de Leon, dem Entdecker Floridas. Während die Konquistadoren ihre gefährlichen Reisen zu den neuentdeckten Ländern jenseits des Atlantiks unternahmen, um Reichtümer zu erwerben, wollte er, eher romantisch veranlagt, die Quelle ewiger Jugend entdecken. Ich dachte mir eine Story aus, die mir gefiel. Ihr Nachteil war, daß sie mich nach Übersee führte, wo ich doch in Spanien bleiben wollte. Dann begann ich mich für den Hof zu interessieren, den die Herzöge von Alba in Alba de Tormes hielten. Sie lebten in großer Pracht, förderten die Künste. Und hier, unter ihrer Schirmherrschaft, verbrachte der tapfere und charmante Dichter Garcilaso de la Vega einen Teil seines kurzen und glanzvollen Lebens. Ich fuhr nach Alba. Die Stadt liegt am Fluß, an einen Berghang geschmiegt. Die

Straßen sind leer, Hühner laufen umher, und das Kopfsteinpflaster ist so uneben, daß man nur mühsam vorankommt. Die Häuser sind klein und schmucklos, weiß getüncht oder lehmfarben, und bei einem oder zweien der vornehmeren ist ein Wappen über der Tür angebracht. Es erzeugt aber ein eigentümlich erregendes Gefühl, den Namen der Straße zu lesen, durch die man gerade geht: Calle de los Pages. Von dem herzöglichen Palais, ausgeschmückt von italienischen Malern und Bildhauern und ausgestattet mit Beutestücken aus eroberten Ländern, ist nichts mehr übrig als ein düsterer Turm auf der Spitze einer Anhöhe. Vermutlich reichten die damals berühmten Gärten, Schauplatz von Dichterwettkämpfen, bei denen italienisierende Schriftsteller ihre Verse darboten und Musiker die Gambe und die Laute spielten, bis hinunter an den ruhig dahinströmenden Fluß. Doch es war keine Spur mehr von diesen Gärten zu entdecken, und die Einwohner, die ich befragte, wußten nichts von ihnen. Meine Phantasie wehrte sich gegen die Arbeit, jenes vergangene Leben und jenen vergangenen Glanz aus so spärlichem Material mühsam rekonstruieren zu sollen.

Ich war ja überdies an einem Thema interessiert, das mir größeren Spielraum ließ. Ich wollte nicht auf den Palast eines Aristokraten und die Handlungen kultivierter Menschen beschränkt sein. Ich wollte ein Thema, das mir die Gelegenheit bot, jenes pralle, bunte Leben vorzuführen, von dem man in den Schelmenromanen liest. Ich wollte mich mit dem Theater beschäftigen, war doch im Spanien des Goldenen Zeitalters, jener kurzen Epoche, die mit Lazarillo de Tormes begann und mit Calderón endete, das Schauspiel nicht nur nationale Leidenschaft, sondern charakteristischer Ausdruck der künstlerischen Bestrebungen im Lande. Für kurze Zeit spielte ich mit dem Gedanken, einen Roman über Agustin de Rojas zu schreiben, einen Schauspieler, der in der *Unterhaltsamen Reise* nicht nur eine anschauliche Darstellung des damaligen Theater- und Wanderschauspielwesens gegeben, sondern in seiner verwegenen Schilderung der eigenen Verhältnisse auch ein treffendes Bild seiner selbst gezeichnet hat. Selbst im damaligen Spanien wäre eine schillerndere Persönlichkeit wohl kaum zu finden gewesen. Agustin, Sohn des Diego de Villadiego, eines Mannes von Stand, und der Luisa de Rojas, deren Namen er, damaliger Sitte entsprechend, gewöhnlich verwendete, wurde um 1577 in Madrid geboren. Im Alter von neun Jahren war er Page in einem vornehmen Haushalt, und als Vierzehnjähriger, der die Welt sehen und Abenteuer erleben wollte, lief er davon und wurde in Sevilla Soldat. Er diente zunächst in der Garnison von Castilleja de la Cuesta und schiffte sich dann nach Frankreich ein, ging in der Bretagne an Land. Über zwei Jahre war er an verschiedenen militärischen Aktionen beteiligt, die ihm zu Bekanntheit und einigem Reichtum verhalfen, geriet dann aber, als er auf einem französischen Schiff nach Nantes fuhr, in Gefangenschaft. Er wurde nach La Rochelle gebracht und dort in die Dienste eines Monsieur de Fontena gegeben, bis er mit seinen Mitgefangenen gegen Einwohner von La Rochelle ausgetauscht wurde, die auf spanischen Galeeren ruderten. Zwei weitere Jahre fuhr er als Freibeuter gegen englische Schiffe, ging schließlich in Santander an Land, begab sich nach Madrid und zog sich dort eine Krankheit zu, die ihm beinahe das Leben kostete.

Nach seiner Genesung fuhr er auf einer königlichen Galeere wieder zur See, nahm in Malaga jedoch seinen Abschied, trat in die Dienste eines Offiziers und zog mit ihm nach Granada. Zu dieser Zeit war er zweiundzwanzig. In Granada lief alles prächtig, und er versorgte sich mit eleganten Kleidern und Ketten aus massivem Gold. Doch dann verlor er seine Stellung, kehrte daraufhin nach Malaga zurück und erlebte hier sein seltsamstes Abenteuer. Nachdem er bei einer Schlägerei jemand getötet hatte, flüchtete er sich in die Kirche des hl. Johannes. Das Gebäude wurde umstellt. Er hielt zwei Tage darin aus, starb fast vor Hunger. Als er merkte, daß die

Aufmerksamkeit der Bewacher nachgelassen hatte, entschloß er sich zum Ausbruch. Durch glückliche Fügung lief er einer wunderschönen Frau über den Weg, die völlig verzaubert war von seinem edlen Gesicht und seiner tapferen Haltung und ihn, als sie von seinem Vorhaben erfuhr, überredete, in die Sicherheit der Kirche zurückzukehren. Es kostete sie dreihundert Dukaten, ihn auszulösen, und nachdem sie diese Summe aufgebracht hatte, stand sie völlig mittellos da. Rojas nahm sie bei sich auf, und damit sie nicht hungerte, bettelte er nachts, schrieb Predigten für einen Abt des Klosters vom hl. Augustin (für jede Predigt erhielt er einen Teller Fleisch und einen Laib Brot), stahl Mäntel und raubte Obst- und Weingärten aus. Wie die Affäre ausging, ist unklar, denn die Gefühle des Erzählers zwangen ihn leider, die Geschichte an diesem Punkt enden zu lassen.

Aber es dürfte wohl so gewesen sein, daß er beschloß, Schauspieler zu werden. Er zog mit den verschiedensten Truppen durchs Land, möglicherweise auch mit jener schönen Frau, die ihn vor dem Galgen bewahrt hatte. Nicht selten waren die Theater geschlossen, sei es wegen der Pest, sei es wegen eines Todesfalles am Königshof, und in einer solchen Situation eröffnete er in Granada einen Weißwarenhandel, der überaus erfolgreich war. So lebte er drei Jahre, als sich die Katastrophe ereignete: seine Geliebte verließ ihn. Freunden in Sevilla schrieb er später: »Zuletzt verließ mich der lieblichste Engel der Welt und die undankbarste Schäferin, die der Himmel je erschaffen. Fassungslos ob soviel Grausamkeit, bekenne ich, daß ich in meinem großen Schmerz schon dabei war, mir das Leben zu nehmen.« Er spricht von der Treulosen als Elisa, aber ob sie die Heldin von Malaga war oder eine andere, ist nicht bekannt. Hoffentlich war sie es, denn das ergäbe eine spannendere Geschichte. Gebrochenen Herzens zog Rojas sich in die Berge von Cordoba zurück, schloß sich den Eremiten an, die dort in Höhlen wohnten, und versuchte, mittels Bußübungen den weltlichen Eitelkeiten zu entsagen. Doch er war nicht der Typ, den Rest seines Lebens mit Kasteiungen zuzubringen, und so kehrte er nach einer Weile in die Welt, die ihn, alles in allem, gar nicht so schlecht behandelt hatte, zurück. Er heiratete dann, und da er als Schauspieler keine Ersparnisse haben konnte, gleichwohl nicht unvermögend war, muß er sich umsichtigerweise eine reiche Frau ausgesucht haben. Allerdings verlor er infolge eines Prozesses einen Großteil seines Vermögens, woraufhin er in die Dienste eines Genueser Kaufmanns oder Bankiers trat, der ihm auch noch den Rest abknöpfte. Er war für kurze Zeit im Gefängnis, wurde in Sevilla von Banditen überfallen und fast getötet, und zuletzt hörte man von ihm als dem Sekretär des Bischofs von Zamora. Zu diesem Zeitpunkt war er dreiunddreißig.

Ein abenteuerliches und romantisches Leben. Es bot mir eigentlich alles, was ich brauchte. Rojas hatte Charme, Witz und Talent für heitere Gedichte. Er war tapfer, sah gut aus, liebte elegante Kleidung und herrlichen Schmuck und wurde wegen dieser Schwäche von seinen Freunden »der Wunderritter« genannt, da er, ohne einen roten Heller zu besitzen, immer Wert auf prachtvolle Kleidung legte. Er besaß jene tiefe, für den Spanier der damaligen Zeit charakteristische Religiosität, und wenn ihn ein Unglück heimsuchte, betrachtete er es als Geschenk Gottes zu Nutzen und Frommen der eigenen Seele.

Allerdings fürchtete ich mich ein wenig vor Agustin de Rojas. Für meine Zwecke war er ein allzu großer Draufgänger. Wenn ein Schriftsteller in die Hände einer so lebhaften Persönlichkeit gerät, weiß er nie, ob er nicht in eine Richtung gedrängt wird, in die er gar nicht gehen will. Ein Bursche dieses Schlages ist durchaus imstande, Eigeninitiative zu entfalten und ein Buch entstehen zu lassen, das von den ursprünglichen Intentionen des Autors sehr weit entfernt ist. Und als erfahrenem Schriftsteller blieb mir natürlich nicht verborgen, daß es die Frau war, die in der Liebesgeschichte, offenbar dem Höhepunkt in Agustins Leben, den interessanteren Part gespielt hatte. Wenn es ein und dieselbe Frau war, die sich ruinierte, um sein Leben zu retten, die mit ihm in Armut lebte, ihn dann aber verließ und fast sein Herz brach, dann ergibt sich eine einzigartige Geschichte. Nur ein sehr dummer Schriftsteller würde diese leidenschaftliche und eigensinnige Frau nicht faszinierend finden. Großzügig und impulsiv, war sie imstande, aus Liebe die Sicherheit aufzugeben, die angeblich das höchste Glück der Frauen ist. Äußerste Armut machte ihr nichts aus. Sie war couragiert, willensstark und abenteuerlustig. Sie merkte, daß die Liebe, für die sie jedes Opfer gebracht hatte, in ihrem Herzen erloschen war und trennte sich deshalb mit jener rücksichtslosen Entschlossenheit, die für sie typisch gewesen sein muß, von ihrem Liebhaber, um sich einem anderen zuzuwenden. Zärtlich und grausam, treu und flatterhaft, selbstbeherrscht und hemmungslos – sie muß ein bemerkenswerter Mensch gewesen sein.

Dieses Thema lag mir nicht. Ich wollte freiere Hand haben. Ich dachte, mit einer Figur meiner eigenen Phantasie wäre mir besser gedient. Warum sollte ich denn nicht einen jungen katholischen Schotten zu meiner Hauptperson machen, der sein Glück am spanischen Königshof suchte, oder den Verwandten eines Gesandten der alten Königin Elizabeth am Hofe zu Madrid? Eine solche Figur würde ich auf überzeugende Weise durch die verschiedenen mich interessierenden Welten führen können. Ich wollte mich nicht zu knapp mit den geistigen Erlebnissen meines Protagonisten beschäftigen, und ihn als kritischen, scharfsinnigen jungen Mann auftreten zu lassen, der mit dem Denken seiner Epoche vertraut wäre, erschien mir als ausgezeichnete Gelegenheit, die verschiedenen Aspekte der spanischen Kultur jener Zeit zu behandeln, der mein Augenmerk galt. Es war dies der Anfang der Regentschaft Philipps III. Lope de Vega war das Idol des spanischen Theaters, der despotisch über sein Bühnenreich herrschte und keine Rivalen duldete. Cervantes hatte seinen *Don Quijote* zwar noch nicht veröffentlicht, aber den ersten Teil fast fertiggestellt und seinen Freunden einige Kapitel daraus vorgelesen. El Greco, der in Toledo keineswegs ärmlich lebte, hatte sich endlich aus seinen starken venezianischen Bindungen gelöst und malte, im Alter zu den Quellen seiner kretischen Jugend zurückkehrend, seine genialsten Bilder. Mateo Aleman hatte *Guzman de Alfarache* geschrieben, den populärsten der Schelmenromane, und Vicente Espinel ließ sich die *Vida de Marcos Obregon* durch seinen zynischen alten Kopf gehen. Noch immer konnte man gelehrten Männern und Frauen begegnen, die mit der seligen Teresa de Jesús gesprochen hatten, und in Salamanca gab es Studenten, die die Ansprachen von Luis de Leon erlebt hatten. Die Spanier waren das stolzeste Volk auf Erden. Obschon abgewirtschaftet und hungernd, hielten sie sich noch immer für ebenso mächtig wie zu jener Zeit, da Karl v. in Pavia den König von Frankreich gefangengenommen hatte, und obschon sie zwecks Ausrottung der Ketzerei und Bewahrung der Rechtgläubigkeit bis aufs Blut ausgepreßt wurden, erschienen ihnen die Opfer, die ihnen von den törichten Königen abverlangt wurden, als rechtmäßige Forderungen. *Noblesse oblige.*

Ich fand meine Idee gar nicht so schlecht. Ich glaubte, etwas daraus machen zu können, und setzte mich an die Arbeit. In den vielen Jahren, die seit meiner ersten Pyrenäenüberquerung vergangen waren, hatte ich viele Werke der spanischen Literatur gelesen, wenn auch nur für mein eigenes Vergnügen. Nun beschäftigte ich mich erneut und auf systematischere Weise mit ihr.

# 5

Es wäre absurd, bei einem kleinen Buch wie dem vorliegenden, geschrieben zu eigenem Nutzen und Vergnügen, all jene Autoritäten zu nennen, bei denen ich Rat eingeholt habe. Trotzdem wäre mir nicht wohl, wenn ich es unterließe, auf die gelehrten Werke der Professoren Altamira und Alison Peers hinzuweisen sowie auf die Arbeiten von Mr. Aubrey Bell, Herrn Ludwig Pfandl und Dr. Rennert. Von diesen Fachleuten habe ich viel gelernt, und zum Dank werde ich ihnen etwas zur Kenntnis bringen, was ihnen neu sein wird, findet sich doch in ihren gelehrten Werken nirgends ein Hinweis darauf, daß dieses Thema je ihr Interesse gefunden hätte. Ich werde ihnen etwas über die spanische Küche erzählen.

Avila ist eine Stadt zum Herumschlendern. Es gibt dort nicht viel zu tun und zu besichtigen. Die größtenteils restaurierte Stadtmauer sieht wie die Mauer einer alten Stadt aus einem Stundenbuch aus. Die einfachen, runden Türme, die in regelmäßigem Abstand errichtet sind, erinnern an die gepflegten Locken einer Barockperücke. Die Kathedrale, die etwas von einer Festung hat, bietet außer einer gewissen Feierlichkeit nicht viel, und ihre gotischen Portale und Fenster sind nicht so schön wie viele andere, die man anderswo gesehen hat. Überhaupt finden wir die gotische Architektur heutzutage ja alle ein wenig langweilig. Die Häuser der alten Hidalgos haben sich aber noch immer etwas von ihrer ernsten Würde bewahrt; die großen Wappen über den Haustüren sind beeindruckend. Eine lautlose Stadt. In vielen Straßen kann man eine Stunde stehen, ohne einem Passanten zu begegnen. Die Männer von Avila sind unauffällig gekleidet, die Frauen tragen Schwarz. Die Luft hat selbst im Sommer eine gewisse Strenge. Im Frühling und Herbst geht ein strenger Wind, und im Winter herrscht bittere Kälte. Das ist Kastilien mit seiner Reserviertheit, seiner Schweigsamkeit und seiner steifen Förmlichkeit. Das Hotel gehört jedoch zu den schlimmsten in ganz Spanien. Es ist dreckig und riecht, die Zimmer sind nackt und ungemütlich. Das Essen, das in einem grell beleuchteten, grauenhaften, großen Speisesaal serviert wird, ist entsetzlich, ein ungenießbares Gericht auf das andere, von schlampigen Kellnern mit dreckigen Händen wird es einem auf kalten Tellern hingeknallt, und kaum einer der auf der Karte verzeichneten Weine ist im Keller tatsächlich vorrätig.

Ich kann praktisch alles essen, wenn nicht mit Vergnügen, so doch ohne Widerwillen, und ein schlechtes Essen vermag mich nicht aus der Ruhe zu bringen. Ich darf wohl sagen, daß mein Geist über dem Essen steht, doch bedauerlicherweise ist mein Fleisch schwach, und nach einer schlechten Mahlzeit, die ich ohne Murren verzehrt habe, fühle ich mich eine Woche hundeelend. Der Körper, von Fray Roldan als *asinillo* bezeichnet, als Eselchen, wird irgendwelche Eigensinnigkeiten meines tanzenden Geistes nicht hinnehmen. In Avila passierte mir einmal folgendes: Als ich nach stundenlangem Hin- und Herwälzen in meinem harten Bett schließlich eingeschlafen war, wurde ich vom Krähen eines Hahns geweckt, und einige Minuten später hörte ich plötzlich eine Glocke. Das Geläut kam in jener tiefen Nacht sehr überraschend. Ich dachte, es werde zur Frühmesse geläutet, und zog mir Hose und Mantel über meinen Pyjama. Der Portier öffnete mir die Tür, und ich lief quer über die Straße. In der Kathedrale war es dunkel, nur in einer Kapelle brannte eine Glühbirne. Ein Sakristan, in einen Umhang gehüllt, einen grauen Wollschal über Mund und Nase, zündete gerade die Kerzen an. Ich sah von hinten drei Frauen in Schwarz vor dem Altar knien. Eine Bäuerin mit einem Korb am Arm und einem Tuch über dem Kopf, kam kurz vor dem Priester herein, einem dicken, kleinen Mann mit grauem Haar und grobem Gesicht, der in Eile zu sein schien. Er ging so schnell, daß der Ministrant hinter ihm fast laufen mußte. In dem Augenblick, als er die ersten Worte der Messe zu sprechen begann, unverständlich und leise vor sich hinbrabbelnd, trat ein Mann aus dem Dunkel. Ich blickte überrascht zu ihm hinüber. Ich hatte gedacht, daß außer den Frauen niemand sonst anwesend war. Der Mann war hochgewachsen und schlank, in einen weiten Umhang gehüllt. Er hatte blitzende Augen, buschige Brauen, eine große Hakennase und einen imposanten Kopf mit langen grauen Locken. Sein Gesicht war streng und zerfurcht. So mag einer der alten Konquistadoren ausgesehen haben. Er kniete nicht, stand bloß reglos da, den Mund fest geschlossen, die eigentümlichen Augen auf den Altar gerichtet. Ich fragte mich, was ihn wohl hergeführt haben mochte. Es war bitterkalt. Mir war übel. Ich ging zurück in das Hotel, wo ich Ziegenmilch zum Kaffee und ranzige Butter zum Brot bekam. Mir reichte es.

Es kann einem also nicht verübelt werden, wenn man in Avila sagte, es sei unmöglich, in Spanien etwas Anständiges zu essen zu bekommen. Aber das trifft nicht zu. In Spanien kann man sehr gut essen, man muß nur wissen, wohin man zu gehen und wie man sich zu verhalten hat. Zunächst einmal muß man sich vornehmen, nicht mehr als ein Gericht zu verzehren, was sehr vernünftig sein dürfte, denn auf diese Weise vermeidet man, zuviel zu essen. Wie gut eine Speise auch sein mag, man kann eben nur so viel essen, daß man gerade satt wird.

Die Spanier sind unkultivierte, aber mäßige Esser. Es scheint ihnen nichts auszumachen, wenn die Speisen verdorben und schlecht zubereitet sind, sie verzehren Fisch, der längst nicht mehr frisch ist, und das ewige *bollito con garbanzos* (gekochtes Fleisch und Kichererbsen), Tag für Tag, ohne zu murren. Sie sind schon immer anspruchslos gewesen. Eine der Tugenden des spanischen Soldaten war ja gerade, mit so wenig Verpflegung marschieren und kämpfen zu können, daß man sich wundert, wie er Leib und Seele davon zusammenhalten mochte. Der Reisende, so ist in den Schelmenromanen zu lesen, war mit einem Brotkanten und einer Zwiebel durchaus zufrieden. Allerdings muß man einräumen, daß sie, wenn es zu einem Fest kam, ungeahnte Fähigkeiten entwickelten. Als Sempronio und Parmeno* mit ihren Geliebten und der alten Kupplerin Celestina ein Abendessen veranstalten wollten, ließen sie (für fünf Personen) einen Schinken, sechs Paar Hähnchen und ein Paar Tauben, Murviedo-Wein und Weißbrot bringen. Als ich das erste Mal in Spanien war, gab es, außer in ein, zwei Hotels in Madrid, Barcelona und Sevilla, wo man armselige Imitationen französischer Brötchen bekam, eigentlich kaum anderes Brot als eine Art Doppelbrötchen von schwammiger, weißlicher Substanz, unappetitlich anzusehen, geschmacklos und schwer verdaulich. Heutzutage kann man in jeder größeren Stadt Weißbrot bekommen, doch es ist weder knusprig noch schmackhaft. Wer gutes Brot haben will, muß in eines der nordspanischen Bergdörfer fahren, in denen, sofern man mit einigem Glück gerade dann eintrifft, wenn der Bäcker es gerade aus dem Ofen holt, man ein süßlich duftendes, appetitlich aussehendes Roggenbrot mit delikater Kruste essen kann. Dieses Brot sowie Butter, die es vor dreißig Jahren in Spanien praktisch nicht gab, heute aber fast überall erhältlich ist, ein paar Oliven, Anchovis und ein Stück Ziegenkäse ergeben ein geradezu fürstliches Mahl.

Selbstverständlich wird kein halbwegs vernünftiger Mensch seine Mahlzeiten im Hotel einnehmen. In den eleganteren Hotels sind die Menüs überreichlich und schlecht, nach französischer Art, in den einfacheren sind sie überreichlich und genauso schlecht, nach spanischer Art. Ihre Monotonie ist beklagenswert. In beiden Fällen wird man die gleiche langweilige klare Brühe vorgesetzt bekommen und selten anderen Fisch als den ordinären, zähen, langweiligen *merluza,* Seehecht! Man kann ihn backen, kochen, dünsten, braten,

* Figuren aus der *Celestina,* der *Comedia de Calisto y Melibea,* Fernando de Rojas zugeschrieben 1499. (A. d. Ü.)

grillen. Man kann ihn mit Worcester-Sauce aufpeppen, man kann ihn in Tomatenketchup tunken, man kann ihn in Öl und Essig legen, man kann Mayonnaise, Béarnaise-Sauce, holländische oder Tartarensauce darübergeben – er ist und bleibt langweilig, ordinär und zäh.

Doch selbst in den Hotels, das heißt in den weniger eleganten, gibt es, sofern nicht allzuviel Betrieb ist und man sich freundlich mit dem Oberkellner oder Koch bespricht, oft hervorragende Sachen zu essen. So bekam ich in Alicante, einer dieser schönen Städte, in denen es absolut nichts zu besichtigen gibt (ich war in der Nachsaison hingefahren), einen erstklassigen *arroz à la Valenciana* serviert. Ich trank dazu den ortsüblichen Wein, einen leichten, bekömmlichen Weißwein, der schwach nach Muskateller schmeckte. Ich vergaß darauf hinzuweisen, daß einem die spanische Küche nur dann zusagt, wenn man Öl verträgt. Falls man darauf besteht, daß alles mit Butter zubereitet werden soll, dann darf man sich, außer den geistigen Genüssen, von Spanien nichts versprechen. An der Küche wird man dann keinen Gefallen finden.

*Arroz à la Valenciana* ist ein typisches Valencianer Gericht, und vermutlich wurde es auch in dieser Stadt erfunden. Als Valencia von Ruy Dias de Bicar erobert wurde, ging er, dem Gedicht zufolge, so vor:

Mit Frau und Töchtern steigt mein Cid auf den Alcázar,
Zur höchsten Stelle führt er sie,
Und schöne Augen blicken in die Runde,
Sehn Valencia dort liegen,
Und das Meer zur andern Seite.

Ich stelle mir vor, daß er sie dann bei der Hand nahm und irgendwohin führte, wo ein guter *Arroz à la Valenciana* sie erwartete. Ich wünschte, Professor Peers, der offenbar einige Monate dort unten verbrachte, hätte seine Studien über El Cid Campeador (ein sympathischer Schurke) kurz unterbrochen und sich mit den Ursprüngen dieses schmackhaften Gerichts befaßt. Wie gern wüßte ich, ob es die Erfindung eines talentierten Mauren war oder ob es sich zufälligerweise gleichzeitig in den Küchen hunderter maurischer Hausfrauen gewissermaßen selbst erfunden hat. Obwohl das Gericht nach Valencia benannt ist, wird es an der ganzen Küste gegessen, von Barcelona bis hinunter nach Malaga. In Andalusien heißt es *paella.* Es ist nie schlecht und machmal unglaublich exzellent. Seine Grundlage ist natürlich Reis, der durch Safran und Cayennepfeffer einen spanischen Geschmack gewinnt. Dazu kommen Hähnchenteile, verschiedene Muscheln, Garnelen und was weiß ich noch alles. Die Zubereitung ist langwierig und mühsam, doch Zeit und Aufwand lohnen sich. Den besten *Arroz* habe ich allerdings in Tarragona gegessen.

Tarragona hat eine Kathedrale. Grau und nüchtern, sehr schlicht, mit mächtigen Pfeilern, wirkt sie wie eine Festung. Ein Gotteshaus für eigensinnige, ungestüme und grausame Männer. In ihrem Innern wird es früh Nacht, und dann scheinen sich die Pfeiler in den Seitenschiffen hinzuhocken, und Dunkel umhüllt die Spitzbögen. Man schaudert. Es ist wie in einem Kerker. Zum letzten Mal war ich an einem Montag in der Karwoche dort, und der Kanzelprediger hielt eine Bußpredigt. Zwei oder drei nackte Glühbirnen gaben ein kaltes Licht, in dem sich die Umrisse der Pfeiler messerscharf gegen das Dunkel abzeichneten. Das Licht fiel gerade noch auf die Menge, Frauen zumeist, die sich zwischen Kanzel und Chor zusammengedrängt hatten, wie aus Furcht vor einem Feind, der die Stadt belagerte. Mit heftigen Gebärden und laut schimpfender Stimme stieß der Prediger in außerordentlich hohem Tempo einen Schwall von Anklagen hervor. Jeder zornerfüllte, wortreiche Satz war wie ein Schlag ins Gesicht, und ein Schlag folgte dem anderen mit unerbittlicher Schärfe. Diese schnarrende, giftige Stimme, die sich um die Pfeiler wand und in das Kreuzgewölbe emporstieg, in das große, nüchterne Hauptschiff eindrang, hinein in die verliesartigen Seitenschiffe, verfolgte einen bis in den entlegensten Winkel dieser majestätischen Kirche.

An jenem Tag hatte aber ein frommer Bewunderer den Prediger zum Mittagsmahl in das Hotel eingeladen, in dem ich wohnte. Was für eine Gesellschaft! Da waren die grauhaarige Frau des Gastgebers, seine beiden Söhne mit ihren Frauen oder seine beiden Töchter mit ihren Männern (ich konnte es nur erraten) sowie acht oder neun Kinder unterschiedlichen Alters, die ich zu sortieren versuchte. Der Prediger vertilgte wahre Unmengen von dem *arroz*. In dem Moment tröstete mich der folgende Gedanke: Wir leben in einer schlechten, schlechten Welt, doch dank gnädiger Vorsehung wird das Elend des Menschen zuweilen gelindert. Und zu diesen Linderungen gehörte zweifellos der *Arroz à la Valenciana*, wie wir beide ihn an jener Mittagstafel in Tarragona gegessen hatten.

In fast jeder spanischen Stadt kann man ein Restaurant finden, in dem noch die höchsten kulinarischen Ansprüche befriedigt werden. In Madrid gibt es ein halbes Dutzend solcher Häuser. Eines sollte indes allen Reisenden bekannt sein. Es liegt an der Plaza de los Herradores. Es ist nüchtern und einfach, man sitzt auf harten Stühlen, das Tischtuch ist grob, das Licht grell. Doch das ist einem egal, denn bei der Vorfreude auf die Spanferkel, die man verspeisen wird, läuft einem das Wasser im Munde zusammen. Auf einer Platte im Fenster liegen vier oder fünf mit durchschnittener Kehle, und sie sehen so sehr wie neugeborene Babies aus, daß einem ganz komisch wird. Von diesem Gedanken muß man sich aber einfach lösen. Sie werden getötet, wenn sie drei Wochen alt sind. Wie gut, wie zart, wie saftig, wie wohlschmeckend sie sind und welches Hochgefühl man bei der knusprigen Kruste empfindet, läßt sich unmöglich beschreiben – so, wie man eine Symphonie eigentlich nicht beschreiben kann. Man muß sie hören.

Genauso kann man auch ein Spanferkel eigentlich nicht beschreiben – man muß es verspeisen.

Aus einem mir unerfindlichen Grund kann man im Norden eines Landes viel besser essen als im Süden. Die Engländer halten ja an der naiven Vorstellung fest, daß man in ganz Frankreich gut essen könne. Das ist ein Irrtum. Sie glauben, es gebe in Frankreich kein Restaurant, kein Hotel, in dem man nicht ein gutes Omelett bekäme. Das ist ein Irrtum. Südlich von Wien kann man nicht mehr gut essen, und in Andalusien ist das Essen eher eine romantische Sache als ein kulinarischer Genuß. Meine Gedanken wandern zurück nach Sevilla, zu einer Taverne in einer Seitenstraße der Sierpes, wo es guten Manzanilla gab und Schinken aus der Estremadura. Man ging dort spätabends hin, nach der *Zarzuela** im Theater, und bestellte eine kleine Portion Schinken und einen Teller saftiger schwarzer Oliven. Ein Junge lief dann hinaus und brachte einem aus der Garküche gegenüber einen Teller gebratenen Fischs. Man saß mit einem Tischgefährten (wer mag schon allein speisen?) in einem kleinen Abteil auf einer hölzernen Bank, und mit einigem Glück saß in dem benachbarten Abteil eine kleine Gesellschaft, jemand hatte eine Gitarre dabei, und nach langem einleitenden Gezupfe brach eine Frau in den Klagegesang einer maurischen *seguidilla* aus.

Bei den Spaniern sind Schalentiere sehr beliebt. Die Straßenverkäufer mit ihren Körben voller Langusten, Garnelen, Muscheln und Seeigeln machen bei ihrer Runde von Taverne zu Taverne ein gutes Geschäft. Der Fisch, den es an den Straßenbuden gibt, ist sehr frisch und außerordentlich schmackhaft, vorausgesetzt natürlich, man verträgt das Öl, in dem er gebraten wird. Wer Fisch essen will, sollte aber wirklich einmal nach Vigo fahren. Wenn ich trotz meiner Vorbehalte geneigt bin, voller Schwermut all denjenigen zuzustimmen, die da behaupten, man könne in Spanien nicht

* Eine Art Singspiel (A. d. Ü.)

gut essen, so denke ich an Vigo und sage mir, daß das Unsinn ist. Vigo ist eine der wenigen europäischen Hafenstädte, in denen man Fisch bekommt, Boulogne gehört auch dazu. In England gibt es keine einzige. Ich habe in meinem ganzen Leben keinen besseren Lunch gegessen als in Vigo. Als Hors d'œuvre gab es allerlei Fisch, Muscheln, Garnelen, Anchovis, ein Krabbenomelett und dann einen leckeren Bratfisch, von dem man wußte, daß er wirklich an diesem Morgen aus dem Meer gezogen worden war, sehr zart und wohlschmeckend, und anschließend noch zwei, drei andere Gerichte. Mein Hunger war jedoch gestillt, und ich ließ sie unberührt. Es war ein herrliches Mahl.

Aber leider ist Vigo für mich nicht nur mit dieser schönen Erinnerung verbunden. Es erinnert mich auch an eine versäumte Gelegenheit, an die ich nur mit einer Art schlechten Gewissens zurückdenken kann. Es war folgendermaßen: Auf dem Weg von Santiago nach Salamanca hatte ich in Vigo Station gemacht. Ich hatte der Karte entnommen, daß der Weg aus der Stadt wohl nur mit Mühe zu finden sei, und als ich nach dem Lunch den Hotelportier bat, mir den Weg zu zeigen, trat ein kleiner Junge hinzu und bot sich als Führer an. Zu meiner Überraschung – Vigo liegt an der Westküste Spaniens, nahe der portugiesischen Grenze – sprach er Französisch, und nicht nur das, sondern den unverkennbaren Akzent des Midi. Ich bat ihn, mir das zu erklären. Er sagte, er sei in Marseille geboren. Ich forderte ihn auf einzusteigen, und dann fuhren wir los.

Er sagte, er sei vierzehn, war aber zu klein dafür und sah auch jünger aus. Er war mager, fast in Lumpen, sein Gesicht war schmal und eingefallen, die Augen übergroß. Wenn er nicht gerade dabei war, mich durch enge Straßen und um plötzliche Ecken zu lotsen, erzählte er von sich. Er war ein Findelkind, das in einem Marseiller Heim für obdachlose Kinder untergekommen war. Vor ein paar Monaten war er aus Verzweiflung zum Hafen gelaufen und hatte sich an Bord eines Segelschiffs verborgen, von dem er wußte, daß es in See stechen würde. Wohin die Reise ging, war ihm nicht bekannt. Erst auf hoher See wurde er entdeckt, daraufhin verprügelte man ihn und steckte ihn zum Arbeiten in die Kombüse. Es war ein französisches Schiff, und er befürchtete, man werde ihn zurück nach Frankreich bringen und wieder in das Heim stecken. So riß er, als man in Vigo angelegt hatte, aus und versteckte sich bis zur Abfahrt des Schiffes. Er besaß nichts als das, was er am Leibe trug, hatte keinen Pfennig in der Tasche und keine Papiere, um sich auszuweisen. Sein einziger Name war der Name, den man ihm im Waisenhaus gegeben hatte. So allein wie er dürfte sich wohl niemand auf der Welt gefühlt haben.

»Wovon lebst du denn?« fragte ich ihn.

»Ich schlage mich so durch. Ich erledige Botengänge. Manchmal schenkt mir jemand ein paar Pfennige.«

»Mußt du nicht oft hungern?«

»Oh, ich sage nicht, daß ich nicht manchmal hungrig bin. Es macht mir nichts aus. Lieber sterbe ich, als daß ich wieder ins Waisenhaus gehe.«

»Und wo schläfst du?«

»Auf der Straße. Im Sommer ist das kein Problem. Im Winter ist es kalt, aber irgendwie geht es schon. Ich kenne da einen Schuppen, der nicht abgeschlossen wird, und dort kann ich übernachten, wann immer ich will. Ich liebe meine Freiheit, verstehen Sie.«

Er hatte das flotte Mundwerk des Südländers, war wortgewandt, zog gelegentlich seine schmächtigen Schultern hoch und sprach mit schwungvollen Handbewegungen. Er nahm alles leicht. Er war nicht bloß fröhlich, sondern lebenslustig. Dann erreichten wir den Stadtausgang, und die Landstraße lag vor uns. Ich konnte meinen Weg nicht mehr verfehlen. Ich hielt an, und der Junge sprang heraus.

*»Bon voyage!«* rief er lachend, als ich anfuhr.

Ich hatte ihm seine Dienste angemessen, ja großzügig, wie

ich hoffte, gelohnt, doch das ist alles, was ich dazu sagen kann. Die Begegnung war so unerwartet, die Geschichte des Jungen so merkwürdig, daß ich keine Zeit hatte, mich zu besinnen. Als es schon zu spät war, wünschte ich, ich hätte ihm statt der paar Peseten genug gegeben, um davon mindestens ein, zwei Monate leben zu können. Ich wünschte, ich hätte ihm angeboten, im Auto bis nach Salamanca mitzukommen. Was er dort angefangen hätte, weiß ich nicht, aber vielleicht hätte ihm das Abenteuer gefallen, und ich hätte ihm für eine Weile jedenfalls zu Kost und Logis verhelfen können. Hier stand mir ja die historische Figur des *picaro* leibhaftig gegenüber. Als Vierzehnjähriger lief Agustin de Rojas davon, um in Sevilla Soldat zu werden. Als Vierzehnjähriger verließ Lazarillo das väterliche Haus, um seinen bemerkenswerten Weg durch die Welt zu gehen. Seitdem habe ich mir oft und nicht ohne Unbehagen überlegt, was wohl aus dem kleinen Jungen geworden ist. Ich frage mich, ob er wohl verhungert ist. Ich frage mich, ob er im Gefängnis sitzt (was nicht so schlimm wäre, es gehörte zum Spiel). Ich frage mich, ob die Behörden ihn erwischt und in seine Heimat zurückgeschickt haben. Er war aufgeweckt, mutig und zäh. Ich habe den Eindruck, daß es für ihn keine Schwierigkeit gibt, aus der er nicht irgendwie herausfände. Ich habe die Hoffnung, daß er, gleich seinen ihm unbekannten Vorgängern, jenen sorglosen Abenteurern des Goldenen Zeitalters, von Meister zu Meister ziehen wird, von einer unglaublichen Begebenheit zur anderen, bald vom Glück, bald vom Pech verfolgt, allemal leichtfüßig, einen kühlen Kopf bewahrend, mit seinen hellen quicklebendigen Augen jeder günstigen Gelegenheit auflauernd und sich auf diesem Wege zum Herren der Welt machend, die für seine Begriffe nur dazu da ist, von ihm benutzt zu werden.

## 6

Es war wohl George Borrow, der einmal gesagt hat, die spanische Sprache sei größer als ihre Literatur. Das ist ein wahres Wort. Das Spanische ist ein kraftvolles und feines Instrument. Es ist von einer Würde, die reichlich Gelegenheit für rhetorische Effekte bietet (was sich die spanischen Schriftsteller nicht entgehen lassen) und von einer Konkretheit, die eine wohltuende Klarheit des Ausdrucks ermöglicht. Sie hat eine Prägnanz, in der sie dem Lateinischen kaum nachsteht.

Es war einmal ein junger Mann, der nach Granada reiste. Es war sein erster Aufenthalt dort. Am Abend seiner Ankunft ging er nach dem Essen hinaus in die Stadt, denn er war viel zu erregt, um es in seinen vier Wänden auszuhalten. Weil er vierundzwanzig war und vielleicht auch, weil er glaubte, es gehöre dazu, suchte er ein Bordell auf. Er entschied sich für ein Mädchen, von dem er hinterher nur noch wußte, daß es große grüne Augen in einem blassen Gesicht hatte. Die Farbe ihrer Augen faszinierte ihn, denn es war diejenige, welche die alten spanischen Dichter und Erzähler stets ihren Heldinnen gegeben hatten, und da es eine Farbe ist, die man in Spanien nicht oft sieht, ist vermutet worden, daß etwas anderes gemeint sei, wenn der Dichter von der Farbe Grün rede. Aber hier war sie. Als das Mädchen sich entkleidete, bemerkte der junge Mann entsetzt, daß es noch ein Kind war.

»Du siehst sehr jung aus für jemand in einem solchen Haus«, sagte er. »Wie alt bist du?«

»Dreizehn.«

»Und was hat dich hierher geführt?«

»*Hambre*«, antwortete sie, »Hunger.«

Der junge Mann litt an einer gewiß übersteigerten Empfindlichkeit. Das tragische Wort traf ihn wie ein Messerstich. Er trug dem Mädchen auf, sich anzukleiden, gab ihm etwas Geld (er war arm und konnte nur wenig erübrigen) und machte sich, da sein Verlangen sich gelegt hatte, langsam auf den Heimweg und ging zu Bett.

In der Autobiographie von Alonso de Contreras, der als Küchenjunge begann und als Malteserritter endete, findet sich eine (mehr oder weniger authentische) Stelle, die mir immer als erzählerisches Glanzstück und als Muster stilistischer Vollkommenheit erschienen ist. Nachdem er in einer bestimmten Phase seines abenteuerlichen Lebens die wohlhabende Witwe eines Richters geheiratet hatte, kam ihm der Verdacht, sie betrüge ihn mit seinem besten Freund. Eines Morgens fand er beide in inniger Umarmung. »*Murieron*«, schreibt er, »sie starben.« Mit diesem einen grimmigen Wort handelt er die Sache ab und wendet sich anderen Dingen zu. Das ist guter Stil.

Im Spanischen gibt es unzählige idiomatische Wendungen. Sie verleihen der Sprache Schärfe. Das Spanische macht vom Konjunktiv häufiger und auf kompliziertere Weise Gebrauch als die meisten anderen modernen Sprachen und verhilft der gesprochenen Sprache damit zu einer eigentümlichen Eleganz. Im Englischen ist dieser Modus einigermaßen ungebräuchlich geworden, und wenn wir ihn verwenden, klingt es affektiert. Aber es läßt sich wohl nicht leugnen, daß der Konjunktiv einer Sprache Würde und Eleganz verleiht. Es ist verblüffend, und für jeden, der ein Gefühl für solche Dinge hat, auch faszinierend zu hören, mit welcher Selbstverständlichkeit ein Bauer in einem Gespräch die unterschiedlichen Formen des Konjunktivs verwendet. Das Spanische klingt härter als das Italienische, es hat nicht dessen klangvolle Monotonie, die auf den Zuhörer etwas ermüdend wirkt. Es hat eine sprühende, Aufmerksamkeit erzwingende Lebendigkeit. Es hat Würde und Bedächtigkeit. Jeder Buchstabe zählt, jede Silbe hat ihren Wert. Mir gefällt die Sentenz, die von Karl v. überliefert wird. Er sagte, das Deutsche eigne sich am besten für das Ansprechen von Pferden, das Französische am besten für Gespräche mit Staatsmännern, das Italienische für die Konversation mit Frauen, das Englische für Vogelrufe, das Spanische aber sei die einzige Sprache, in der man mit Königen, Fürsten und dem Herrgott reden solle.

Wer sich mit der spanischen Literatur beschäftigt, wird also mit einer gewissen Bestürzung feststellen, daß Spanien nur wenige Werke hervorgebracht hat, die des Instruments würdig sind, welches den Autoren zur Verfügung stand. Im Lehrbuch der spanischen Sprache steht eine entzückende kleine Geschichte. Ludwig XIV. fragte eines Tages einen seiner Höflinge:

»Sprecht Ihr Spanisch?«

»Nein, Sire«, antwortete der andere, »doch ich werde es lernen.«

Er machte sich an die Arbeit, denn er dachte, der König wolle ihn zum Gesandten am spanischen Hof machen, und nach einiger Zeit sagte er zum König:

»Sire, nunmehr bin ich des Spanischen mächtig.«

»Ausgezeichnet!« erwiderte der König. »Dann werdet Ihr imstande sein, den Don Quijote im Original zu lesen.«

Dazu imstande zu sein, ist wirklich eine Leistung. Es ist eine unvergeßliche Erfahrung. Es muß aber berücksichtigt werden, daß es sonst nichts gibt (abgesehen vielleicht von einigen Gedichten des faszinierenden Johannes vom Kreuz), was der Nichtspanier mit einem Gefühl der Befriedigung lesen kann. Tatsache ist, daß die Spanier im Grunde genommen keine Denker sind. Sie haben erstaunlich wenig zu dem großen Wissensfundus unserer Welt beigesteuert. Sie haben weder einen Philosophen noch einen Naturforscher ersten Ranges hervorgebracht. Ihre besten Gedichte, abgesehen von den Balladen, wurden von Italien übernommen. Ihre Mystiker erwarben ihr Wissen von den großen Mystikern Deutschlands und der Niederlande. Der klügste unter ihnen war der hl. Johannes vom Kreuz. Er war ein außergewöhnlicher Dichter, sanft wie Vaughan und bissig wie George Herbert.

Seine Prosa verrät eine bezaubernde Melodie und einen klaren Verstand, aber ein weder sehr profundes noch sehr originelles Denken.

Ich habe den Verdacht, die spanischen Schriftsteller seien weniger durch ihren angeborenen Mangel an Talent behindert worden als durch die Verhältnisse der Zeit. Im Goldenen Zeitalter konnte ein Schriftsteller unmöglich von seinem Beruf leben, und wenn die Förderung der Künste das Ansehen der Mächtigen damals auch steigerte, so waren sie doch oft geiziger als die Künstler erwarten durften. Die großen literarischen Schöpfungen wurden nicht von professionellen Dichtern hervorgebracht, sondern von Amateuren. Die spanischen Schriftsteller waren entlassene Soldaten, pensionierte Diplomaten, Geistliche, die sich ihre Mußestunden vertreiben wollten, Ärzte und Beamte. Sie schrieben, weil es ihr Steckenpferd war oder weil sie Geld brauchten. Cervantes schrieb bekanntlich nur, wenn er gerade keine Stellung hatte, und es ist durchaus denkbar, daß *Don Quijote* nie entstanden wäre, wenn sein Schöpfer jenes Amt in Amerika bekommen hätte, um das er sich beworben hatte. Erst nachdem alle anderen Bemühungen fehlgeschlagen waren, beschloß er, seinen Lebensunterhalt mit der Feder zu verdienen. Der einzige bedeutende Autor, der die Schriftstellerei zu seinem Beruf machte, war meines Wissens Lope de Vega, und selbst er sah sich, trotz seines ungeheuren Fleißes, zuweilen genötigt, in die Dienste eines Adligen zu treten.

Im großen und ganzen handelt es sich bei den Mängeln der spanischen Schriftsteller um solche, die man bei Amateuren erwartet. Sie brachten eine Literatur der brillanten Anfänge und nicht des langen Atems hervor. Ein Œuvre zu schaffen, dessen Einzelteile abgeschlossen sind und im richtigen Verhältnis zum Ganzen stehen, ist ein Lebenswerk. Es kann nur von jemand hervorgebracht werden, der die Schriftstellerei zu seinem Lebensinhalt macht. Vollkommenheit gibt es bekanntermaßen nicht, doch ich glaube, sie ist wohl nirgends so sehr verfehlt worden wie in Spanien von so talentierten Schriftstellern. Natürlich besitzt die spanische Literatur zahlreiche Qualitäten. Sie hat etwas Impulsives. Sie hat etwas Seltsames. Sie hat etwas Erdverbundenes. Sie repäsentiert sehr gut diese brutalen, mutigen, leidenschaftlichen, idealistischen, sinnlichen, humorvollen, grausamen und humanen Männer, die sich einen ganzen Kontinent untertan machten und eine Welt entdeckten.

Man würde eigentlich vermuten, daß die Lektüre der Schelmenromane angenehm ist, doch ganz im Gegenteil, es ist im wesentlichen eine ermüdende Angelegenheit.

Es liegt mir fern, den Leser belehren zu wollen, aber ich darf vielleicht *en passant* erwähnen, daß der Schelmenroman ein Roman ist, dessen Personen aus den Randbereichen der Gesellschaft kommen und dessen Held von seiner Pfiffigkeit lebt. Er ist üblicherweise in der ersten Person geschrieben. Der Held des klassischen Schelmenromans ist eine Figur, die verschiedenen Herren dient, eine offensichtlich sehr praktische Möglichkeit, ihn eine Reihe von Abenteuern erleben zu lassen und die unterschiedlichsten Verhältnisse vorzuführen. Der Schelmenroman ist das charakteristischste Genre der spanischen Literatur. Sein großer Einfluß machte sich vor allem in England bemerkbar, und ohne seine Beliebtheit wären die Romane eines Defoe, Fielding, Smollett und Charles Dickens höchstwahrscheinlich nicht das, was sie sind. Oft heißt es, er sei eine spanische Erfindung, und sicherlich waren die spanischen Schelmenromane die beliebtesten in Europa, doch die Spanier haben meines Wissens noch nie etwas erfunden, und das *Satyricon* des Petronius beweist, daß die Form schon längst existierte, ehe in Spanien ein Schelmenroman geschrieben wurde. Der Schelmenroman ist das Pendant zu den Ritterromanen, die in Spanien bekanntlich lange Zeit überaus populär waren, und er entspricht jener anderen Seite des spanischen Charakters, der spöttischen, realistischen, die seltsamerweise so nah am Idealistischen und Mystischen liegt.

Der früheste dieser Romane ist auch der kürzeste. Er trägt den Titel *Lazarillo de Tormes,* und sein Erfolg begründete die Beliebtheit dieses Genres. Die Literaturwissenschaftler sagen, er verdanke sich den Veränderungen der gesellschaftlichen Verhältnisse, dem Zusammenbruch der Wirtschaft und der Konzentration der Macht auf die Hauptstadt, die alle möglichen Abenteurer anzog. Heutzutage wird aber kein Roman aus derartigen Gründen geschrieben, zumindest kein lesbarer, und ich denke, daß das auch für das sechzehnte Jahrhundert galt. Kritiker kommen nie auf den Gedanken, daß Schriftsteller oft deswegen schreiben, weil es ihnen Spaß macht. Der Autor, sei es nun der Mönch Juan de Ortega oder der pensionierte Diplomat Diego de Mendoza, der seine Klassiker kannte und mit der *Celestina* des Erzpriesters von Hita vertraut war, er dachte vermutlich, es sei amüsant, die Autobiographie eines jungen Gauners aufzuschreiben, und nachdem ihm diese prächtige Idee gekommen war, tat er wohl, was alle anderen Autoren in diesem Fall auch tun – er brachte sie zu Papier. Er war ein Spaßvogel, und das Buch bot ihm die Gelegenheit, einige sarkastische Dinge über Mönche und Priester zu sagen. Das Büchlein ist nicht länger als Sternes *Empfindsame Reise.* Es berichtet von der Geburt und der Kindheit des Schelms und seinen Erlebnissen bei verschiedenen Herren – einem blinden Bettler, einem Priester, einem Hidalgo, einem Bettelmönch, einem Ablaßkrämer, einem Kaplan und einem Gendarm. Er wird städtischer Ausrufer und aufmerksamer Ehemann der Konkubine eines Erzpriesters. Die Episoden folgen so schnell aufeinander, daß der Leser ständig in Spannung gehalten wird. Mit dem Hidalgo, in dessen Dienste Lazarillo in Toledo trat, gestaltete der Verfasser erstmals einen Typus, den stolzen, hungrigen, würdevollen und melancholischen Edelmann, der seinen Landsleuten wegen seines Humors und seines Pathos zu

Herzen ging. Wie oft diese Figur seitdem in einem Roman oder Bühnenstück aufgetaucht ist, läßt sich kaum noch zählen.

Hungrig durch die Straßen Toledos streifend, stieß Lazarillo auf einen prächtig gekleideten Edelmann, der gemessenen Schritts daherkam und ihn ansah:

»Mein Junge, suchst du einen Herrn?«

»Ja, Herr.«

»Dann folge mir. Gott hat dir eine große Gnade erwiesen, daß er dich mir in den Weg führte. Sicher hast du heute gut gebetet.«

Der Edelmann nahm ihn mit in sein Haus, doch die Wände waren kahl, es gab keinen Stuhl oder Schemel, keinen Tisch, nicht einmal eine Truhe, so daß man hätte denken können, es sei unbewohnt. Schließlich fragte ihn der Edelmann, ob er gegessen habe.

»Nein, mein Herr. Es war ja nicht einmal acht Uhr, als ich Euch heute morgen traf.«

»Nun«, sagte er, »ich hatte schon vorher gefrühstückt, und du mußt wissen, wenn ich einmal etwas zu mir genommen habe, esse ich vor dem Abend nichts mehr. Darum behilf dich bis zum Nachtmahl, so gut du kannst.«

Der verblüffte Lazarillo verbirgt sich hinter der Tür und holt aus seinem Rock ein paar Brotstücke hervor, die ihm zwei Tage zuvor als Almosen gegeben worden waren. Als der Edelmann ihn sah, sagte er:

»Komm her, Junge. Was ißt du da?«

Dieser zeigte ihm das Brot, und der Edelmann nahm ein Stück.

»Bei meiner Seele, dieses Brot ist gut«, sagte er.

Das Abendessen fiel aus, und am nächsten Tag, getrieben vom Hunger, ging Lazarillo von Haus zu Haus. Als er mit seiner Beute (nicht nur Brot, sondern auch Kutteln und ein Stück Kalbsfuß) zurückkehrte, wurde er von seinem Herrn schon erwartet.

»Ich habe dich zum Essen erwartet«, sagte er sanft, »und da ich dich nicht heimkommen sah, habe ich allein gespeist.«

Der Junge begann, seinen Imbiß zu verzehren, und sein Herr beobachtete ihn hungrig. Da sagte der Junge:

»Herr, gutes Werkzeug, gute Arbeit; dieses Brot ist so lecker und dieser Kalbsfuß so vorzüglich gesotten und gewürzt, daß wohl niemand dem Duft widerstehen könnte.«

»Was ist es, ein Kalbsfuß?«

»Ja, Herr.«

»Du hast recht, es ist der köstlichste Leckerbissen auf der ganzen Welt, kein Fasan schmeckt so gut.«

»Ich bitte Euch, Herr, kostet davon, und Ihr werdet sehen, wie gut er schmeckt!«

Der Junge reichte ihm den Kalbsfuß und zwei, drei Stücke von dem weißesten Brot, woraufhin sich der Edelmann neben ihn setzte und anfing, gierig zu essen, an jedem Knöchelchen nagend, so sauber, daß es ein Hund nicht besser gemacht hätte.

Ihm gehörte ein Gut, das, wäre es nur nicht so verfallen gewesen, viel Geld wert wäre. Und er besaß ein Taubenhaus, das, wäre es nicht eingestürzt, ihm mehr als zweihundert Tauben pro Jahr liefern würde. All das hatte er um seiner Ehre willen aufgegeben. Hatte er nicht einen Handwerker fast zusammengeschlagen, der ihn mit den Worten »Gott befohlen!« gegrüßt hatte? Einem solchen Manne ziemte es, einen Ritter oder Edelmann mit den Worten »Ich küsse Euer Gnaden die Hand!« zu grüßen, und er duldete nicht, von irgend jemand, außer vom König, mit den Worten »Gott befohlen!« angeredet zu werden. Er war nach Toledo gekommen, um in die Dienste eines hohen Adligen zu treten. Er litt Hunger. Doch er blieb würdevoll, freundlich und höflich. Er war niemandem etwas schuldig außer Gott und dem König, und er achtete sorgfältig auf die Reinheit seiner Ehre, und das war die einzige Möglichkeit, die einem rechtschaffenen Manne noch blieb.

Wenn er morgens aufstand, säuberte er Hose, Wams und Mantel, und Lazarillo goß ihm Wasser über die Hände. Dann kämmte er sich und nahm seinen Degen, dabei den Knauf küssend.

»Mein Junge«, sagte er, »wenn du wüßtest, was für eine Klinge dies hier ist! Nicht um alles Gold in der Welt gäbe ich sie her, denn so viele Klingen Meister Antonio auch geschmiedet, keine hat er so fein gestählt wie diese.«

Er zog den Degen aus der Scheide und prüfte die Klinge mit den Fingerspitzen.

»Sieh nur, ich würde es wagen, damit ein ganzes Schaffell in Stücke zu hauen.«

Dann steckte er den Degen wieder ein, band ihn an seinen Gürtel und trat gemessenen Schritts vor das Haus. Er ging aufrecht, den Saum seines Mantels bald über die Schulter, bald über den Arm werfend, die rechte Hand stets auf die Hüfte gelegt, in so stolzer Haltung die Straße entlang, daß man hätte meinen können, er sei ein naher Verwandter des königlichen Hofkämmerers. Wer hätte gedacht, daß ein so vornehmer Herr am Tag zuvor nur ein Stück Brot gegessen hatte, welches sein Diener Lazarillo einen Tag und eine Nacht in seinem Hemd herumgetragen hatte! Er wandte sich einem Park auf der anderen Seite des Flusses zu und flirtete mit zwei herausgeputzten Damen, dabei alle möglichen Heldentaten erfindend und süßere Worte sprechend als Ovid je geschrieben hatte. Und später, als Lazarillo keine Almosen mehr bekam und er selbst keinen Bissen mehr im Hause hatte, ließ er sich doch nichts anmerken, stolzierte in gewohnter Manier durch die Gassen, stellte sich, nach Hause zurückgekehrt, unter die Tür und stocherte mit einem Hölzchen in den Zähnen, weil seine Ehre es verlangte, denn er mußte ja jedermann zeigen, daß er reichlich gegessen hatte.

So sehr der Hunger ihn auch plagen mochte, die Verzweiflung konnte seinem Selbstbewußtsein nichts anhaben. Als Ehrenmann trotzte er unbeirrt allen widrigen Umständen.

Mit einem lachenden und einem weinenden Auge haben die Spanier in ihm den wahren Kastilier erkannt. Seinesgleichen schuldeten sie ihre Größe und ihren Ruin. Ihn verehrte sogar der Spitzbube, der sein Diener war. Er fühlte mit ihm und diente ihm gern, trotz seines verbohrten Stolzes.

Ein solches Mitgefühl ist ungewöhnlich für einen Schelmenroman, in denen nichts anderes beschrieben wird als die ewig gleichen Tricks, Gaunereien und brutalen Späße. Der populärste Schelmenroman war *Guzman de Alfarache,* für die meisten Kritiker ein unendlich ermüdendes Werk. Ich aber wußte, daß der von mir verehrte Hazlitt es sehr bewundert hat. Er lobte an ihm die reizvolle Mischung aus Witz und ernstem Moralisieren. Der geistreiche und brillante Jesuit Baltazar Gracian soll das Werk wegen seiner unterhaltenden und stilistisch exzellenten Art immer bei sich getragen haben. Ich war also neugierig. Zum Stil kann ein Nichtspanier sich nur mit Zurückhaltung äußern, doch selbst er wird merken, daß es einfach, ungekünstelt und lebendig geschrieben ist. Es hat eine Kühle und Zurückhaltung, die man im Englischen erst findet, nachdem Dryden sie fast hundert Jahre später von den Franzosen übernommen hatte. Wenn guter Stil wie eine Unterhaltung kultivierter Menschen sein soll, dann ist es wirklich gut geschrieben. Aber nicht einmal die trockenste akademische Abhandlung könnte die Langweiligkeit des Stoffes überbieten. Das Buch in seiner Gänze zu lesen dürfte übermenschliche Disziplin erfordern.

Der Protagonist ist nacheinander Küchenjunge, Lastträger, Liebhaber, Soldat, Bettler, Page im Dienste eines Kardinals, Zuhälter eines Gesandten, Kaufmann, Student und schließlich Galeerensklave. Auf jedes seiner Abenteuer folgt ein längerer moralischer Kommentar, und seltsamerweise waren es genau diese unerträglichen Moralpredigten, die für die enorme Beliebtheit des Buches beim zeitgenössischen Publikum sorgten. Eingestreut werden kurze Geschichten, etwa die von Dorido und Clorinia, deren grausame Roheit schon wieder faszinierend wirkt. Natürlich kann man die Erzählungen und die moralischen Kommentare übergehen und nur die Abenteuer lesen. Sie sind sehr langweilig. Es geht ausschließlich um Diebereien, Falschspiel, abscheuliche Streiche und andere Gemeinheiten, in denen ein beklagenswerter Mangel an Phantasie zum Ausdruck kommt. Keine der unzähligen Figuren entfaltet wirklich ein Eigenleben. Diesen Mangel teilt *Guzman de Alfarache* mit allen übrigen Schelmenromanen. Guzman ist wenig mehr als ein durchschnittlicher Gelegenheitsdieb. In seiner ganzen Schurkenkarriere gibt es nur eine Episode, die den unvoreingenommenen Liebhaber von Kriminalgeschichten befriedigen könnte. Guzman ist der uneheliche Sohn eines Genuesers, der nach Sevilla gekommen war, und bei seiner ersten Reise nach Genua präsentiert er sich, ein zerlumpter Junge, dem Bruder seines Vaters als Verwandter. Aufgrund der naiven Vorstellung, die allen Gaunern gemeinsam ist, seine Kumpane würden ihn gut behandeln, auch wenn er selbst sie schlecht behandelt hat, ist Guzman außerordentlich beleidigt, als sein Onkel ihm die Tür weist. Acht Jahre später beschließt er, mit ihm abzurechnen. Er ergaunert in Mailand einen beträchtlichen Geldbetrag und fährt nach Genua. Dort gibt er sich als Don Juan de Guzman aus, als begüterter, vornehmer Sevillaner. Die Verwandten, die in diesem feinen Herrn nicht den Halunken erkennen, den sie einst davongejagt hatten, akzeptieren ihn nun um seines vermeintlichen Reichtums und seiner guten Beziehungen willen, deren er sich brüstet. Er verbringt die Zeit mit rauschenden Festen und in der Gesellschaft schöner Frauen. Er ist großzügig. Um den reichen jungen Mann im Haus zu halten, bieten ihm die Verwandten sogar ein zwar nicht besonders reiches, aber doch vornehmes Fräulein als Ehefrau an. Mit den Gästen eines Wirtshauses, in das er sich einquartiert hat, spielt er Karten; er läßt sie gewinnen, wenn ihm danach ist, achtet aber darauf, daß er immer ein paar Punkte Vorsprung hat. Sein größter Stolz ist ja sein Talent, die Karten so zu manipulieren, daß er es sich leisten kann, das Spiel mit Gelassenheit zu verfolgen. Er lernt einen Galeerenkapitän kennen und verschafft sich mit Hilfe einer bunt ausgeschmückten Geschichte (eine Beleidigung, die er zu rächen habe, mache seine geheime Abreise erforderlich) eine Passage nach Spanien. Kaum ist der Tag der Abreise bestimmt, macht er sich an die Arbeit. Er schafft seine Habe heimlich auf die Galeere und kauft Schiffskoffer, die er mit Steinen füllt. Zwei davon deponiert er bei seinem Onkel, dem er vortäuscht, sie enthielten wertvollen Schmuck. Zwei andere läßt er in dem Gasthaus, um den Wirt in Sicherheit zu wiegen. Er besitzt zwei Ketten, die eine aus Gold, die andere aus Kupfer, aber sie sehen vollkommen gleich aus, und mittels einer kleinen List borgt er sich auf die unechte Kette, die er als echt ausgibt, von einem Cousin sechshundert Dukaten. Anschließend vermählt er sich mit dem armen, aber vornehmen Fräulein, woraufhin er von seiner Verwandtschaft mit so viel wertvollen Geschenken überhäuft wird, daß er, wie er bekennt, sich fast schon schämt, sie anzunehmen. Auch sie schafft er auf die Galeere. Bei einem letzten Kartenspiel gelangt er in den Besitz des Geldes all seiner Freunde.

Da die von ihm ausgeraubten Leute als ebenso verabscheuenswert gezeigt werden wie der Betrüger selbst, gewinnt der Leser das von keinerlei Mitleid beeinträchtigte Gefühl, Zeuge einer überaus erfolgreichen Hochstapelei gewesen zu sein.

Es ist eine wahre Erleichterung, dieses Buch beiseite zu legen und sich dem *Marcos de Obregon* von Vicente Espinel zuzuwenden, der innerhalb des Genres Schelmenroman insofern eine Neuerung war, als es sich um eine romantisierte Autobiographie handelt. Espinels Leben war selbst schon ein Schelmenroman, und um ein Buch zu schreiben, mußte er im Grunde nur seine eigenen Erlebnisse aufzeichnen. Geboren wurde er in der Stadt Ronda. Sein Großvater, der aus Santillana (dem Geburtsort des Gil Blas) stammte, hatte an der Eroberung von Granada teilgenommen und war zum

Dank dafür von den Katholischen Königen mit Grundbesitz belohnt worden. Espinel lernte Latein und die Grundzüge der Musik und schrieb sich als Zwanzigjähriger an der Universität von Salamanca ein, die zwei Jahre darauf wegen der Unruhen, die der Prozeß gegen Fray Luis de Leon ausgelöst hatte, geschlossen wurde. Espinel kehrte daraufhin in seine Geburtsstadt zurück, wegen Geldmangels zu Fuß. Hier gaben ihm Verwandte ein eigens für ihn geschaffenes Priesteramt, dessen Bezüge es ihm erlaubten, nach Salamanca zurückzukehren. Er war Dichter und Musiker, und als solcher wurde er in den Kreis der Literaten und Adligen der Stadt aufgenommen. Doch seine Sehnsucht nach Ruhm führte dazu, daß er abermals seine Studien aufgab. Er ließ sich zu der Flotte anwerben, die zu jener Zeit in Santander aufgestellt wurde, wegen Pest aber nicht zum Einsatz kam. Espinel schlug sich nach Valladolid durch, wo er in die Dienste des Grafen de Lemos trat. Nach vier Jahren hatte er genug von diesem ruhigen Leben, und fuhr nach Sevilla, um sich dem Expeditionsheer anzuschließen, das in Niederlage und Tod des romantischen Königs Sebastian von Portugal endete.

Ein Jahr lebte er in Sevilla vom Schreiben obszöner Gedichte und als Unterhaltungskünstler, der in Tavernen und Bordellen Gitarre spielte. Dann schiffte er sich nach Italien ein. Vor der Insel Cabrera, wo Wasser an Bord genommen werden sollte, wurden er und seine Gefährten von Piraten gefangengenommen, nach Algier verschleppt und dort als Sklaven an einen Renegaten verkauft. Espinel mußte auf einer Galeere rudern, und nach diversen Abenteuern kam die Galeere schließlich in die Gewalt der Genueser. Er wurde befreit und ging in Genua an Land, von wo aus er, versehen mit Geld und einem Pferd, sich nach Flandern durchschlug und zur Armee des Alexander Farnese stieß und an der Belagerung von Maastricht teilnahm. Er freundete sich mit Don Hernando de Toledo an und kehrte mit ihm nach Italien zurück. Unter seiner Protektion verbrachte er drei Jahre dort, schrieb Gedichte, studierte Musik. Er besichtigte die Städte dieses wunderschönen Landes und überlegte dann, er war nicht mehr der Jüngste und mit seiner Gesundheit stand es nicht zum Besten, ob ein ruhigeres Leben ihm nicht besser anstünde. Er kehrte nach Spanien zurück, erhielt die Priesterweihe und ließ sich in Ronda nieder, um seinen Lebensabend als angesehener Mann zu verbringen. Er veröffentlichte seine Gedichte und brachte eine Übersetzung der Horaz'schen *Ars Poetica* heraus. Vicente Espinels große Leidenschaft war aber die Musik und die edle Kunst der Konversation, und in Ronda konnte er sich mit niemandem unterhalten. Die Leute interessierten sich bloß für das Wetter und die Ernte. Seine Gedichte wurden immer melancholischer. Er klagte, man spräche schlecht über ihn. Da fuhr er nach Madrid, erhielt durch Beziehungen das lukrative Kaplansamt am königlichen Hospital zu Ronda, hatte aber keine Lust, aus der Hauptstadt wieder wegzugehen, und ernannte daher einen Vertreter, der das Amt an seiner Statt ausüben sollte. Die Behörden von Ronda legten Beschwerde ein, und trotz seines Protestes mußte Espinel aufgrund eines königlichen Dekrets den Dienst persönlich antreten. Er verbrachte drei unglückliche Jahre in Ronda. Seine Mitbürger warfen ihm, gewiß zu Recht, sein schlechtes Verhalten und sein ausschweifendes Leben vor. Schließlich ernannte er einen anderen Stellvertreter und kehrte nach Madrid zurück. Er legte in Alcalá die Magisterprüfung ab und wurde vom Bischof von Plasencia zum Kaplan und Kapellmeister ernannt und bezog ein üppiges Gehalt. Er ließ sich für immer in der Hauptstadt nieder.

Er war berühmt. Er hat der Gitarre die fünfte Saite hinzugefügt, und eine Strophenform wurde nach ihm benannt. Er war mit Cervantes und Lope de Vega befreundet und bewegte sich in literarischen Zirkeln. Schriftsteller legten ihm ihre Werke zur Begutachtung vor. In dieser angenehmen Atmosphäre verbrachte er die letzten fünfundzwanzig Jahre seines Lebens. In seiner törichten Jugend, schrieb er, habe er viele Fehler und wenige Tugenden gehabt. Er habe nicht immer die Regeln der Mäßigung befolgt, sondern die Freuden der Tafel genossen und tief in den Becher geguckt und manch schönes Opfer auf dem Altar der Zyperin dargebracht – deutlicher gesagt: er war ein Freund kulinarischer Genüsse gewesen und hatte, wo immer sich die Gelegenheit bot, herumgehurt. Die Erinnerung an seine einstigen Freuden und die Hoffnung, seine Erfahrungen mögen anderen eine Lektion sein, ließ ihn den Roman schreiben, der den Titel *Vida de Marcos de Obregon* trägt und im Jahre 1618 erstmals veröffentlicht wurde, als sein Verfasser das ehrbare Alter von sechsundsechzig Jahren erreicht hatte.

Espinel verfolgte didaktische Absichten, doch seine moralischen Kommentare sind im Grunde knapp. Sündhaftes betrachtete er mit der Toleranz dessen, der in der Welt herumgekommen ist. Die Laster der Menschen schrieb er falschen Ansichten zu. Marcos de Obregon ist kein Spitzbube, der selbstgefällig über seine Missetaten spricht, sondern ein Beobachter, der das Leben nimmt, wie es gerade kommt. Er bewegt sich nicht nur am Rande der Gesellschaft, sondern verkehrt auch mit Aristokraten, Dichtern und Musikern. Man kann sich des Eindrucks nicht erwehren, daß Vicente Espinel ein charmanter, liebenswürdiger, couragierter und vernünftiger Mann war. Er hatte Witz und genoß das Leben.

In seinem Buch findet sich eine wirklich anrührende Episode. Als Espinel (er meint ja sich selbst, auch wenn er vorgibt, die Erlebnisse des Marcos de Obregon zu beschreiben) auf der algerischen Galeere gefangengenommen wurde, hielten ihn die Genueser zunächst für einen Renegaten, legten ihm Handschellen an, schlugen ihn mit Knüppeln und riefen ihm zu, nach der Ankunft in Genua werde er gehängt. Als man ihn prügelte, schrie er: »Man sagt, in Genua sei ein Berg ohne Holz, für mich hat es jetzt aber Holz genug gegeben!« Zwei Musiker, die zufällig an Bord des Schiffes waren, lachten über seine Antwort. Einen der beiden kannte er recht gut, wollte sich aus Scham aber nicht zu erkennen geben. Der Admiral indes befahl, er solle, solange seine Identität nicht geklärt sei (er streitet ja ab, der gesuchte Verräter zu sein), anständig behandelt werden. Man nahm ihm die Handschellen ab. Im Golf von Lyon kam ein Unwetter auf, und nachdem es überstanden war, befahl der Admiral, Marcello Doria, seine Musiker sollten ihm etwas vorsingen. Als erstes sangen sie ein Lied, das Espinel selbst geschrieben und komponiert hatte. Der Refrain lautete: *El bien dudoso. El mal seguro y cierto.* (Das Gute ist ungewiß, das Schlechte fest und sicher.)

Man sang eine Strophe nach der anderen, und als der Refrain zum letzten Mal erklungen war, konnte Espinel nicht mehr an sich halten.

»Noch immer muß ich leiden!« rief er.

Der Sänger sah zu ihm hinüber, doch er war kurzsichtig und Espinel zerlumpt. Seine Leiden, seine Entbehrungen hatten ihn so sehr verändert, daß er kaum zu erkennen war. Francisco de la Pena, so hieß der Sänger, starrte ihn an, doch dann traten Tränen in seine Augen, er war unfähig, ein Wort hervorzubringen. Er lief hin, umarmte ihn und sprach zum Admiral:

»Was glauben Euer Exzellenz, wen wir bei uns an Bord haben?«

»Wen denn?«

»Den Schöpfer dieses Textes und dieser Melodie und vieler anderer Lieder, die wir Eurer Exzellenz vorgesungen haben.«

»Was sagt Ihr da? Ruft ihn herbei!«

Der Admiral wunderte sich, einen Mann, von dem er so viel gehört hatte, so übel zugerichtet zu sehen. Er ließ ihn sofort einkleiden und erwies ihm große Gunst.

Das ist ein schönes Beispiel für jene Peripetie und Anagnorisis, welche Aristoteles als die wirkungsvollsten Elemente der Tragödie betrachtete.

Was dem fleißigen Leser dieser Schelmenromane auffällt, ist der merkwürdige Umstand, daß die Autoren die Möglichkeiten, die ihnen die damaligen Verhältnisse boten, nicht nutzten. Immerhin war es eine Epoche bedeutender Ereignisse. Cervantes wurde in der Schlacht bei Lepanto, dem größten Sieg Philipps II., verwundet. Die Niederlande erhoben sich, der Herzog von Alba wurde entsandt, die Rebellion zu ersticken. Portugal wurde dem spanischen Reich einverleibt. In der Neuen Welt kamen immer neue Territorien hinzu. Drake versengte bei Cadiz den Bart des spanischen Königs, und die Armada stach von Lissabon aus in See, um die Infantin Isabella auf den englischen Thron zu heben. Ich kann mich nicht entsinnen, daß irgendeiner dieser Stoffe verwendet wurde, nicht einmal als Vorkommnis. Wenn von dem spanischen Amerika die Rede ist, dann nur, weil ein Abenteurer von dort mit einem Vermögen zurückgekehrt ist und es eine Chance gibt, ihn auszurauben. Einige Gestalten haben am Krieg in Flandern teilgenommen oder sich zumindest auf den Weg dorthin gemacht. Ich habe keine Geschichte gelesen, in der man erfährt, was sie dort getan haben. Man stellt sich doch vor, daß die Moriskenvertreibung mit all ihrer Grausamkeit und Gewalttätigkeit beispielsweise für Solorzano, einen der späteren Autoren von Schelmenromanen, ein geeignetes Thema abgegeben hätte. Soweit bekannt, hat keiner von ihnen an den Vorgängen seiner Zeit auch nur das geringste Interesse gezeigt. Immer wieder erzählen sie von den Schurkereien der Wirte, von den Listen der Bettler und den Diebstählen der Küchenjungen. Das alles kommt einem doch recht merkwürdig vor, bis man sich plötzlich erinnert, daß Jane Austen zur Zeit der Napoleonischen Kriege zufrieden war, die sentimentalen Tändeleien ehrbarer Bürgersleute zu beschreiben (sehr humorvoll, weiß Gott!), und daß Henry James, der den Aufstieg der Vereinigten Staaten von einem provinziellen Gemeinwesen zur Weltmacht beobachtete, sein Augenmerk auf die anämischen Leidenschaften der eleganten

Haute-Volée richtete. Das soll kein Vorwurf sein. Ich möchte dazu nur folgendes bemerken: Vielleicht ist es ja ein sehr gesunder Instinkt, der den Romancier dazu bringt, den Geschehnissen, welche für die Entwicklung seines Landes und den Fortschritt der Zivilisation bedeutsam sind, den Rücken zuzukehren und sich mit den eintönigen Dingen des Alltagslebens zu befassen. Es hat nur einen Sir Walter Scott und nur einen Tolstoi gegeben. Es ist wahr, daß die maurischen Piraten die spanischen Küsten geplündert haben und daß das Land darniederlag und ausgepreßt wurde: Die Tavernen waren haarsträubend, die Wirte betrügerisch, und einem Gast, der einen Hasen bestellt hatte, konnte es durchaus passieren, daß ihm eine Katze vorgesetzt wurde.

Den heutigen Leser dieser Romane wird auch überraschen, welch geringe Rolle alles Geschlechtliche spielte. Ich weiß nicht, ob das an der Angst vor der Inquisition lag, die das literarische Schaffen wachsam verfolgte, oder an der Natürlichkeit der Spanier, die den Geschlechtsakt als normale Funktion des Lebewesens Mensch betrachteten, der genausoviel (nicht mehr und nicht weniger) Bedeutung zukam wie Essen und Trinken. Tatsache ist freilich, daß es in den Schelmenromanen ungewöhnlich keusch zugeht. Hin und wieder verliebt sich der Protagonist in eine Dame des Städtchens, doch er wird nur um sein Geld gebracht und muß frustriert von dannen ziehen. Viel öfter gelten seine Gedanken einem mit üppiger Mitgift ausgestatteten Fräulein oder einer wohlhabenden Witwe. Seine Verzückung hat eine praktische Grundlage. Im Falle weiblicher Hauptfiguren erleben wir zahlreiche Angriffe auf ihre Tugend (das erste, woran der Spanier bei einer schönen Frau vernünftigerweise dachte und denkt, ist, wie er sie ins Bett bekommt), doch sie weicht allen Nachstellungen geschickt aus. Sie weiß ihre Wirkung raffiniert einzusetzen, um ihre Bewunderer zu berauben, aber das kostbare Juwel ihrer Unberührtheit gibt sie nur mit kirchlichem Segen preis. Es gibt also ein gewisses

Maß an wirklicher Lust, doch es gibt keine Liebe. Zu diesem Thema ist im folgenden noch etwas zu sagen.

Wer an einer Darstellung von Liebe interessiert ist, muß sich die autobiographischen Fragmente vornehmen, die Agustin de Rojas in seine *Unterhaltsame Reise* einschob. Und in der Autobiographie des Soldaten Miguel de Castro werden seine leidenschaftlichen Gefühle für eine neapolitanische Kurtisane in einer Weise beschrieben, die bei aller Vulgarität die authentische Erregung spüren läßt. Es ist keine romantische Liebe, die er für dieses leichte Mädchen empfindet, doch Liebe gleichwohl, eine heftige, eifersüchtige, sehnsuchtsvolle Liebe, für die er jede Gefahr und jedes Risiko auf sich nimmt, eine Liebe, die sogar zu Großzügigkeit und Selbstaufopferung fähig ist. Übrigens wirft die Geschichte ein überraschend positives Licht auf das Verhältnis zwischen Soldaten und Offizieren, Dienern und Herren. Miguel de Castro war Kammerdiener des Garnisonskommandeurs Francisco de Cañas. Nachdem dieser die Verliebtheit seines Dieners entdeckt hatte, versuchte er, ihn durch bestimmt gutgemeinte, aber gewiß unsinnige Vorwürfe und Ratschläge davon abzubringen. Als er feststellen mußte, daß der Verliebte, ungeachtet aller Empfehlungen, seine Nächte bei dem Mädchen verbringt, ließ er die Tore seines Palastes verriegeln und sich die Schlüssel auf sein Zimmer bringen. Miguel de Castro entwendete sie. Daraufhin mußte er in einer Kammer schlafen, aus der er nur über das Schlafgemach seines Herrn entkommen konnte. Der Liebhaber fand auch jetzt einen Ausweg. Daraufhin ließ ihn der völlig verzweifelte Don Francisco für einen Monat ins Gefängnis werfen, hoffend, auf diese Weise das Verhältnis beenden zu können, das nicht nur sein eigenes Schicklichkeitsgefühl verletzte, sondern auch die Seele seines unwürdigen Dieners gefährdete. Was dann passierte, schildert Miguel de Castro mit den folgenden Worten:

»Kaum eine halbe Stunde nach meiner Entlassung aus dem Gefängnis, in das man mich geworfen, ging ich, das Krokodil meiner Unwissenheit zu besuchen, die Sirene meiner Sinne, den Sisyphusfelsen auf meinen Schultern, das Rad meiner Folter, war sie doch die Herberge meiner Gefühle, das Wirtshaus meiner Fähigkeiten, das Theater meines Entzückens, das Idol meiner Opfer und das Gebot meines Glaubens.«

Schöneres kann ein Liebhaber nicht sagen.

Der beste und lesbarste unter den Schelmenromanen ist der *Gil Blas,* verfaßt von einem Franzosen. Das werden die Spanier natürlich bestreiten und behaupten, es handle sich dabei nur um ein aus mehreren spanischen Romanen zusammengerührtes Potpourri. Das entspricht nicht den Tatsachen. Le Sage hat zwar einzelne Episoden entlehnt, vor allem dem *Marcos de Obregon,* doch das entsprach damaliger Gepflogenheit. Wäre mein Buch eine wissenschaftliche Untersuchung und nicht, wie ich hoffe, ein unterhaltsames Werk, dann könnte ich jetzt eine lange Liste jener Autoren aufstellen, die mit den Schöpfungen ihrer Vorgänger sehr freizügig umgegangen sind. Kein geringerer als Molière hat in seinem Stück *La Princesse d'Elide* Moretos *El Desden con el Desden* nicht nur sklavisch kopiert, sondern etliche Szenen fast wortwörtlich übersetzt. Spanische Autoren waren da nicht unbedingt von größeren Skrupeln geplagt. Moreto selbst griff zu älteren Stücken, schrieb sie (zu ihrem Vorteil) um und präsentierte sie ohne erkennbare Gewissensbisse als Eigenprodukte. Und so hat auch Le Sage geborgt, wo immer es ihm angezeigt erschien. Die entscheidenden Qualitäten seines Buches – Witz, Humor, Tempo, Lebendigkeit und Buntheit – verdanken sich aber allein ihm. *Gil Blas* ist, wie die Schelmenromane ganz allgemein, in der ersten Person geschrieben. Nun zeigt die Erfahrung, daß es sehr schwer ist, den Erzähler der eigenen Geschichte zu einer plastischen Figur zu machen. Auch Gil Blas hat etwas Undeutliches, aber er ist nicht, wie so mancher *picaro,* ein völlig durchtriebener Halunke. Er war in seiner Jugend durchaus ein Spitzbube, doch wenn er sich schlecht benimmt, merkt er es, und allmählich verwandelt er sich in einen liebenswürdigen Burschen. Er ist anhänglich, gütig, dankbar, hilfsbereit, so daß man mit Befriedigung vermerkt, daß er schließlich zu Wohlstand und Glück kommt. Zwar unterbricht er seine Erzählung, einer verbreiteten Mode entsprechend, (wie Fielding) mit unangebrachten Geschichten von Personen, die ihm zufällig über den Weg laufen, doch es ist immerhin recht überzeugend. Was den *Gil Blas* aber über seine spanischen Vorgänger herausragen läßt, ist seine Form. Über diese Qualität scheinen die Franzosen ja von Natur aus zu verfügen, und die Form ist das Mindestmerkmal eines guten Romans.

Spanien hat nur ein Werk hervorgebracht, das in der Weltliteratur einen unumstrittenen Platz einnimmt. Es handelt sich natürlich um den *Don Quijote.* Über seine Qualitäten brauche ich kein Wort zu verlieren. Sie strahlen wie die Mittagssonne. Der Ritter ist die humanste, liebenswürdigste Figur, die die menschliche Phantasie geschaffen hat. Für ihn entwickelt man eine Sympathie, die man in dieser schwierigen Welt für Wesen aus Fleisch und Blut leider nicht aufzubringen vermag. Don Quijote und sein Knappe sind unsterblich. Spanier, zumindest solche mit gewissen kulturellen Ansprüchen, lesen dieses Buch, wie früher bei uns in England die Bibel gelesen wurde. In Madrid traf ich einmal einen gebildeten Mann, der mir sagte, er habe das Buch fünfzig Mal gelesen. Die Spanier betrachten es als ein zutreffendes Porträt ihres eigenen Charakters mit seinem kruden Materialismus und schwärmerischen Idealismus. Wenn sie es lesen, begreifen sie, aus welchen Gefühlen heraus ihre Ahnen zu jenen Abenteuern aufbrachen, die aus Spanien das mächtigste, reichste Land der Welt machten, dann aber, um Heiden und Ketzern den Glauben der Heiligen Katholischen Kirche aufzuzwingen, Reichtum und Menschenleben vergeudeten und den Ruin und den Niedergang Spaniens herbeiführten.

Zu behaupten, daß dieses Buch, das ihnen so viel bedeutet, diese und jene Mängel hat, grenzt schon an persönliche Beleidigung.

Und doch läßt sich wohl kaum ein so großartiges Werk mit derart vielen Mängeln finden. Es wurde bekanntlich als kurze Geschichte begonnen, und erst der Erfolg, den Cervantes mit ihr bei seinen Freunden hatte, soll ihn inspiriert haben, daraus jenes Buch zu machen, wie wir es heute kennen. Es ist durchsetzt mit kurzen Geschichten und den damals so beliebten Hirtenszenen. Die Kritiker der damaligen Zeit tadelten diese Nebensächlichkeiten, und im zweiten Teil werden sie dann auch plausibler eingeführt. Die witzigen Bemerkungen Sancho Panzas, die ihm anfangs so natürlich von den Lippen kommen, sind später so übertrieben, daß sie fast schon ermüdend wirken. Die Handlung des zweiten Teils wird auf zumeist sehr plumpe Weise vorangetrieben. Cervantes tat, als sei der erste Teil schon veröffentlicht und von vielen, mit denen Don Quijote während seiner letzten Reise zusammengekommen war, gelesen worden. So verhinderte er jene bereitwillige Gläubigkeit des Lesers, die ihn das Gelesene für wahr halten läßt. Die letzten Kapitel sind hingeschludert. Der größte Makel allerdings, der jeden aufmerksamen Leser beleidigen muß, ist der Umstand, daß Cervantes seinen Helden in einer unmöglichen Szene vorführt. Er berichtet uns, Don Quijote habe auf dem Sterbelager bekannt, daß er sich seine Abenteuer in der Höhle von Montesinos ausgedacht habe. Jedermann weiß aber, daß der Ritter unfähig war, die Unwahrheit zu sagen. Indem Cervantes ihn eine Lüge beichten läßt, verleumdet er seinen Helden und läßt sich selbst in einem unglaubwürdigen Licht erscheinen.

Coleridge hat von diesem großen Buch einmal gesagt, man solle es nicht bloß ein- oder zweimal durchlesen, sondern immer wieder in ihm herumblättern. Das ist eine ausgezeichnete Empfehlung.

# 7

Es wäre absurd anzunehmen, man könne aus den Schelmenromanen umfassende Kenntnisse vom Verhalten, Denken und Fühlen der Spanier des Goldenen Zeitalters gewinnen. Sie offenbaren nur die eine Seite der Medaille. Die andere Seite erschließt sich über das Schauspiel, das zu keiner Zeit und in keinem anderen Land so reich geblüht hat wie im Spanien jenes Jahrhunderts, das mit dem Tod Calderóns endete. Das Theater ist eine populäre Kunstform, und um anzukommen, muß ein Stück die Gefühlslage seiner Zeit widerspiegeln. Im Schauspiel kooperieren Autor, Schauspieler und Publikum aufs engste, und die Zuschauer können ihren Part nur ausfüllen, wenn sie an der Arbeit des Autors teilnehmen können und teilnehmen. Die Bestrebungen und Gedanken, die er vor ihnen ausbreitet, müssen mit den ihren in Einklang stehen. Er muß fühlen wie sie, und seine sittlichen Vorstellungen müssen den ihren entsprechen. Zuweilen drückt er Gefühle und sittliche Werte aus, die seine Zuschauer zwar empfunden haben, aus Angst oder Beschränktheit aber nicht aussprechen wollten. Dann wird er bewundernd als Ideendramatiker bezeichnet. Noras Rebellion wirkte auf die damalige Welt wie ein Schock, doch sie wäre unsinnig erschienen (und das Stück wäre nicht angekommen), wenn unter den Zuschauern nicht ein vages, aber tief sitzendes Gefühl existiert hätte, das der Frau ein Recht auf Entfaltung der eigenen Persönlichkeit zugestand. Wenn man also Schauspiele einer bestimmten Epoche liest, bekommt man eine sehr gute Vorstellung davon, wie Männer und Frauen über die großen Lebensfragen gedacht haben.

Wenn das Schauspiel aber ein adäquates Bild vom Denken der Menschen liefert, so beeinflußt es umgekehrt auch ihr Denken und Fühlen. Es bringt ihre verdrängten Bedürfnisse zum Ausdruck, und seine Ausstrahlung gibt ihnen die Kraft, der Stimme ihres Herzens zu folgen. Die Ansteckungskraft der von ihm erzeugten Gefühle, die direkte Ansprache verleihen dem Theater eine Kraft, die unvergleichlich viel stärker ist als die des Romans. Der Bühnenautor führt nicht nur die Personen seiner Zeit vor, sondern gestaltet sie, indem er ihren instinktiven Neigungen Form gibt, nach seiner eigenen Vorstellung. So hat Noël Coward nicht nur die leichtfertige Oberflächlichkeit der Dekade nach dem Ersten Weltkrieg porträtiert, sondern eine ganze Generation von leichtfertig-oberflächlichen Menschen geschaffen. Wegen dieser Macht des Dramatikers hat die Kirche schon immer, möglicherweise gar zu Recht, das Theater mit Mißtrauen betrachtet.

Beschäftigt man sich nun mit dem spanischen Theater unter diesem Aspekt, so wird man einige interessante Beobachtungen machen. Wir haben es da mit einem sehr weiten Feld zu tun, und selbst der fleißigste Forscher dürfte nicht alles beackert haben. Allein Lope de Vega schrieb so viele Stücke wie alle elisabethanischen und jakobinischen Dramatiker zusammengenommmen. Er soll zweitausendzweihundert Stücke geschrieben haben. An die fünfhundert davon sind erhalten. Ich habe fünfundzwanzig gelesen. Ich habe sie gern gelesen, verspüre aber nicht das überwältigende Bedürfnis, mehr zu lesen. Lopes Produktivität war erstaunlich, und Produktivität ist bei Autoren eine durchaus löbliche Qualität. Sie weist auf physische Energie hin, ohne die ein Autor ebenso wenig vermag wie ein Tennisspieler, auf Vitalität, Phantasie und breitgefächerte Interessen, und daraus mag von Zeit zu Zeit ein Meisterwerk hervorgehen. Ich glaube nicht an das verhinderte Genie. Lope de Vega sagte, er habe an jedem Tag seines Lebens zwanzig Seiten geschrieben und mehr als einhundert Komödien in jeweils vierundzwanzig Stunden. Seine Zeitgenossen nannten ihn den Phönix des Geistes, und Cervantes bezeichnete ihn als Wunder der Natur. Der Leser (sofern er von der Welt der Schriftsteller überhaupt etwas weiß) wird freilich nicht überrascht sein, wenn er erfährt, daß diese beiden größten Autoren ihrer Zeit sich nicht ausstehen konnten. Lope meinte in einem Brief, nur ein Dummkopf könne den *Don Quijote* loben. Sein erstes aufgeführtes Stück schrieb Lope als Zwölfjähriger, und knapp fünfzig Jahre lang war er die beherrschende Figur des spanischen Theaters. Als die jüngere Generation an die Tür klopfte, stemmte er sich entschlossen dagegen. Er bezog eine kleine Pension und genoß als Angehöriger des großen Hauses von Manrique die Einkünfte eines Kaplansamtes in Avila. Seinen Lebensunterhalt verdiente er aber hauptsächlich mit der Feder. Theaterdirektoren bezahlten fünfzig Dukaten für ein Stück. Ein Dukaten dürfte damals etwa fünf bis zehn Shilling wert gewesen sein, doch seine Kaufkraft betrug mindestens das Zehnfache. Da dies nicht viel besagt, habe ich mir interessehalber die relativen Preise bestimmter Waren herausgeschrieben. Dem Erfinder aus Cervantes' *Coloquio de Cipion y Berganza* zufolge konnte ein Mann von anderthalb Reales pro Tag leben, und ein Dukaten hatte elf Reales. *La Gitanilla* entnehme ich, daß zehn Dukaten ein guter Preis für einen Esel waren, fünfzig, wie gesagt, für einen Dreiakter, und das Lösegeld, das zur Befreiung Cervantes' aus algerischer Sklaverei entrichtet werden mußte, betrug fünfhundert Dukaten. Wenn dagegen ein älterer Herr die Tochter Cervantes' loswerden wollte, die bei ihm lebte, mußte er ihr ein Haus und den Betrag von zweitausend Dukaten zur Verfügung stellen. Das heißt also, ein Schauspiel hatte den zehnfachen und ein Genie den fünfzigfachen Wert eines Esels. Die Unberührtheit einer jungen Frau war jedoch mehr als viermal so viel wert wie ein Genie. Eine tugendhafte Frau ist bekanntlich unbezahlbar.

Wenn einige Kritiker (wie es sich für Kritiker eben gehört) auch klagten, Lope schenke den klassischen Regeln nicht genügend Aufmerksamkeit, so spendete ihm das Publikum doch einmütig Beifall. Er war populär, was in jener Zeit kein Schimpfwort war. Lope wurde nicht nur von den einfachen

Leuten geschätzt, sondern auch von den Großen, den Guten und den Klugen. Wenn er sich (wie bei Dichtern üblich) zuweilen auch bitter über das Publikum beklagte, so suchte er doch seine Anerkennung. »Falls jemand an meinen Stücken herumnörgeln sollte«, meinte er, »und glaubt, ich habe sie um des Ruhmes willen geschrieben, so klärt ihn auf und sagt ihm, daß ich sie um des Geldes willen geschrieben habe.« Er schrieb, um zu gefallen. Er war einer der wenigen professionellen Schriftsteller seiner Epoche, und er hatte die Qualitäten des professionellen Schriftstellers: Er hielt sich nicht lange bei der Exposition auf, Episode folgte auf Episode, wenn nicht immer plausibel, so doch mit im allgemeinen dramatischem Effekt. Seine Sprache war leicht und natürlich, seine Dialoge pointiert und schnell. Die Notwendigkeit, innerhalb einer gewissen Zeit zum Schluß zu kommen, und die noch größere Notwendigkeit, sein Publikum stets zu fesseln, bewahrten ihn vor den in der spanischen Literatur verbreitetsten Fehlern: Langatmigkeit und Abschweifungen. Heutzutage werden die allzu plötzlichen Ausgänge seiner Stücke kritisiert, und der Leser hat sicherlich das Gefühl, daß die Knoten eher durchgehauen als aufgelöst werden. Er war ein Improvisator, und bei Improvisatoren ist es immer dasselbe: Thema und Einstieg, seiner angeborenen Inspiration entspringend, sind zumeist brillant. Doch wenn seine Inspiration nachläßt, kann er nicht auf einen soliden Sinn für den Aufbau zurückgreifen, und er besitzt auch nicht die geistige Energie, die ihn befähigen könnte, mit Hilfe seines Verstandes das Werk zu einem logischen Abschluß zu bringen. Ich bin mir allerdings nicht sicher, ob Lopes hingeschluderten Schlüsse beim Publikum Anstoß erregten. Er wußte, daß man, wenn es einem gelungen war, die Zuschauer für das angekündigte Thema zu interessieren, und man während dessen Entwicklung, vermittels unerwarteter oder aufregender Begebenheiten, für genügend Spannung gesorgt hat und das Ende in Sicht ist, möglichst schnell zu diesem Ende kommen sollte. Die Zuschauer werden langsam ungeduldig, und solange sie schnell aus dem Theater kommen, ist es ihnen egal, mit welchen Mitteln man sie in die Freiheit entläßt. Sie brauchen nicht lange, um den Ausgang des Stückes zu begreifen, und sind schnell gelangweilt, wenn man sich aufgrund eines gewissen Ordnungssinnes gemüßigt sieht, alle Fäden in einem Endpunkt zusammenlaufen zu lassen. Das Publikum wird erstaunlich viel als selbstverständlich hinnehmen. Ein weiser Autor läßt den Schlußvorhang fallen, solange er das Publikum noch in seinem Bann hat.

In dem unerträglichen *Arkadien* läßt Lope eine der Figuren sagen: »Der Dichter muß sich nicht nur in allen Wissenschaften auskennen, zumindest in den Grundzügen, er muß von allem, was zu Lande und zu Wasser passiert, möglichst viel erlebt haben. Er muß wissen, wie es im Leben zugeht und muß die Gewohnheiten der verschiedensten Menschen kennen und endlich all jene Dinge, von denen sie reden, die sie tun und die ihr Dasein ausmachen ...« Dies ist ein Ideal, auf das niemand bewußter hinzuarbeiten hat als der Dramatiker. Und Lope de Vega richtete es so ein, all jene Erfahrungen zu machen, die ihm nützlich sein könnten. Sein Leben, eine lange Geschichte von romantischen Abenteuern, heftigen Leidenschaften und häuslicher Tugend, liest sich wie eines seiner Mantel-und-Degen-Stücke. Sein erstes bemerkenswertes Verhältnis hatte er mit der Tochter eines Schauspielers, die mit einem anderen Schauspieler verheiratet war. Als sie ihn wegen eines Wohlhabenderen verließ, rächte er sich an ihr mit frechen Spottgedichten über ihre Familie. Er wurde verhaftet, vor Gericht gestellt und bei Androhung der Todesstrafe aus Madrid verbannt. Doch nach kurzer Zeit kehrte er wieder zurück und machte sich mit Isabel de Urbina davon, deren Vater königlicher Herold war. Er heiratete sie und trat sofort in die Große Armada ein. Er verwendete das Papier, auf dem er Gedichte für die launenhafte Schauspielerin geschrieben hatte, als Ladepfropfen und erlebte, wie sein

Bruder an seiner Seite getötet wurde. Seine Frau starb, und drei Jahre später heiratete er eine Metzgerstochter. Zwischenzeitlich wurde er wegen eines Verhältnisses mit einer gewissen Antonia Trillo belangt. Dann verliebte er sich in eine Schauspielerin namens Micaela de Lujan. Er hatte Kinder von seiner Frau und von seiner Geliebten. Zufällig brachten beide, in einem Abstand von wenigen Monaten, einen Sohn zur Welt, den er stolz Lope Felix bzw. Carlos Felix nannte. Die Metzgerstochter starb Mitte August 1613 im Wochenbett, und im September reiste er im Gefolge Philipps III. nach Segovia. Er lebte mit der Schauspielerin Jeronima de Burgos zusammen. »Hier streichen die Herren um mein Haus«, schrieb er, »und die Galane kommen, freilich mit weniger Geld, als wir benötigen.« Offenbar war sich der Phönix der Epoche nicht zu schade, bei entsprechender Gelegenheit ein wenig Zuhälterei zu betreiben. Zu Beginn des folgenden Jahres, er war knapp über fünfzig, beschloß er, Priester zu werden. Im März 1614 erhielt er die Weihe, was seine Zeugungskraft nicht beeinträchtigte, denn er hatte zwei Kinder von Marta de Nevares Santoyo, die er in einem Gedicht als Amarilis feierte. Nach wie vor schrieb er Theaterstücke, Gedichte und auch Prosa. Er war ein gewissenhafter Priester. Er gehörte einer frommen Bruderschaft an, die mittellose Geistliche bestattete, die Armen kleidete und den Bedürftigen half. Und als Inquisitionsbeamter beaufsichtigte er die Verbrennung eines ketzerischen Mönchs. All diese Aufgaben erfüllte er mit christlicher Nächstenliebe. In seinem bescheidenen Haus hatte er einen Andachtsraum, in dem er viele Stunden im Gebet verbrachte. Er geißelte sich, daß die Wände seines Zimmers mit Blut bespritzt waren. Francisco de Peralta berichtete in Lopes Beerdigungspredigt von einem Mann, der einmal an sein Haus geklopft und ihn zum Duell gefordert habe.

»Kommt heraus!« rief er, den Degen schwingend.

»Gehen wir«, erwiderte Lope, langsam seinen Mantel

anlegend, »erst einmal zum Altar. Dort werde ich eine Messe lesen, und Ihr werdet mir assistieren.«

Als er unter großer öffentlicher Anteilnahme begraben wurde, schlug man einen Umweg ein, damit die Prozession am Trinitarierinnenkloster vorbeikäme, in dem Lopes uneheliche Tochter ihr Ordensgelübde abgelegt hatte.

Wenn Lope de Vega auch die verschiedenartigsten Stücke geschrieben hat (romantische, historische, pastorale und religiöse), so gründet sein Ruhm doch im wesentlichen auf den sogenannten Mantel-und-Degen-Komödien, in denen ein lebendiges, farbenprächtiges Porträt des Lebens gezeichnet wird, wie es während des Goldenen Zeitalters ausgesehen haben mag. Seine Stücke erwecken Interesse, doch wärmere Gefühle lösen sie heutzutage nur selten aus. Bei all seiner sprachlichen Gewandtheit, seiner reichen Phantasie, seinem Gespür für dramatische Effekte und seinem Sinn für die bunte Vielfalt des Lebens war er doch ein durchschnittlicher Kopf. Er war umgänglich, normal, sinnenfroh, ja er war genau das, was ein Dramatiker, der Erfolg haben will, sein sollte. Er war kein großer Charakter. Die Zeichnung seiner Bühnenfiguren ist schwach, seine noblen, leidenschaftlichen Helden sind sich alle gleich. Die Frauen offenbaren zuweilen Ansätze von Individualität, zuweilen auch eine Spur von sardonischem Humor. Die Männer nie. Seine Heldinnen wissen stets, was sie wollen, nämlich einen Mann, und zu diesem Zweck sind ihnen alle Mittel recht. Lopes großes Thema ist die Liebe, die Liebe auf den ersten Blick, eine zerstörerische Liebe, die vor nichts haltmacht, um Erfüllung zu finden, jedoch eine zumeist ehrbare Liebe, die in die Ehe mündet. Der edle Herr mag nicht die Absicht haben, seine Versprechungen einzuhalten, doch seine Dame wird ihn erst dann in ihr Bett lassen, wenn er diese Versprechungen abgegeben hat. Und seltsamerweise ist es eine Liebe, die, falls eine Heirat nicht in Frage kommt, ebenso schnell aufhört, wie sie begonnen hat. So ist (in *Lo Cierto por lo Dudoso*) der König Don Pedro in Doña

Juana verliebt, und als sie berichtet, sein Bruder, Don Enrique, habe sie geküßt, gibt er zornentbrannt den Befehl, ihn zu töten. Aber kaum entdeckt er, daß Doña Juana und Don Enrique bereits vermählt sind, da ist seine Leidenschaft auch schon erstorben, und er gibt dem Paar seinen Segen. Und als (in *Por la puente, Juana*) der Edelmann auf einer Tajo-Insel ungestört mit seiner Herzensdame zusammenkommt, da erzählt sie ihm bloß (in hundertfünfzig Zeilen) ihre Lebensgeschichte, und schon überläßt er sie ihrem Verlobten, ja in seinem Edelmut stattet er sie mit einer reichen Mitgift aus.

Es wäre anmaßend von einem Nichtspanier, die Qualitäten von Lopes Dichtkunst beurteilen zu wollen. Ich vermag Leichtigkeit und Anmut zu erkennen. Er ist nur selten langweilig. Seine spritzigen Dialoge lassen ungewöhnliche Meisterschaft im Formalen erkennen. Doch nirgends spüre ich den wahren Dichter. Wenn er sich allgemeinen Betrachtungen hingibt, dann sind es Platitüden, und man muß schon viel Geduld aufbringen, wenn er ins Bombastische abgleitet. Da wünscht man sich, die Renaissance hätte nie die Antike wiederentdeckt, auf daß einem diese ermüdenden Anspielungen auf die griechische Götterwelt und die unerschrockenen römischen Helden erspart geblieben wären. Und nur wenige von uns dürften imstande sein, die Nelken so vieler weiblicher Wangen, die Perlen ihrer Zähne, den Schnee ihrer Augenbrauen und den Marmor ihrer Hände bereitwillig zu ertragen.

Welch beneidenswerte Situation indes, wenn die Dichtkunst um ihrer selbst willen enthusiastisch beklatscht wurde. Natürlich konnten nur wenige Menschen lesen, doch sie hatten feinere Ohren. Bücher gab es nicht viele. Der Leser wird sich erinnern, daß in dem Schloß einer so ehrwürdigen Familie wie derer von Loyola nur zwei Bücher aufzutreiben waren. Es ist wohl nicht nur patriotisches Vorurteil, wenn ich vermute, daß man in einem vergleichbaren englischen Landsitz von heute nicht bloß die Bibel und die Werke Shakespeares fände, sondern auch etliche Jahrgänge von *Punch* und *Ruff's Guide to the Turf.* Von den Mysterien der Dichtkunst verstehe ich nicht viel, und den Literaturwissenschaftlern muß ich abnehmen, daß Lope de Vega alle Formen beherrschte. Seine Stücke lassen sich, offen gesagt, am ehesten würdigen, wenn man sie sozusagen als Libretti versteht, in denen die Dichtung den Platz der Musik einnimmt. Bei einer Glanzstelle etwa, in der drei Personen einen Gedanken ausschmücken, läßt jede ihren Vortrag mit demselben Refrain enden, so daß man fast schon den Applaus zu hören meint, der diesem Kunststück gezollt wird. Oder eine Figur stellt ein Thema in vier Zeilen vor, läßt sich dann in mehreren Strophen darüber aus, die jeweils mit einer der vier Zeilen enden. Das ist genauso eine komponierte Arie wie *La Donna è mobile.* Ich habe ein Stück gelesen, dessen Monologe sämtlich in Form von Sonetten gehalten sind. Das erzeugt eine formale Eleganz, die einem Publikum, das für derartige Feinheiten ein scharfes Ohr hatte, sehr gefallen haben dürfte, die den Monologen übrigens auch eine wohltuende Kürze gibt. Irgendwo habe ich gelesen, daß die Höflinge Philipps III. großes Vergnügen daran fanden, ihre Konversation in Reimform zu führen. Welch liebenswürdige Kultiviertheit!

Als Theater dienten ursprünglich die Innenhöfe der Häuser. Im Hintergrund befand sich die Bühne. Standespersonen verfolgten das Geschehen von den Fenstern der umliegenden Häuser aus. Eigentlicher Zuschauerraum war der Hof. Für diejenigen, die sich einen Sitzplatz leisten konnten, gab es erhöhte Bänke ringsum. Frauen saßen in der sogenannten Schmorpfanne, der *cazuela*, einer Galerie mit eigenem Zugang, die von Männern nicht betreten werden durfte, was sich jedoch nicht immer kontrollieren ließ. Ich habe von einem Bernardo de Soto gelesen, der sich auf die Galerie stahl, die Unterröcke anhob und die Beine der Damen berührte und so für einen großen Skandal sorgte. Sitzplätze waren so begehrt, daß Fenster und Bänke zuweilen als Erbstücke vermacht wurden. Das Volk im »Parkett«, Studenten, Handwerker und Ganoven, verhielt sich höchst ungebärdig. Wo es nur ging, versuchte man, sich umsonst Zutritt zu verschaffen, und am Tor entstand oft Tumult, wenn jemand sich am Ordner, der das Eintrittsgeld kassierte, vorbeidrücken wollte. Einmal eingelassen, wartete man unter großem Lärm. Fliegende Händler zogen (wie man es noch heute bei Stierkämpfen erleben kann) herum, priesen ihre Waren an, verkauften Erfrischungen. Irgend jemand warf in ein Taschentuch eingewickeltes Geld herunter, woraufhin der Händler das Gewünschte in dasselbe Tuch packte und zurückwarf. Der eine oder andere Zuschauer wurde angetippt und gefragt, ob er einer Dame, die ihm einen verliebten Blick zugeworfen hatte, ein Dutzend Orangen auf die Galerie bringen lassen wolle. Die Vorstellungen fingen im Winter um zwei Uhr, im Sommer um drei Uhr an. Gespielt wurde bei Tageslicht, anfangs auch unter offenem Himmel, so daß die Vorstellung bei einem Wolkenbruch abgebrochen werden mußte und die Zuschauer ihr Geld wiederbekamen. Mehr oder weniger pünktlich erschienen die Musikanten mit Gitarre und Harfe und boten eine Ballade dar. Anschließend trat ein Mitglied der Truppe auf die Bühne und trug einen Monolog vor, die sogenannte *loa,* die das Publikum in Stimmung versetzen sollte. Dann fing der erste Akt an. Gespielt wurde bei so großem Lärm, daß der Text oft nicht zu verstehen war. Mißfallen bekundete das Publikum durch schrille Pfiffe, Buh-Rufe und unflätige Beschimpfungen. Die Frauen auf der Galerie waren ebenso stimmgewaltig wie die Männer im »Parkett«. Wenn sie freilich von einem edlen Gefühl ergriffen wurden oder über einen eleganten Vers begeistert waren, dann riefen sie *Victor! Victor!* Um zu verhindern, daß Langeweile unter den Zuschauern aufkam, folgte dem ersten Akt ein kurzer, oft aktueller Schwank, das sogenannte *entremes,* das musikalisch begleitet wurde und mit einem Tanz endete. Darauf folgte der zweite Akt, ein weiteres *entremes*, und schließlich der dritte Akt. Das Publikum hatte aber eine besondere Vorliebe für kurze Stücke, sogenannte *jacaras*, laute Ganovenballaden, nach denen in jeder Pause verlangt wurde. Ein letzter Tanz beendete die Vorstellung. Die Zuschauer kamen zweifellos auf ihre Kosten.

Diese Unterbrechungen zeigen, wie wenig dem Publikum daran gelegen war, den Schein von Wirklichkeit aufrechtzuerhalten. Jeder Akt war fast schon ein eigenständiger Beitrag zur Volksbelustigung. Vom Publikum wurde wohl nicht erwartet, daß es sich in die dargestellten Figuren einfühlt, sondern eher, daß es der Darbietung kühlen Herzens zusah. So konnten die Zuschauer sehr viel besser die Genialität der Verwicklungen verfolgen und sehr viel genauer auf die Eleganz, den Reichtum und die Angemessenheit der Sprache achten. Es gab daher kaum einen Grund, sich über Unwahrscheinlichkeit und Inkohärenz zu beschweren. Solange eine Situation wirkungsvoll war, kam niemand auf den dummen Gedanken zu fragen, wie sie entstanden war.

Ich möchte gern eines der Lope'schen Stücke beschreiben, doch zufälligerweise stammt das Stück, das mir am interessantesten erscheint, gar nicht von ihm. Es trägt den Titel *Der Stern von Sevilla* und findet sich in allen Ausgaben seiner Werke. Experten haben allerdings nachgewiesen (ich weiß nicht, wie, da ich ihre Kommentare nicht gelesen habe), daß das Stück nicht von Lope, sondern von einem anderen Autor geschrieben wurde. Gleichwohl weist es so viele seiner Merkmale auf, ist es so typisch für das Drama der damaligen Zeit, entsprechen seine Figuren und deren Motive so sehr den Vorstellungen der Spanier jener Epoche, daß es nebensächlich ist, wer es geschrieben hat. Es ist ein interessantes und meines Erachtens außerordentlich bühnenwirksames Stück.

Don Sancho der Tapfere, König von Kastilien, zieht feierlich nach Sevilla ein und erblickt in der Menge, die den Prunkzug verfolgt, eine junge Schöne, in die er sich, ganz

Spanier, heftig verliebt. Sie wird der Stern von Sevilla genannt, heißt Estrella, was den verschiedenen Figuren des Stückes die willkommene Gelegenheit bietet, sich von ihrer poetischsten Seite zu zeigen. Sie lassen sich alle möglichen Anspielungen auf ihren Namen einfallen. Selbst die Protagonistin beklagt ihr Schicksal unter allerlei Anspielungen auf ihren Namen. Sie ist die Schwester eines tapferen und noblen Mannes namens Bustos Tavera. Der König ist fest entschlossen, sein leidenschaftliches Verlangen noch in derselben Nacht zu befriedigen. Sein Vertrauter schlägt vor, Tavera durch Übertragung einer ehrenvollen Mission aus dem Wege zu räumen, woraufhin der König ihn zum Kommandeur der Grenztruppe ernennt. Als Tavera ablehnt, macht er ihn zum Kammerherrn, und erklärt weiterhin, er wolle Estrella zur Frau haben.

Estrella ist jedoch mit einem gewissen Don Sancho Ortiz verlobt. Als Tavera, durch das königliche Wohlwollen mißtrauisch geworden, von der Absicht des Königs berichtet, Estrella solle seine Frau werden, ist das Paar bestürzt. Nach Einbruch der Dunkelheit schleicht der König in Verkleidung um Estrellas Haus. Tavera kommt hinzu und erkennt ihn. Der König sagt, er wolle das Haus sehen, was Tavera aber respektvoll ablehnt. Don Arias, dem Vertrauten, gelingt es jedoch, sich Eintritt zu verschaffen. Er spricht zu Estrella von der Leidenschaft des Königs und bietet ihr in seinem Auftrag alle Schätze Kastiliens. Das tugendhafte Geschöpf weigert sich indes. Daraufhin besticht Don Arias ihre Zofe, eine Sklavin. Gegen die schriftliche Bestätigung (wie oft werden königliche Versprechungen nicht eingehalten!), die Freiheit und jährlich tausend Dukaten geschenkt zu bekommen, will sie ihre Herrin verraten. Während Tavera außer Haus ist und erst gegen Einbruch der Nacht zurückerwartet wird, läßt sie den König ins Haus. Doch noch ehe er einen Blick auf Estrella werfen kann, kehrt Tavera zurück. Er stößt auf einen Fremden, will ihn schon umbringen, als der König (nicht so tapfer, wie sein Name vermuten läßt) sich zu erkennen gibt. Bustos Tavera mag ihm nicht glauben. Undenkbar, daß der König, verkleidet und ganz allein, in das Haus seines treuen Untertans eingedrungen sein soll. Er schwört, den Eindringling für seine Unverschämtheit zu bestrafen. Degen werden gezogen. Der Lärm ruft die Dienerschaft herbei, und in dem Tumult gelingt es dem König zu entkommen. Tavera glaubt, daß es die Sklavin war, die den König einließ, und zwingt sie auszusagen. Seiner Schwester macht er den Vorwurf, ihn gedemütigt zu haben, doch ihr Protest, mit der ganzen Sache nichts zu tun zu haben, überzeugt ihn. Er beschließt, Estrella unverzüglich Don Sancho Ortiz zur Frau zu geben. Er selbst will sein Heil in der Flucht suchen.

Der König, frustriert und wütend, will sich an Tavera rächen. Sein Vertrauter nennt ihm einen verläßlichen Mann, der das besorgen soll – es ist kein anderer als Don Sancho Ortiz. Während sie noch miteinander sprechen, sehen sie einen Körper an einem Strick hängen, es ist die Sklavin, das schriftliche Versprechen des Königs in Händen haltend. Der König läßt Don Sancho herbeiholen und erteilt ihm den Auftrag, einen Mann zu töten, der ihn aufs Übelste beleidigt habe. Dafür will er ihm jeden Wunsch erfüllen. Er schlägt Don Sancho auch vor, den Mann mit Hilfe einer List zu töten, was jener aber voller Stolz ablehnt. Er will einen ritterlichen Kampf. Der König gibt ihm zu seiner Entlastung einen schriftlichen Befehl, doch Don Sancho, den Worten des Königs unvorsichtigerweise vertrauend, zerreißt das Papier. Daraufhin gibt ihm der König ein zweites Papier, auf dem der Name des Opfers geschrieben steht. Beim Verlassen des Palastes wird ihm Taveras Wunsch überbracht, die Hochzeit zwischen ihm und Estrella solle umgehend stattfinden. Don Sancho ist hocherfreut. Doch dann öffnet er das Papier, das der König ihm gegeben hat, und sieht mit Entsetzen, daß Tavera, den er mehr liebt als seinen Bruder, sein Opfer sein soll. Er erkennt, daß er Estrella verlieren wird, wenn er ihn tötet. Aber er zögert nur kurz. Aus Loyalität zum König stellt er seine persönlichen Gefühle hintan. Er stößt auf Tavera, bricht einen Streit vom Zaun und tötet den Freund. Der Sterbende empfiehlt Estrella seinem Schutz. Die Alkalden der Stadt, begleitet von Gendarmen, treffen ein und lassen ihn festnehmen. Während Estrella gerade ihr Brautkleid anlegt, bringen die Alkalden den Leichnam ihres Bruders ins Haus und informieren sie, daß es ihr Verlobter war, der ihn getötet hat.

Der König erfährt, daß Don Sancho den Mord zwar bekennt, sich aber weigert, über die Gründe auszusagen, woraufhin der König ihm ausrichten läßt, er solle die Gründe für seine Tat offenbaren, und sofern er ein Papier habe, das seine Angaben stütze, solle er es vorlegen. Don Sancho erwidert, er besitze kein solches Papier (wir wissen ja, daß er es vor den Augen des Königs zerrissen hat), und sieht sich, eingeschworen auf ein Geheimnis, nicht imstande, eine Aussage zu machen. Obwohl selbst verraten, wird er keinen Verrat üben. Daraufhin spricht Estrella beim König vor, bittet ihn, Don Sancho ihr auszuhändigen, um selbst Rache für ihren getöteten Bruder nehmen zu können. Der König glaubt, sie werde Don Sancho umbringen, und gibt ihr, hocherfreut über diesen Ausweg aus seiner schwierigen Lage, einen Befehl an den Gefängniskommandanten mit. Sie begibt sich in Verkleidung dorthin, und als ihr Verlobter vor sie geführt wird, flüstert sie ihm zu, sie habe, um ihm zur Flucht zu verhelfen, Geld und ein Pferd mitgebracht. Don Sancho, der sie nicht erkennt (wer verkleidet war, wurde nicht einmal von der eigenen Mutter erkannt), möchte wissen, wem er seine Freiheit verdankt, und zwingt Estrella, sich zu erkennen zu geben. Als sie sich ihm offenbart, weist er ihr Angebot zurück und kehrt, trotz ihrer flehentlichen Bitten, in das Gefängnis zurück. Unterdessen hat Don Arias versucht, den König zu dem Eingeständnis zu bringen, Tavera sei auf sein Geheiß hin ermordet worden, doch dazu vermag sich der

König nicht durchzuringen. Er fürchtet den Zorn der Sevillaner und die Auswirkungen, die Meldungen über eine solche Niedertracht in Kastilien haben könnten. Der einfallsreiche Vertraute schlägt sodann vor, er solle die Richter überreden, die Todesstrafe in Verbannung umzuwandeln. Die Richter werden gerufen. Der König liefert ihnen plausible Gründe für die Entscheidung, die er sich von ihnen erwünscht, doch sie bestehen auf der Erhabenheit des Gesetzes. Sie repräsentieren den König, und wenn er ihnen als Untertanen auch alles befehlen kann, so müssen sie als Richter doch ihrem eigenen Gewissen folgen; Don Sancho muß sterben. Der König wird nervös, seine Lage ist äußerst mißlich. Nun werden Don Sancho und Estrella hereingeführt. Noch immer verweigert Don Sancho die Aussage. Er beharrt auf der Todesstrafe, um so für den Mord an seinem Freund zu büßen. Der König ist überwältigt von soviel Edelmut und bekennt, schließlich, daß er es war, der den Befehl zur Beseitigung Taveras gab. Die Richter lenken ein: Wenn der König dies angeordnet habe, dann nur, weil er Veranlassung dazu hatte. Es sei nicht ihre Aufgabe, nach dem Warum zu fragen. Don Sancho, freigesprochen, wird freiwillig ins Exil gehen. Er erinnert den König an seine Zusage, ihm jede Bitte zu erfüllen, und wünscht sich, Estrella möge ihm zur Frau gegeben werden. Der König willigt ein, womöglich fand er, sie habe ihm schon genug Ärger eingebrockt, doch Estrella erklärt, mit dem Mörder von Bustos Tavera könne sie nicht Tisch und Bett teilen.

»Sire«, sagte sie zum König, »ob ich ihn schon liebe und verehre, der Mann, der meinen Bruder getötet, kann nie mein Gatte sein.«

Und Don Sancho fügt sanft hinzu: »Und ich liebe sie zwar, sehe aber, daß es unrecht wäre.«

So endet das Stück. Nicht die geringste seiner Qualitäten ist der Umstand, daß es kaum ein komisches Element hat. Man stellt sich vor, daß die spanischen Zuschauer bei all den

Balladen und Tänzen und Schwänken während der Pausen doch genug Ablenkung hatten, um einen ernsten Dreiakter durchzustehen. Keineswegs. Die Figur des komischen Dieners war obligatorisch. Seine Aufgabe war es, zusammen mit der Zofe der weiblichen Hauptfigur ein Paar zu bilden, und in *La Hermosa Fea* (als wollte Lope sich über die Konvention lustig machen) beklagt sich der *gracioso,* daß es keine Zofe gebe, die er heiraten könne. Ich glaube aber, daß seine dramaturgische Funktion nicht darin bestand, die Zuschauer zum Lachen zu bringen. Mit seiner realistischen Sichtweise und seinem bissigen Spott konterkariert er den Idealismus und träumerischen Schwulst anderer Figuren. Sie mögen sich aus Liebe oder Pflichtbewußtsein aufopfern, mögen ihr Leben um der Ehre willen aufs Spiel setzen, der *gracioso* sollte dagegenhalten, daß ein Mädchen, eine anständige Mahlzeit und eine heile Haut mehr wert waren als alles Heldentum. Er war eine so populäre Figur, weil er einem tief verwurzelten Element des spanischen Naturells entsprach. Die Spanier haben nie verleugnet, daß zwei Seelen in ihrer Brust wohnten, und deshalb auch (es wird ja allmählich Zeit!) haben sie Cervantes' unsterblichen Roman als wahre Verkörperung ihres Charakters akzeptiert. Sie sind beides zugleich: der Ritter von der traurigen Gestalt und Sancho Panza. Vielleicht war ihnen das nie bewußter als während des Goldenen Zeitalters. In der Neuen Welt hatten sie riesige Territorien erobert, und in ganz Europa wurde ihre Vormachtstellung anerkannt. Doch sie waren hungrig, die ganze Zeit waren sie hungrig. Irgend etwas trieb sie in die verwegensten Abenteuer von Welteroberern und in die noch gefährlicheren Abenteuer des Geistes, und sie ließen sich darauf ein, weil sie nicht anders konnten. Die ganze Zeit aber hatten sie das dumpfe Gefühl, daß alle diese Abenteuer nur fauler Zauber waren, daß das einzig Wahre ein voller Bauch und ein Bett war.

Lope hatte einen ausgeprägten Humor, und er machte

aus seinen *graciosos* lebendige Gestalten, pfiffige Burschen voller Ironie und zynischem Witz. Bei Calderón sind sie bloß dumme Tölpel. Calderón hatte kein bißchen Humor, und seine komischen Diener sind von einer ungeheuren Einfalt. Außerhalb Spaniens gilt Calderón als der größte spanische Dramatiker. Die Romantiker zu Beginn des neunzehnten Jahrhunderts schätzten ihn sehr, und ihr Urteil ist von späteren Generationen, die sich nicht mit ihm auseinandergesetzt haben, übernommen worden. *Das Leben ein Traum* steht im Ruf eines bedeutenden Schauspiels. Meines Erachtens gehört es nicht zu seinen besten Stücken. Es dürfte eher bewundert als gelesen werden. Selbstverständlich war Calderón ein Mann mit bemerkenswerten Eigenschaften. Er verspürte das unter seinen Zeitgenossen verbreitete dunkle Gefühl, daß die dingliche Welt, in der wir leben, nur Teil eines geistigen Kosmos ist und nur aus ihm ihren Sinn schöpft. Dieses Gefühl verleiht einigen seiner Stücke eine Würde, die nur wenige Dramatiker erreicht haben. Calderón gilt als großer Dichter, aber mit der dem Nichtspanier auferlegten Zurückhaltung würde ich sagen, daß er eine poetische Seele hatte; seine Dichtung erscheint mir monoton, und die dramaturgischen Einfälle, mit denen er, der damaligen Mode entsprechend, seine Stücke vollstopfte, sind ermüdend. Er neigte zu unerträglicher Langatmigkeit, und wenn er zu einem seiner poetischen Höhenflüge ansetzte, dann schien nichts ihn aufhalten zu können. Er hatte wenig Phantasie. Er hatte kein Gespür für die Zeichnung seiner Charaktere, nur wenige seiner Figuren sind lebendig. Doch er war eine Persönlichkeit, eine grimmige, kalte, gleichwohl leidenschaftliche Persönlichkeit, und Persönlichkeit ist doch wohl das Einzige, was einen lebendigen Schriftsteller ausmacht. Bei all seinen Unzulänglichkeiten läßt er sich heutzutage leichter lesen als Lope de Vega. In den Stücken, die ich gelesen habe (von mehreren hundert, die er geschrieben hat, habe ich nur etwa ein Dutzend gelesen), begegnet man einem durchaus faszinierenden Sinn für das Geheimnisvolle unseres Daseins. Es ist, als hörte man, während dieses oder jenes auf der Bühne passiert, undeutlich, weit entfernt, das unheimliche Trommeln unsichtbarer Mächte. Aber ich will hier keine kritische Calderón-Untersuchung vorlegen. Mich interessiert an ihm, in welchem Licht er seine Zeitgenossen erscheinen läßt. Sein großer Erfolg zeigt, daß seine Instinkte mit der Sichtweise der Zuschauer übereinstimmen.

Calderón war ein tief religiöser Mensch, und nachdem er Vater von einem oder zwei ehelichen Söhnen geworden war, erhielt er die Priesterweihe. (Die spanischen Schriftsteller waren nicht nur am Schreibtisch produktiv, sie zeugten wahre Heerscharen unehelicher Kinder.) Er brachte der Kirche entschiedene Treue entgegen und erwartete natürlich, von der Kirche gut behandelt zu werden. Als ihm einmal eine bestimmte Gunst verwehrt wurde, wandte er sich an den Kardinal-Erzbischof mit der Ankündigung, er wolle erst dann wieder Stücke schreiben, wenn das ihm zugefügte Unrecht wiedergutgemacht sei. Die Beschwerde hatte Erfolg. Welch glückliche Zeit für einen Dramatiker! Heutzutage würde kein Hahn danach krähen, wenn ein Bühnenautor sich entschlösse, nichts mehr zu schreiben. Damals war Spanien aber in einer verzweifelten Lage. Das Land stand vor dem Ruin, große Teile des Reiches wurden der Krone entrissen. Um so heftiger klammerten sich die Spanier an den Glauben, der einst ihre größte Zierde gewesen war, ein grausamer Glaube wohlgemerkt, grausam gegenüber denjenigen, die seine Lehre befolgten, und grausam gegenüber denjenigen, die seine Lehre nicht befolgten. Für viele war es nicht mehr als ein verstiegener, sinnloser Aberglaube. In einem unerhörten Stück, *Die Andacht zum Kreuz,* wird Calderóns Held, der sich schrecklicher Verbrechen schuldig gemacht hat, gerettet, weil er stets das Kreuz verehrt und während seiner Missetaten immer auf die Erlösung durch das Kreuz vertraut hatte. Und Ferdinand, Prinz von Portugal*, weigert sich, nachdem er in die Gefangenschaft des marokkanischen Sultans geraten ist, sich durch Rückgabe der Stadt Ceuta freikaufen zu lassen, weil er die Vorstellung, aus den Kirchen der Stadt würden wieder Moscheen, unerträglich findet. Der Gedanke, wie er selbst sagt, läßt ihn verstummen (was ihn nicht davon abhält, noch hundert Verszeilen zu deklamieren), nimmt ihm den Atem, erstickt ihn vor Schmerz, bricht ihm das Herz, läßt seine Haare zu Berge stehen und seinen Körper erzittern.

In dieser Szene finden sich aber zwei schöne, für die damaligen Zuschauer vielleicht erhebende Zeilen:

*Por que no me das à Ceuta?*
*Porques es de Dios y no es mia.*

»Warum«, fragt der König seinen Gefangenen, »willst du mir Ceuta nicht geben?«

»Weil es Gott gehört, nicht mir.«

Interessant sind die Stücke Calderóns auch wegen ihrer Auseinandersetzung mit dem Ehrbegriff, und hier ist ebenfalls vorstellbar, daß er die vorherrschende Leidenschaft seiner Zeit sehr genau gezeichnet hat. Selbst Gauner haben Ehrgefühl, und sie schrecken vor nichts zurück, einen Angriff auf ihre Ehre zu rächen. Eine Kränkung, die nur der Gekränkte so empfindet, ein Verdacht auf der Tugend seiner Frau, von dem er weiß, daß er unbegründet ist – das nagt an ihm, wird ihm schlaflose Nächte bereiten, ihn zum Wahnsinn treiben, solange er es nicht mit Blut ungeschehen machen kann. In keinem der Calderón'schen Stücke wird das deutlicher als in *Der Arzt seiner Ehre*. Don Alfonso Gutierre liebt zwar seine Frau leidenschaftlich und weiß auch, daß er von ihr geliebt wird, doch als er herausfindet, daß der Bruder des Königs ein Auge auf seine Frau geworfen hat, wird er von

* Protagonist aus *Der standhafte Prinz* von Calderón (A. d. Ü.)

Eifersucht gepackt. Seine Frau, Doña Mencía, hat den Erklärungen des Prinzen kein Gehör geschenkt, doch er weiß, daß dieser sein Haus betreten hat. Er bezweifelt nicht, daß seine Frau ihm treu ist, vermag die Schmach aber nicht länger zu ertragen; er läßt Doña Mencía kaltblütig umbringen. Und in *Der Richter von Zalamea,* dem meines Erachtens schlechtesten Stück Calderóns, nimmt der reiche Bauer Pedro Crespo bei der Einquartierung durchziehender Truppen den Hauptmann Alvaro de Ataide auf. Dieser vergewaltigt Pedros Tochter. Don Crespo, gerade zum Richter ernannt, bittet ihn kniefällig, die Ehre seiner Tochter wiederherzustellen, indem er sie heiratet. Der Hauptmann weigert sich. Als Don Crespo nur Spott und Hohn erntet, beschließt er, den Hauptmann, ohne Rücksicht auf seine vornehme Geburt, umzubringen. Nur so kann die verletzte Ordnung wiederhergestellt werden.

Das Leben der Schauspieler war, wie Cervantes einmal gesagt hat, eine unerträgliche Plackerei. Bei Morgenanbruch standen sie auf, um ihre Rolle zu lernen. Geprobt wurde von neun bis zwölf, anschließend gab es Mittagessen, dann ging es wieder ins Theater, aus dem sie erst um sieben wieder herauskamen, und wenn dann noch eine hochstehende Persönlichkeit, der Bürgermeister oder der Richter oder ich weiß nicht wer, den entsprechenden Wunsch äußerte, so mußten sie, einerlei, wie erschöpft sie waren, losziehen und eine Vorstellung geben. Sie verdienten ihr Brot im Schweiße ihres Angesichts. Und Agustin de Rojas, von dem bereits die Rede war, sagte, daß es keinen Neger in Spanien gab und keinen Sklaven in Algier, dessen Los schwerer war als das eines Schauspielers. Er hat uns vom Leben, das diese umherziehenden Wanderschauspieler führten, ein lebendiges Bild hinterlassen. Agustin de Rojas war berühmt für seine *loas,* jene Monologe, die eine Bühnenaufführung einleiteten, und der Wunsch, sie zu veröffentlichen, brachte ihn auf eine geniale Idee. Er ersann eine Reihe von Gesprächen zwischen vier Schauspielern (Rios, Ramirez, Solano und ihm selbst), die von Stadt zu Stadt ziehen und denen er, um die Langeweile zu vertreiben, man ging ja zu Fuß, seine *loas* vortrug. Seine Gefährten müssen gutmütige Zuhörer gewesen sein, deren Vorstellungskraft wohl auf eine harte Probe gestellt wurde. Die *loas* strotzen von sprachlicher Phantasie, von biblischen, mythologischen und historischen Anspielungen. Manchmal sind es die zu besuchenden Orte, die gepriesen werden, einmal der Buchstabe A, dann wieder die Tage der Woche. Amüsant wird es, wo der Autor von seinen eigenen Erlebnissen berichtet. Vielleicht entsinnt sich der Leser noch der kuriosen Liebesgeschichte Rojas'. Da es lange Wege waren, die man zu Fuß zurücklegte, konnten die vier Schauspieler zwischen seinen Erzählungen auf die verschiedensten Dinge zu sprechen kommen. Einmal berichtet Rios, was ihm während einer Reise widerfuhr:

»Wir verließen Valencia, Solano und ich, wegen eines mißlichen Ereignisses, der eine von uns ohne Mantel, der andere nur mit einem Wams, beide zu Fuß. Wir hatten unsere Sachen einem Burschen geschenkt, der sich in der Stadt verirrt hatte, und so waren wir nun Männer der Landstraße. Nachts kamen wir erschöpft in einem Dorf an, mit nicht mehr als vier *cuartos* pro Nase. Da wir nichts zu essen dabei hatten, gingen wir in ein Gasthaus und baten um ein Bett, doch es hieß, es sei nichts mehr frei, weil Jahrmarkt sei. Mir wurde klar, daß kaum Aussicht bestand, ein Bett zu finden. Also ging ich zu einem anderen Gasthaus und sagte, ich sei Kaufmann von den westindischen Inseln. Die Wirtin fragte, ob wir Lastesel dabei hätten, und ich antwortete, wir seien mit einer Kutsche gekommen und sie solle uns, bis unsere Waren einträfen, schon mal zwei Betten richten und ein Mahl zubereiten. Sie tat, wie ihr geheißen, ich aber ging zum Dorfschulzen und sagte, eine Schauspieltruppe befände sich im Ort und bitte um die Erlaubnis, eine Vorstellung geben zu dürfen. Er erkundigte sich, ob es ein religiöses Stück war.

Ich bejahte das und erhielt daraufhin seine Genehmigung. Ich kehrte zum Wirtshaus zurück und trug Solano auf, rasch noch einmal das *auto* von Kain und Abel durchzugehen und sich dann an einem gewissen Platz aufzustellen und Geld zu sammeln, denn wir wollten ja am Abend eine Vorstellung geben. Unterdessen machte ich mich auf die Suche nach einer Trommel, nahm ein Stück Schafspelz und machte mir daraus einen Bart, ging durch das ganze Dorf, die Aufführung meines Stücks ausrufend. Anschließend legte ich die Trommel beiseite, entledigte mich meines Bartes und ging zu meiner Wirtin. Ich teilte ihr mit, daß meine Waren bald einträfen und daß sie mir schon den Schlüssel für mein Zimmer geben solle, auf daß ich die Waren dort einschließen könne. Sie fragte, worum es sich handelte, und ich antwortete, um Gemüse. Sie händigte mir den Schlüssel aus. Ich zog die Laken vom Bett, nahm einen alten Vorhang und zwei, drei Stück Stoff und machte daraus ein Bündel. Um auf der Treppe nicht gesehen zu werden, warf ich das Bündel aus dem Fenster und lief schnell wie der Wind hinterher. Als ich auf den Hof trat, rief mich der Wirt: ›Herr, ein paar Wanderschauspieler sind gerade eingetroffen, wollt Ihr die Vorführung sehen, sie wird bestimmt gut.‹ Ich sagte, ich würde sie mir ansehen, und machte mich schleunigst auf die Suche nach den Dingen, mit denen wir auftreten sollten, aber wiewohl ich allerorts nachsah, ich konnte sie nicht finden. Aufgrund dieses Malheurs, das mir eine gute Tracht Prügel einbringen konnte, lief ich zu Solano, der noch dabei war, Geld zu sammeln, berichtete ihm, was vorgefallen war, und meinte, er solle mit dem Geldsammeln lieber aufhören, es wäre besser, sich mit dem Geld aus dem Staube zu machen... In jener Nacht kamen wir nicht sehr weit, wir hielten uns fern der Landstraße, und am nächsten Morgen zählten wir unser Geld. Wir fanden dreieinhalb Reales in kleinen Münzen. Man stelle sich vor, wie wir weiterwanderten, mit Geld zwar, aber nicht ohne Angst. Nach etwa drei Meilen sahen wir eine

Hütte, in der man uns Wein aus einer Gurde, Milch aus einem Trog und Brot aus Satteltaschen gab. Wir frühstückten und kamen des Abends zu einer weiteren Ortschaft, in der wir unser Abendbrot zu verdienen gedachten. Ich bat um die Erlaubnis, eine Vorstellung geben zu dürfen, besorgte ein paar Laken, gab die Aufführung bekannt, verschaffte mir eine Gitarre, lud die Wirtin ein und trug Solano auf, Geld zu sammeln. Schließlich trat ich vor vollbesetztem Haus auf und sang die Ballade *Afuera, afuera, aparta, aparta.* Zur Verwirrung des Publikums blieb ich nach einer Strophe stecken, doch Solano hub mit einer *loa* an und machte die fehlende Musik dadurch wett. Ich hüllte mich in ein Laken und begann mit meinem Part, und wie Solano als Gottvater auftritt, er hatte das andere Laken um, aber es war offen in der Mitte, und Solanos Bart war mit Weintraubenschalen übersät, und in der Hand hielt er eine Kerze, da meinte ich vor Lachen sterben zu müssen. Die armen Zuschauer wußten nicht, wie ihnen geschah. Danach trat ich als Clown auf, trug mein *entremes* vor, und anschließend ging es mit dem Stück wieder weiter. Doch als ich zu der Stelle kam, wo ich den armen Abel umbringen sollte, da merkte ich, daß ich das Messer vergessen hatte, also riß ich mir den Bart herunter und schnitt ihm damit die Kehle durch. Da erhob sich ein Aufruhr, und es entstand großes Geschrei. Ich bat die Zuschauer um Vergebung für die Unvollkommenheit unserer Darbietung, da die Truppe noch nicht angekommen sei. Schließlich wurde das Volk immer aufgebrachter, und der Wirt empfahl uns zu verschwinden, denn man wolle uns eine Tracht Prügel verabreichen. Auf seinen Rat hin zogen wir uns zurück und verschwanden noch am selben Abend mit nicht mehr als den fünf Reales, die wir eingenommen hatten. Als dieses Geld ausgegeben und das wenige, was wir noch besaßen, verkauft war, ernährten wir uns von den Pilzen, die wir am Wegesrand fanden, schliefen auf der Erde, liefen barfuß (nicht wegen des Schlamms, sondern weil wir keine Schuhe hatten), halfen den Eseltreibern beim Aufladen, tränkten die Maultiere und lebten mehr als vier Tage nur von Steckrüben; eines Abends schlichen wir uns dann in eine Schenke, in der vier Fuhrleute saßen, die uns für eine Vorstellung zwanzig *maravedis* und eine Blutwurst geben wollten. Nach all diesen Widrigkeiten erreichten wir armselige Figuren dann das Ende unserer Reise, Solano in einem Wams, ohne Mantel (den er in einem Wirtshaus versetzt hatte), und ich barfüßig, ohne Hemd, mit einem großen Strohhut voller Löcher, mit schmutzigen Beinkleidern und einem abgewetzten, zerschlissenen Umhang. So heruntergekommen war ich, daß ich mich bei einem Zuckerbäcker zu verdingen gedachte, während Solano so stolz war, daß er keine Arbeit annehmen wollte. In dieser schwierigen Situation hörten wir plötzlich Trommelwirbel und eine Knabenstimme, die eine Vorführung ankündigte: Heute abend wird vor dem Rathaus das großartige Stück *Los Amigos Trocados* gegeben. Als ich das vernahm, erfaßte mich großes Erstaunen. Wir sprachen den Knaben an, und wie er uns erkannte, ließ er seine Trommel fallen und begann vor lauter Freude zu tanzen. Ich fragte ihn, ob er etwas Geld bei sich habe, woraufhin er uns gab, was er in seinem Hemd versteckt hatte. Wir kauften Brot, Käse und Stockfisch (der dort ausgezeichnet schmeckte), und nachdem wir gegessen hatten, suchten wir den Direktor (es war Martinazos), aber ich weiß nicht, ob er sich bei unserem abgerissenen Anblick freute, uns wiederzusehen. Er begrüßte uns aber, und als wir ihm erzählt hatten, was uns widerfahren war, setzten wir uns zum Essen. Anschließend mußten wir uns entlausen, denn er wollte uns zwar spielen lassen, in den Kostümen aber keine Läuse haben. An diesem Abend halfen wir ihm tatsächlich aus, und tags darauf schloß er mit uns einen Vertrag über einen Dreiviertel-Real pro Vorstellung... Dieses schöne Leben währte wohl über vier Wochen. Wir hatten wenig zu essen, reisten viel, unsere Habe auf dem Rücken tragend, und in der ganzen Zeit haben wir nie ein Bett gesehen.«

Welch ein Glück für Rios, so wird sich der Leser dieser Geschichte wohl sagen, daß er ein so heiteres Gemüt hatte. Er muß ein Mann gewesen sein, den so schnell nichts aus der Ruhe brachte. Dumm war er gewiß nicht. Als einer seiner Gefährten die Launenhaftigkeit eines jungen Mädchens beklagte, das ihn, als er keinen Pfennig mehr besaß, verlassen hatte, entgegnete er ihm:

»Bruder«, sagte er, »Frauen sind wie Vogelleim; gut im Kleben und schlecht im Lösen. Gibt ein Mann sein Geld für sie aus und macht ihnen Geschenke, so behandeln sie ihn gering. Schenkt er ihnen nichts, so sagen sie, er sei geizig wie Katzenfleisch. Erlaubt er ihnen, sich nach Lust und Laune herumzutreiben, so halten sie ihn für einen Narren; erlaubt er es ihnen nicht, so bezeichnen sie ihn als Langweiler. Ist er in sie verliebt, können sie seinen Anblick nicht ertragen; ist er nicht verliebt, lassen sie ihn nicht einen Augenblick in Frieden.«

»Eine junge Frau, ein Weinberg, ein Birnbaum und ein Bohnenbeet bedürfen großer Fürsorge«, bemerkte ein anderer.

»Mein Herr«, erwiderte er, »eine Frau ohne Tadel gibt es ebensowenig wie ein Maultier ohne Vater.«

## 8

Ich muß den Leser daran erinnern, daß eine umfassende Darstellung der Spanier des Goldenen Zeitalters, ihrer Sitten und Gebräuche hier nicht beabsichtigt ist. Dazu bedürfte es einer Gelehrsamkeit, die zu besitzen ich mir nicht anmaßen kann. Meine Lektüre war einem ganz bestimmten Zweck gewidmet, und was mir nicht verwendbar erschien, damit habe ich mich auch nicht beschäftigt. Will man einen Roman schreiben, der in einer weit zurückliegenden Vergangenheit spielt, so muß man sich mit den Einzelheiten des Alltags jener vertraut machen, über die zu schreiben man sich vorgenommen hat. Man sollte wissen, wann sie und was sie gegessen haben, wann sie aufgestanden und wann sie zu Bett gegangen sind, wie die Straßen aussahen und wie sie bei Nacht beleuchtet wurden, wohlgemerkt nicht unbedingt, um alle diese Informationen auch unterzubringen, sondern um hier und da, scheinbar beiläufig, ein verstecktes Detail anzubringen, um dem Leser die Atmosphäre jener Zeit zu vermitteln. Genau diese Dinge findet man bei einem Autor nur selten, weil sie zum allgemeinen Wissen gehörten und es nicht erforderlich war, sie zu erwähnen. Man muß sich seine Informationen aus einer Bemerkung (in einem Schelmenroman) oder aus einer Verszeile (in einem Schauspiel) zusammensuchen. So mochte ein viktorianischer Romancier etwa sagen, sein eleganter Held habe einen *Hansom* genommen, denn er konnte davon ausgehen, daß dieses Verkehrsmittel bei seinen Lesern bekannt war, doch er hatte dabei nicht bedacht, daß dieses Wissen drei Jahrhunderte später nicht mehr existieren würde. Nur selten macht ein Schriftsteller so detaillierte Angaben wie Cervantes, der uns die Mahlzeiten des Don Quijote haargenau beschreibt. Bevor dieser sich in den Kopf setzte, die Welt als fahrender Ritter zu durchstreifen, war er als Don Alonso Quijana bekannt, ein Hidalgo, dessen Haushalt aus einem Verwalter, seiner Nichte und einem Diener bestand. Er lebte in bescheidenen Verhältnissen. Täglich, außer an zwei Wochentagen, gab es zum Mittagessen *olla podrida,* das spanische Nationalgericht, ein Eintopf, bestehend aus Fleisch (mehr Rind- als Hammelfleisch, weil Hammel teurer war), Kohl, Kichererbsen, Oliven und Zwiebeln. Sonntags gab es dazu ein Paar Täubchen. Abends gab es einen Salat aus Fleischstücken, Schinken und Zwiebeln, angemacht mit einer Essigsauce. Freitags aß er als gläubiger Katholik nur Linsen, und samstags gab es *duelos y quebrantos,* wörtlich übersetzt »Kummer und Sorgen«. Die Gelehrten haben nichts unversucht gelassen, um herauszufinden, worum es sich bei diesem Gericht mit dem merkwürdigen Namen handeln könne, und wie es bei Forschern eben ist, haben einige von ihnen die phantastischsten Vorstellungen entwickelt. Es blieb Don Francisco Marin* vorbehalten, aufgrund eines Vergleichs der zeitgenössischen Übertragungen des unsterblichen Werks ins Italienische und Französische und durch aufmerksame Lektüre der klassischen Dramen zweifelsfrei darzulegen, daß es sich bei dem Gericht, das Alonso Quijana samstags verzehrte, um nicht mehr und nicht weniger als Rühreier mit Schinken handelte.

So mögen in dreihundert Jahren Gelehrte ihren Kopf zerbrechen und ihre Bibliotheken durchforsten, um herauszufinden, um welche Art Gericht es sich bei *bubble and squeak* gehandelt hat. Ich werde mich hüten, ihnen durch irgendwelche Hinweise den Spaß zu verderben.

Es sind die Reisebeschreibungen, in denen man nach Informationen über solche Dinge suchen muß, die, wie gesagt, so bekannt waren, daß sie den einheimischen Schriftstellern nicht erwähnenswert schienen, für den Fremden aber natürlich sehr interessant waren. Ich habe viele dieser Bücher gelesen. Es ist eine zumeist langweilige Lektüre. Heute stöhnen wir über die humorigen Bemerkungen unseres zeitgenössischen Reisenden, der einen Besuch in einem unbekannten Land zum Anlaß nimmt, seinen Witz zur Schau zu stellen, und wir gähnen bei den überladenen Bildern, die unser Sprachkünstler zeichnet. Vielleicht stoßen sie ja in dreihundert Jahren auf Interesse, doch da sind wir alle schon längst tot. Die Reisenden des sechzehnten Jahrhunderts hatten offenbar nur wenig Neugier. Sie besuchten die Sehenswürdigkeiten und waren gebührend beeindruckt. Gelegentlich wollten sie ihre Leser bilden, und dann beschrieben sie Handel und Wandel in jenen Orten, durch die sie kamen. Sie befaßten sich mit den Intrigen bei Hofe, mit der politischen

* Francisco Rodriguez Marin, Herausgeber einer achtbändigen Ausgabe des *Don Quijote*, Madrid 1911–1913 (A. d. Ü.)

Situation und mit den prominentesten Persönlichkeiten ihrer Zeit. Das wirklich Fremde erschien immer etwas unsympathisch. Selten hielten sie es für lohnend, ein bizarres Detail zu notieren.

Es sind, wer ahnte es nicht, die Briefe und Memoiren von Frauen, die uns etwas über all jene Gewohnheiten mitteilen, welche die Männer für viel zu nebensächlich hielten, um sie in ihren Berichten zu erwähnen. Zwar wird uns da ein Spanien vorgeführt, wie es eine oder zwei Generationen nach jener Epoche aussah, der mein Augenmerk gilt, doch die Verhältnisse in Spanien haben sich schon immer recht langsam verändert, und was für das siebzehnte Jahrhundert zutraf, traf höchstwahrscheinlich auch für das sechzehnte zu. Noch heute haben die meisten Bauernhäuser in der Estremadura keine Glasfenster. Wie vor vierhundert Jahren schützt man sich vor der Kälte des Winters mit Fensterläden und vor der Hitze des Sommers mit Jalousien aus Leinwand. Noch immer sieht man Frauen, die mit ihrem Spinnrad an der Tür sitzen. Noch immer sieht man Frauen, die gegen Abend die geformten Brötchenteige auf einem Blech zum Bäcker tragen. Noch immer sieht man Mädchen, die, einen großen Tonkrug in die Hüfte gestemmt, zum Brunnen gehen, um dort Wasser zu holen. Noch immer macht der Liebhaber seiner Angebeteten nachts an der *reja* den Hof. Der Kleinbauer hält seine Tiere (eine Kuh, einen Esel, Schweine, Ziegen und Hühner) im Erdgeschoß seines Hauses und bewohnt mit seiner Familie die darüberliegende Etage. Und wenn er morgens zum Pflügen geht, nimmt er einen Holzpflug jener Art, wie ihn seine Vorfahren von den Römern übernahmen, als diese das Land eroberten.

Lady Fanshawe, Gattin des englischen Gesandten am Hofe Philipps IV., berichtet in ihren Memoiren sehr detailliert über ihr fremdartig erscheinende spanische Gewohnheiten, was auch für Madame de Villars, Gattin des französischen Gesandten, und ihre Briefe gilt. Die lebendigste Darstellung findet sich allerdings in einem Buch mit dem Titel *Relation du Voyage d'Espagne*, geschrieben von Madame d'Aulnoy. Diese Dame soll angeblich nie in Spanien gewesen sein, sondern ihre Informationen aus den Briefen ihrer Tochter erhalten haben, die mit einem Spanier verheiratet war. Sie sind ausführlich und plausibel und werden von den Memoiren der Lady Fanshawe und den Briefen der Madame de Villars bestätigt. Offenbar haben Frauen die Mahlzeiten also nie gemeinsam mit den Männern eingenommen, und zwar nicht aus Respekt, sondern weil sie es nicht gewohnt waren, auf Stühlen zu sitzen. Wenn sie überhaupt mit ihren Männern aßen, dann saßen sie mit den Kindern auf dem Fußboden, aber in der Regel nahmen Männer und Frauen die Mahlzeiten getrennt ein. Als Lady Fanshawe in Cadiz an Land ging, wurde ihr Mann vom Gouverneur zum Essen eingeladen, was dieser auch annahm und dann hinzufügte, seine Frau werde mit der Frau des Gouverneurs speisen, »getrennt von den Männern, gemäß spanischer Sitte«. Der Gouverneur war damit nicht einverstanden; er wies darauf hin, daß diese Art (Männer und Frauen speisen gemeinsam) inzwischen bei vielen vornehmen Familien in Spanien gebräuchlich sei. Madame d'Aulnoy berichtet, daß bei Don Agustin Pacheco, der sie zum Essen eingeladen hatte, ein Tisch für die Männer gedeckt war. Auf dem Fußboden lag ein Tischtuch für drei Personen ausgebreitet: für Doña Teresa, die Frau des Gastgebers, deren Tochter und für sie. Die arme Französin saß im Schneidersitz, und ihre Beine begannen zu schmerzen, und sie fand es so unbequem, in dieser Haltung zu essen (erst stützte sie sich auf den einen, dann auf den anderen Ellbogen), daß sie verzweifelt aufgab. Zwei der anwesenden Herren bemerkte ihre Lage und schlugen vor, sie solle am Tisch Platz nehmen. Das wollte sie auch gern tun, doch nur, wenn Doña Teresa an ihrer Seite säße; damit war Doña Teresa wiederum nicht einverstanden, denn es waren Männer zugegen. Zu ihrer Verlegenheit beharrte Don Agustin aber darauf, sie solle am Tisch Platz nehmen; da bekannte sie, daß sie noch nie an einem Tisch gesessen habe, daß sie es sich noch nicht einmal in Gedanken vorgestellt habe. Madame de Villars schreibt in einem Brief, daß Frauen sich außerordentlich unbehaglich fühlten, wenn sie auf Stühlen sitzen. In den besseren Häusern lägen auf dem Fußboden Teppiche und Kissen, auf denen Frauen sitzen könnten. Wenn einer Besucherin besondere Ehre erwiesen werden sollte, so würden mehrere Kissen für sie herbeigeholt. Lady Fanshawe beschreibt, daß sie die Königin, anläßlich einer Audienz, unter einem Baldachin auf drei Kissen sitzen sah. Gleichwohl wurden Kissen zumeist nur bei festlichen Anlässen verwendet, und am liebsten saß die Spanierin mit untergeschlagenen Beinen auf dem Fußboden.

Madame d'Aulnoy beschreibt sehr genau, wie die Spanierinnen sich kleideten. Sie trugen Reifröcke, wie sie etwa auf Velazquez' Infantinnenporträts zu sehen sind, und darunter so viele Unterröcke, daß sie sich wunderte, wie Frauen von so kleiner Statur ein so großes Gewicht tragen konnten. Die Toilette einer vornehmen Dame war flüchtig, aber kompliziert. Zunächst wurde mit Zucker geschlagenes Eiweiß genommen, um damit das Gesicht zu waschen und ihm Glanz zu verleihen, dann wurde Rouge aufgetragen, aber nicht nur auf die Wangen, sondern auch auf die Oberlippe, das Kinn, die Schultern und die Handrücken. Eine Kammerzofe parfümierte die Dame sodann vom Scheitel bis zur Sohle mit den Düften von Räucherpastillen. Eine zweite Dienerin nahm einen Mundvoll Orangenwasser und sprühte es, durch die Zähne, in einem feinen Regen über ihre Herrin. Das schadete zwar den Zähnen der Dienerin, aber man sagte, das Wasser bekomme dadurch etwas Süßes.

Da schon lange vor diesen edlen Damen, bis hinein in unsere Tage, Ausländer über die spanische Küche hergezogen sind, sollten wir fairerweise nicht verschweigen, daß Lady Fanshawe über sie nur Gutes zu berichten wußte. »Ihr

Wasser«, schrieb sie, »schmeckt wie Milch, das Mehl ist von einem wunderbaren Weiß, aus ihrem Weizen machen sie das lieblichste und wohlschmeckendste Brot auf der Welt; der Schinken ist unglaublich, das Segovianer Kalbfleisch viel größer und fetter als bei uns ... Sie haben die besten Rebhühner, die ich je gegessen, und die vorzüglichsten Würste. Ihre Eier sind von sehr viel besserer Qualität als die unsrigen, weiterhin alle Arten von Salat, Knollenfrüchten und Obst.« Sie beendete ihre, von mir gekürzte, Lobpreisung mit der einigermaßen ungewöhnlichen Feststellung: »Und nirgends gibt es besseres Wasser als in Sevilla.«

Wenn Männer im sechzehnten Jahrhundert durch Spanien reisten, waren sie fast immer schlecht gelaunt. Mit Grund. Allenthalben stößt man auf Klagen über den schlechten Zustand der Landstraßen, über die Banditengefahr, über Versorgungsengpässe, habgierige Wirtsleute und ganz und gar verlauste Gasthäuser. Sogar die hl. Teresa fand, trotz ihrer Bereitschaft, das Fleisch zu kasteien, die Herbergen so unerträglich, daß sie lieber auf dem Fußboden schlief als in einem Bett. Der kluge Reisende schlief nackt, so daß, wenn er nachts von Flöhen, Läusen oder Wanzen gepeinigt wurde, am nächsten Morgen wenigstens seine Kleider frei von Ungeziefer waren.

In Spanien gibt es noch immer eine Reihe von Gasthäusern, deren ursprünglicher Charakter so weit erhalten ist, daß man sehen kann, womit der erschöpfte Reisende vorliebnehmen mußte. Am bekanntesten ist, weil Cervantes dort übernachtete, das Haus an der Plaza del Pozo in Cordoba. Das Gebäude, nur zweigeschossig, weiß getüncht, macht einen bescheidenen Eindruck. Durch eine schwere Tür, die nachts verschlossen und verriegelt wird, tritt man ein. Im Innern gibt es einen Hof, groß, mit holprigem Pflaster. Zu ebener Erde liegen die Ställe, jeder gerade ausreichend für ein Pferd oder Maultier und einen Pferdeknecht oder Maultiertreiber. In dem breiten Durchgang, der von der Straße zum Innenhof führt, sind zwei Gemeinschaftsküchen untergebracht. In der alten Zeit durfte ein Wirt aufgrund gesetzlicher Vorschrift den Gästen lediglich Brot und Küchengerät bereitstellen, so daß sie die Mahlzeiten in den Speisehäusern einnehmen mußten, von denen es in den Städten reichlich gab, oder die mitgeführten Lebensmittel selbst zubereiten mußten. Im Gasthaus in Cordoba steigt man auf einer Steintreppe hinauf in das Obergeschoß, und über einen ringsum verlaufenden Holzbalkon mit wackligem Geländer gelangt man in die Zimmer, in denen jeweils mehrere Betten standen, manchmal bis zu vier, so daß Reisende oft gezwungen waren, das Zimmer mit wildfremden Menschen zu teilen. Wenn sich die Wirtin durch einen prüfenden Blick von der Ehrbarkeit des Ankömmlings überzeugt hatte, trug sie einer Magd auf, das Bett frisch zu beziehen. Von diesen Mägden wurde nicht nur erwartet, ihre normalen Pflichten zu erfüllen, sondern auch, den Maultiertreibern, Soldaten oder einfachen Reisenden, die sich nach der Anstrengung eines Tagesmarsches entspannen wollten, zu Willen zu sein.

Bei schlechtem Wetter waren die Landstraßen oft unpassierbar, und dann saßen die Reisenden manchmal tagelang fest. Wenn, was natürlich vorkam, in einer Herberge mehrere Gruppen gleichzeitig eintrafen, vor allem, wenn vornehme Damen darunter waren, so ließen die Herren anfragen, ob sie ihre Aufwartung machen durften. Und dann kamen alle zum Nachtmahl zusammen und verlustierten sich bei Kartenspiel und Konversation. Man gewinnt den Eindruck, daß es trotz aller Unannehmlichkeiten durchaus vergnüglich sein konnte, ein, zwei Nächte in einem Gasthaus zu verbringen. Lady Fanshawe schreibt: »Auf Reisen sind sie (die Spanier) die lustigsten Personen auf der Welt.«

Gleichwohl, das Reisen war beschwerlich, zeitraubend und schikanös. Die Forderungen der Zöllner waren eine Quelle ständiger Beschwerden, denn obgleich die einzelnen Königreiche Spaniens unter Ferdinand und Isabella vereint worden waren, hielt ein jedes eifersüchtig an seinen Privilegien fest. Wer von Katalonien nach Aragon und von dort nach Kastilien wollte, dessen Gepäck wurde inspiziert, und sowohl bei der Einreise wie bei der Ausreise mußten Abgaben entrichtet werden; wer Gold dabei hatte, mußte auch darauf Zoll zahlen. Und das war noch längst nicht alles. Beim Betreten und Verlassen einer Stadt beanspruchten die Torwachen das Recht, das Gepäck abermals zu kontrollieren, und man mußte ihnen dafür, daß sie auf ihr Recht verzichteten, eine Geldsumme anbieten, die anzunehmen sie natürlich klug genug waren.

In einem der Bücher von Morel-Fatio findet sich die Chronik einer Reise von Rom nach Barcelona, verfaßt von einem Angehörigen der Entourage des Camillo Borghese, des späteren Papstes Paul v., der von Clemens viii. an den Hof Philipps ii. entsandt worden war. Nach einer gemächlichen Schiffsreise entlang der Küste ging die Gesellschaft in Barcelona an Land, wo schon, vom Vizekönig bereitgestellt, Pferde, Maultiere, Sänften und Gepäckkarren auf sie warteten. Nach ein paar Tagen Rast brach man zur Überlandreise auf. Es war tiefster Winter, überall lag hoher Schnee, so daß man mehr als einmal absteigen und den Weg zu Fuß fortsetzen mußte. Irgendwann mußte die Maultiersänfte des päpstlichen Emissärs gegen eine Tragesänfte eingetauscht werden, die der Vizekönig in weiser Voraussicht mitgegeben hatte. In den größeren Orten wurden sie von kirchlichen Würdenträgern versorgt, die ihnen auch reichlich Verpflegung mit auf den Weg gaben, wofür dankbar zu sein sie wirklich Grund hatten, denn andernfalls wären sie verhungert; das Land war so verarmt, daß es nirgendwo Proviant zu kaufen gab. Die Tavernen, in denen sie übernachten mußten, waren wohl extrem schlecht; manchmal gab es für die Halberfrorenen nicht einmal Holz, um Feuer zu machen, und keine Betten, sondern nur Stroh. Nach tagelanger Mühsal kamen sie schließlich in der Nähe von Guadalajara zu einem Dorf, wohin der Herzog von Infantado dem Gesandten vier Pferde und eine Kutsche geschickt hatte. Dieser setzte seinen Weg nach Madrid in ihr fort und wurde am Stadtrand »von zahlreichen Adligen und hohen Prälaten«, die ihm entgegengefahren waren, begrüßt und zur Villa des Nuntius begleitet, in der er sich einzuquartieren gedachte. Die Reise von Barcelona hatte knapp zwanzig Tage gedauert.

Der anonyme Chronist hatte über Madrid und seine Einwohner wenig Gutes zu berichten. Die Straßen, schreibt er, waren breit und hätten, wären sie nicht gar so schmutzig gewesen, als prächtig bezeichnet werden können. Die Häuser waren verkommen und häßlich, überwiegend aus Lehm gebaut und zumeist eingeschossig, denn alles, was darüber hinausging, wurde zur Hälfte von der Krone für Granden, Botschafter und Hofbeamte requiriert. Es gab weder Kamine noch Aborte; »was das betrifft, so erledigen sie ihr Geschäft in Töpfen, die sie aus dem Fenster leeren, was einen unerträglichen Gestank erzeugt... Würden die Straßen also nicht häufig gekehrt, so könnte man sie unmöglich passieren, aber zu Fuß kann man sich in jedem Falle nicht fortbewegen.« Von Lazarillo de Tormes wissen wir, daß das erforderliche Utensil in einer Dachkammer aufbewahrt wurde. Es war untersagt, den Topf außerhalb festgesetzter Stunden zu entleeren, und wer die Vorschrift nicht beachtete, wurde streng bestraft; Diener erhielten hundert Peitschenhiebe und wurden für die Dauer von sechs Jahren aus der Stadt verbannt, während ihre Herrschaft, sofern sie die Straftat stillschweigend geduldet hatte, für die Dauer von vier Jahren verbannt wurde und hohe Bußgelder entrichten mußte. Die Straßen, nachts beleuchtet nur von den Lampen, die vor den Heiligenbildern brannten, waren alles andere als sicher. Man lief stets Gefahr, von Ganoven zusammengeschlagen und bis aufs Hemd ausgeraubt zu werden. Edelleute, die einem anderen übelwollten, zögerten nicht, ihn von gedungenen Mördern überfallen und umbringen zu lassen. Das Ehrprinzip forderte ja nicht, bei der Beseitigung eines Gegners die eigene Haut zu riskieren, wenn man andere dafür bezahlen konnte, die Sache für einen zu erledigen. Auch das Wandeln auf Freiers Füßen war nicht ungefährlich. Unverheiratete Frauen lebten theoretisch in einer Isolation, die fast so groß war wie zu maurischen Zeiten. Zur Straße hin lagen nur wenige Fenster, geschützt von der *reja,* dem typischen Gitter, auf das die Schmiedehandwerker der damaligen Zeit so viel Phantasie verwendeten. Und durch dieses Gitter plauderten die Damen des Nachts mit ihren Verehrern; doch der Galan war oft so eifersüchtig und so arrogant, daß er die Präsenz eines Anderen in derselben Straße nicht ertrug, und dann bestimmte der Degen, wer bleiben durfte. Gelegentlich trat auch ein strenger Vater oder ein pedantischer Bruder aus dem Haus und vertrieb den unwillkommenen Freier mit gezogener Klinge.

Es war jedoch nicht nur die Schmutzigkeit der Straßen, die den abfälligen Kommentar des Chronisten hervorrief. Wir erfahren, daß Frauen wie Männer dreckig waren und sich unfein verhielten. Überkam sie ein natürliches Bedürfnis, dann erleichterten sie sich, ohne auf die Passanten Rücksicht zu nehmen, auf offener Straße. Frauen, von dunklem Teint und kleiner Statur, trugen dick Farbe auf das Gesicht und machten sich größer, indem sie hohe Stelzschuhe über ihren Schuhen trugen. Sie kamen meist schwarzgekleidet daher, das Gesicht mit Tüchtern bedeckt, so daß nur noch die Augen zu sehen waren. Weniger kleinliche Beobachter haben die Schönheit ihrer Augen hervorgehoben, die Pracht ihrer Haare und die Anmut ihrer Bewegungen. Unser Chronist jedoch fand sie dreist, eingebildet und vorlaut, da sie sogar auf offener Straße unbekannte Männer ansprächen. Er war schockiert, als er einmal mit drei Gefährten, zweifellos Klerikern, am Flußufer entlangging und eine Frau erblickte, die, nur mit einem Leibchen bekleidet, im Fluß ein Bad nahm. Andere Frauen, die am Ufer saßen, knüpften eine Unterhaltung mit den vier Italienern an, und als die Badende aus dem Wasser stieg, ließ sie ihr Hemdchen zu Boden fallen und begann, ohne über ihre Nacktheit zu erröten, sich vor den Augen der entsetzten Fremden anzukleiden. Unser Chronist schreibt weiterhin, daß die Spanier armselig wohnten und keine Tischmanieren hätten. Sie verwendeten weder Messer noch Gabel, sondern bedienten sich aus einer gemeinsamen Schüssel. Das Essen wurde schlecht gekocht und schlecht aufgetragen. Wollte ein Galan seiner Angebeteten eine Aufmerksamkeit erweisen, so schickte er ihr Lebensmittel, freilich nicht Pralinen, wie der moderne Liebhaber, sondern Würste, einen Schinken, eine Pastete und ein paar Kapaune. Derartige Geschenke waren, da sie das Feingefühl der Damen ganz und gar nicht verletzten, außerordentlich willkommen.

Obgleich die Sonne über dem spanischen Reich nie unterging und die Flottillen des Königs aus der Neuen Welt alljährlich Schätze heranschafften, die für damalige Begriffe unermeßlich wertvoll waren, herrschte im eigenen Land Hunger. Die Sorge um das tägliche Brot war allenthalben groß. Täglich wurde von den Klöstern an jedermann ein Teller Suppe ausgegeben, und seinetwegen warteten Diebe und Studenten, Bettler, Soldaten und Handwerker geduldig an den Pforten. Kein Wunder also, daß die Augen schöner Frauen wohlgefällig auf einem Verehrer ruhten, der imstande war, ihnen das Nötigste zur Befriedigung ihrer kulinarischen Gelüste zu liefern.

Die Fröhlichkeit dieses kraftvollen Volkes konnte der Hunger freilich nicht beeinträchtigen. Die Spanier waren durchaus imstande, über ihre leeren Bäuche zu lachen und sich an einem Stück trocken Brot, einer Zwiebel und einem Becher Wasser gütlich zu tun. Sie waren lebendige Menschen, die viel lachten und sich leidenschaftlich gern amüsierten. Von ihrer Theaterbesessenheit habe ich bereits gesprochen. Daneben hatten sie ihre Stierkämpfe, Jahrmärkte und kirchlichen Prozessionen. Ein Kirchenfest war ein öffentlicher

Feiertag. Dann wurden die Häuserfassaden mit bunten Girlanden geschmückt, Frauen, jung und alt, drängten sich auf die Balkone, und die lärmende Menge wogte durch die Straßen. Ausflüge zum Madrider Prado oder zur Alameda de Hercules in Sevilla verloren nie ihren Reiz. Die Herren von Stand ritten, und die Frauen, prächtig herausgeputzt, das Gesicht weiß und die Wangen rot gepudert, gingen zu Fuß oder fuhren in einer Kutsche, und wenn kein Verehrer sie begleitete, waren sie für einen Flirt mit einem Fremden durchaus zu haben; sie zögerten nicht, sich bei einem der fliegenden Händler Orangen, Süßigkeiten und andere Leckereien kaufen zu lassen. Bei Sonnenuntergang wurde das mitgebrachte Mahl verzehrt. An diesen kühlen und erfrischenden Orten kamen alle Stände zusammen. Der Handwerker picknickte mit seiner Familie in unmittelbarer Nachbarschaft der eleganten Dame mit ihrer Zofe und ihren Verehrern. Man ergötzte sich an geistreicher Konversation, und Schlagfertigkeit genoß hohes Ansehen. Wo immer Menschen zusammenkamen, delektierte man sich am Austeilen und Parieren spöttischer Bemerkungen. Eine Frau wurde bewundert, wenn sie auf eine Anzüglichkeit mit einem scharfen Wort reagierte, und wer es schaffte, einen harmlosen Fremden als Tolpatsch hinzustellen, konnte des Beifalls der Menge sicher sein.

Dieser Geist lag auch ihrem Hang zu derben Späßen zugrunde. Diese beklagenswerte Form des Humors wurde damals natürlich in ganz Europa praktiziert, aber nirgends war sie wohl ausgeprägter als in Spanien. Der Boden war fruchtbar. Die Scherze waren grob und brutal; mit ihrer Hilfe sollte das Opfer einer unerträglichen Demütigung preisgegeben werden, und da die Ehre dem Spanier so viel bedeutete, war er für die Schmach, die über ihn gebracht wurde, sehr viel empfänglicher als andere. Wer den *Don Quijote* liest, ist empört über das grausame Spiel, das mit dem sanftmütigen, spinnerten Ritter getrieben wird, und wirklich, ohne die zauberhaften Gespräche zwischen Herr und Knecht wäre das Buch heutzutage nur unter Qualen zu lesen. Bei den Zeitgenossen Cervantes' lösten diese Possen jedoch schallendes Gelächter aus. Immerhin sind sie weniger abstoßend als viele andere, denen man in den Meisterwerken der Schelmenliteratur begegnet. In Quevedos *El Buscón* (einer Fundgrube derber Späße) wird ein für die Sitten der damaligen Zeit bezeichnender Zwischenfall geschildert. Der Held (zweifellos ein richtiger Gauner) begibt sich nach Alcalá de Henares, um dort zu studieren. Dort verdingt er sich, um seinen Lebensunterhalt zu verdienen, bei einem reichen Studenten als Diener, eine durchaus übliche Praxis. Als er die Universität erstmals betritt, wird er von Studenten umringt, die ihn, unter spöttischen Rufen und Gelächter, so lange anspucken, bis Gesicht und Kleider vor lauter Spucke weiß wie Schnee waren. In allen Büchern, die ich gelesen habe, bin ich nur einem Streich begegnet, der ein Schmunzeln auf meine Lippen gezaubert hat. Seiner Vortrefflichkeit wegen will ich ihn erzählen:

Ein Diener, der am Tor von Guadalajara auf seinen Herrn wartete, sah einen Begräbniszug näherkommen, sechs Priester, feierlich psalmodierend, vier Bettelmönche und eine Trauergemeinde. Mit lauter Stimme bat er sie anzuhalten. Überrascht eher über diese ungewöhnliche Aufforderung als über seine Erscheinung, taten sie, wie ihnen geheißen, und einer der Priester erkundigte sich nach seinem Begehr.

»Wer ist der Verstorbene?« fragte der Diener.

»Wenn es dir so wichtig ist, hättest du uns nicht fragen können, während wir noch gingen, anstatt uns aufzuhalten?«

Er aber sagte, es sei wichtig, daß sie anhielten und seine Frage beantworteten. Da sagten sie:

»Der Dahingeschiedene ist ein Weber namens Juan de Paracuellos. Er starb vor vier Tagen an einem Nierenleiden. Er hinterläßt eine Frau, jung und arm, namens Maria de la O, sowie drei Kinder, von denen das älteste nicht einmal sechs ist. Was hast du nun davon, diese für dich bedeutungslosen Auskünfte bekommen zu haben?«

Einer der beiden Brüder des Verstorbenen, die dem Sarg folgten, forderte zum Weitergehen auf.

»Halt, nochmals halt!« rief der Spaßvogel. »Und du, dahingeschiedener Weber, kraft meiner beschwörenden Worte befehle ich dir, dich zu erheben und zurückzukehren zur komplizierten Herstellung deiner Stoffe!«

Alle wunderten sich über diese rätselhafte Geisterbeschwörung und setzten den Sarg ab. Angelockt vom Lärm, scharten sich die Nachbarn, Männer, Frauen und Kinder, um die Trauergemeinde.

»Zum zweiten Mal«, fuhr er fort, »ich befehle dir, du widerspenstiger Leichnam, dich zu erheben und das Tuch, das du begonnen hast, fertigzustellen.«

Niemand konnte so recht sagen, ob dieser Mann, der es vor allen Augen wagte, einen so seltsamen Befehl zu erteilen, ob dieser Mann ein Verrückter war oder ein Zauberer. Weder sein Gesicht noch seine Erscheinung deuteten auf einen Heiligen. Man hielt inne und starrte wie gebannt auf den Sarg. Der Spaßvogel rief erneut, diesmal noch lauter:

»Zum dritten und letzten Mal befehle ich dir, du toter Weber, dich zu erheben und an deinen Webstuhl zurückzukehren, mit dessen Hilfe du deine Familie ernährst.«

Der ungehorsame Leichnam rührte sich nicht, woraufhin der Schurke sagte:

»Ihr könnt weitergehen, Herrschaften, und mit dem Begräbnisgang weitermachen. Denn ich gebe Euch mein Wort, dasselbe ist mir mit zwei toten Männern in Ocana und Toledo passiert. Keiner der beiden wollte sich zum Leben erwecken lassen. Und vergebt mir, daß ich Euch aufgehalten habe!«

Nach diesen Worten lief er eilends davon, die aufgebrachte Menge ihm hinterher. Er flüchtete sich in ein Kloster, und die Mönche dort, denen er von dem Vorfall erzählte, waren so belustigt, daß sie ihm halfen, sich in Sicherheit zu bringen.

Diese Episode findet sich in den *Landhäusern von Toledo*, einem ermüdenden Buch von Tirso de Molina.

Trotz all dieser Grobheit achteten die Spanier auf höfliche Umgangsformen. Zeremonielle Formeln waren fester Bestandteil der alltäglichen Konversation, und es war einfach höflich, »Ich küsse Euer Gnaden die Hand« zu sagen oder »Ich liege Euer Gnaden zu Füßen«. Mit der Dynastie der Habsburger war eine gewisse Titelsucht ins Land gekommen, und die Träger von Titeln sprachen einander mit pedantischer Korrektheit an. Einfaches Volk und Aristokratie legten gleichermaßen großen Wert auf die Reinheit der Abstammung, und zwar nicht ohne Grund, denn eine Andeutung jüdischen oder maurischen Blutes führte zu allerlei Benachteiligungen. Man berauschte sich an der eigenen Vornehmheit, und Männer wie Frauen erzählten einem ihre Lebensgeschichte kaum, ohne darauf hinzuweisen, von welch bedeutender Familie sie abstammten. In *El Premio del Bien Hablar*, einem Stück von Lope de Vega, schickt die Heldin ihrem Freier, wissend, daß er etwas zu lesen haben möchte, ihren Stammbaum, um ihm zu demonstrieren, daß sie von ebenso edler Abstammung ist wie er. Lope, dessen Vater Kunststicker war, behauptete, aus einer vornehmen asturischen Familie zu stammen, und selbst der kluge Cervantes, Sohn eines Heilpraktikers, der von Ort zu Ort zog und die Kranken schröpfte, legte sich unberechtigterweise den hohen Namen Saavedra zu. Dabei fällt mir eine Episode ein, auf die ich in einer Biographie Solorzanos stieß, des Autors zahlreicher Schelmenromane. Er war zeitweilig Sekretär des Conde de Benavente, eines berühmten Vizekönigs von Neapel. Da dieser ihm seine Dienste lohnen wollte, ohne daß es mit Kosten verbunden wäre, verlieh er ihm einen Titel mit dem Recht, ihn verkaufen zu dürfen; Solorzano gab ihn, zweifellos für ein hübsches Sümmchen, an einen gewissen Vicencio Antoniani aus Gatea weiter. Mir ist der Gedanke gekommen, daß diese Methode sich auch in der heutigen Zeit praktizieren ließe: der bedürftige Staatsdiener könnte, ohne daß es den Steuerzahler etwas kosten würde, einem sorgenfreien Lebensabend entgegenblicken, und wohlhabende Geschäftsleute oder pfiffige Börsenmakler könnten in Ehren zur Aristokratie aufsteigen.

Ich habe bereits erwähnt, daß die Liebe ein Gefühl war, das die Betroffenen urplötzlich überkam. Ein flüchtiger Blick, eine anmutige Gestalt, die man vorübergehen sah, konnte, jedenfalls auf der Bühne und im Roman, bei Männern wie Frauen einen heftigen Gefühlsausbruch auslösen, der so leidenschaftlich war, daß man selbst am frühen Morgen, und die Morgendämmerung war das Zeichen, sich zu erheben, von seiner Gewalt ergriffen wurde. Heutzutage dagegen, das darf ich wohl sagen, hat die, fälschlicherweise als Zärtlichkeit bezeichnete, Leidenschaft keine Macht über den Liebenden, solange die Tröstungen des ersten Cocktails nicht genossen worden sind, und alle Gefühlsausbrüche werden vernünftigerweise auf den Feierabend verlegt. In Spanien liebte man rund um die Uhr. Die Menschen fanden eine übertriebene Ausdrucksweise ganz natürlich, und wo wir sagen: »Wie langweilig!«, da hätten sie ausgerufen: »Gibt es auf der ganzen Welt einen Unglücklicheren als mich?« Ich habe schon beschrieben, wie der rauhe Soldat Miguel de Castro von seiner Angebeteten sprach. Der spanische Liebhaber griff nach dem Mond, um ihn seiner Herzensdame zu Füßen zu legen. An seinen flammenden Haaren zog er die Sonne herbei. Um das Außergewöhnliche seiner Sehnsucht zu beweisen, plünderte er die klassische Mythologie, und Fauna und Flora reichten eben aus, um seinen Bedarf an Metaphern zu decken. Es war eine Liebe, die auf Heirat abzielte, vor allem, wenn Herkunft und Vermögen der Dame von befriedigender Art waren. Ob das an der Zensur der Inquisition lag oder an dem Hang des Spaniers zur Häuslichkeit, vermag ich nicht zu sagen.

Die Liebe, welche diese heißblütigen Menschen entflammte, gründete aber, allen romantischen Schwüren zum Trotz, eingestandenermaßen und ohne Heuchelei der einen oder anderen Seite auf geschlechtlichem Verlangen. Die Heirat war lediglich ein notwendiges Vorspiel zum Brautbett. Aber wie die Männer nun einmal waren, und weil die Frauen auf ihren Spaß natürlich nicht verzichten wollten, wurde die Heirat oft in Gedanken schon vorweggenommen, und dann war es nicht leicht, den Galan zur Erfüllung seiner Zusagen zu bewegen. Im spanischen Theater begegnet man einer langen Prozession vornehmer Damen, die den Verlust ihrer Ehre beklagen und über drei Akte hinweg den treulosen Liebhaber mit flehentlichen Bitten oder Rachedrohungen verfolgen. Die Bühne hallt wider von ihren Rufen nach Gerechtigkeit. Sie versuchen gar nicht erst, ihre Schande zu verbergen, sondern beklagen sie lautstark in den unterschiedlichsten Versmetren. Wenn der widerspenstige Galan am Ende freilich doch noch gezwungen wird, seine Versprechungen nolens volens einzulösen, so geschieht das mit großer Würde, und das Publikum verläßt das Theater mit der tröstlichen Gewißheit, daß das Paar glücklich und in Frieden leben wird bis an das Ende seiner Tage.

Wenn man bedenkt, mit welcher Entschiedenheit die weiblichen Figuren des spanischen Dramas ihre Jungfräulichkeit als unschätzbares Juwel ansehen, so gehen sie doch erstaunlich sorglos damit um. Die Gefahren, die mit ihrem Verlust einhergehen, haben sie ständig vor Augen. Nicht nur, daß der Unhold sie sitzenläßt, auch die Väter und Brüder könnten womöglich auf den Gedanken kommen, daß nur durch ihren Tod die Familie von dem Makel befreit werden könne. Im *Richter von Zalamea* wird Isabel von Soldaten verschleppt und vom Hauptmann geschändet. Ihr Bruder, obwohl nur ein Bauernsohn, wird allein durch das rechtzeitige Erscheinen des Vaters davon abgehalten, seinen Dolch in Isabels Brust zu stoßen. Wenn sie selbst auch keine Schuld trifft, so betrachtet sie den Tod doch als gerechte Strafe. Als die Ärmste ihren Vater an einen Baum gefesselt findet, will sie, überzeugt davon, daß er sie töten wird, noch ehe sie sich hat erklären können, ihn erst dann losbinden, wenn sie ihm die erlittene Schmach in melodischen Versen ausführlich geschildert hat. Ihr Vater empfiehlt ihr jedoch, in ein Kloster einzutreten. Als Braut Christi, bemerkt er mit brutaler Vernunft, hat sie einen Bräutigam, der in puncto Tugendhaftigkeit nicht so wählerisch ist. Trotz dieser allgegenwärtigen Gefahren offenbaren diese schwachen Geschöpfe ein hohes Maß an Fahrlässigkeit. Mit ihrer Jungfräulichkeit, diesem Artikel ihrer Tugend, gehen sie sehr viel sorgloser um als irgendeine Schauspielerin unserer Tage mit einer hochversicherten Perlenkette.

In diesem Zusammenhang ist interessant, ein Stück mit dem Titel *Der Spötter von Sevilla* zu betrachten, das einiges Aufsehen in der Welt erregt hat. Es stammt von dem Mönch Gabriel Téllez, der unter dem Namen Tirso de Molina schrieb (und, das sei am Rande bemerkt, seinen Ordensgeschäften ebenso vorbildlich nachkam wie seinen religiösen Verpflichtungen). Das genannte Stück dürfte eines der schlechtesten sein, die je geschrieben worden sind. Die spanischen Dramatiker scherten sich zwar, womöglich zu Recht, nie sehr viel um Regeln, doch es dürfte nur wenige Stücke geben, die derart unbekümmert aufgebaut sind. Die Strukturen sind unklar. Die Szenen folgen ohne inneren Zusammenhang aufeinander, die Plausibilität wird verhöhnt. Bauern werfen mit Ideen um sich, die selbst den kultivierten Euphues überrascht hätten. Keine der konventionell angelegten Figuren verhält sich einigermaßen logisch. Wenn ein Stück heutzutage schlecht aufgebaut ist, wenn die Personen ohne Sinn und Verstand agieren und auf der Bühne ein einziges Durcheinander herrscht, dann horchen wir auf und sagen: Es hat Atmosphäre. Dem *Spötter von Sevilla* wird man wohl eine ähnliche Qualität nachsagen können. Gewiß, es hat etwas Seltsames, Unheimliches, aber der Leser muß sich einfach wundern, daß ein so plumpes Stück eine so bemerkenswerte Entwicklung genommen hat. Unzählige Versionen sind von ihm angefertigt worden; Dichter und Maler, Bildhauer und Komponisten haben sich von ihm inspirieren lassen, war es doch dieses Stück, in dem Don Juan sich zum ersten Mal vor einer Welt verbeugte, die ihm seitdem immer wieder fasziniert zugeschaut hat. Das beweist wohl, daß man so schlecht schreiben mag, wie man will, und seine Sache so schlecht machen mag, wie es nur geht – produziert man zufällig einen Typus, wird er bis in alle Ewigkeit Bestand haben. Man hat ihn hervorgebracht, und er sorgt dafür, daß sich die Menschen stets an seinen Schöpfer erinnern werden. Das ist das Schönste, was einem Autor widerfahren kann.

Don Quijote, Sancho Panza und Don Juan Tenorio sind allesamt unsterblich.

Es ist interessant, den Don Juan dieses Stücks mit jenem Don Juan zu vergleichen, den die Nachwelt allmählich konstruiert hat. Zunächst aber soll festgehalten werden, daß sich die Geschichte mit der Statue, die zum Nachtmahl erscheint, immer wieder als Problem erwiesen hat. Für die Autoren ist es immer höllisch schwer gewesen, mit dieser Figur umzugehen. Keiner von ihnen hat so recht gewußt, was denn nach ihrem allemal dramatischen Auftritt mit ihr zu tun war. Die Statue besucht Don Juan, und dann erscheint Don Juan zum Mahl bei der Statue. Indem der Dramatiker zwei Szenen daraus macht, wo eine einzige gereicht hätte, schmälert er leider ihren Effekt. Aber es war ja diese Begegnung, die ihn zu diesem Stück inspiriert hatte, und so mußte er auf diesen Punkt hinarbeiten. Hierfür erfand er die Figur des Don Juan. Tirso de Molina ist nicht der einzige Dramatiker, dessen Phantasie sich an einer dramatischen Begebenheit entzündete und der beim Schreiben des Stückes dann feststellte, daß die Begebenheit durch die von ihm erfundene Figur etwas Absurdes bekommt. Don Juan lebt fort, trotz der fadenscheinigen Verwicklungen und der grotesken Katastrophe. Spätere Generationen haben ihn als großartigen Liebhaber dargestellt, leidenschaftlich, aber unstet, und natürlich mußte seine Unerfülltheit irgendwann einmal als Allegorie des Lebens gedeutet werden. Einige haben seine Unbeständigkeit als Symbol des rastlosen männlichen Strebens nach Vollkommenheit aufgefaßt. Für andere sind seine immer neuen Liebesabenteuer der Ausdruck seiner verzweifelten Suche nach jener himmlischen Liebe, von der Plato spricht. Tirso gab seinem Stück aber den Titel *Der Spötter von Sevilla.* Sein Don Juan ist kein großartiger Liebhaber; er ist ein großer Lüstling. Sein Vergnügen besteht allerdings nicht nur in der Befriedigung seiner Lust, sondern in der spöttischen Art, sich diese Befriedigung zu verschaffen. Sein Spaß besteht zur Hälfte aus den Tricks, deren er sich bedient. Frauen erobert er durch List, durch Versprechungen, die zu halten ihm niemals einfallen würde, durch Herauskehren seiner vornehmen Herkunft, und wenn er seinen Spaß gehabt hat, lacht er sich halbtot, weil er sein Opfer getäuscht hat. Diese Art Amüsement erinnert an den Witz, jemandem, der sich gerade hinsetzen will, den Stuhl wegzuziehen. In der Figur des Don Juan gehen Klugheit und Mut eine eigentümliche Verbindung ein. Don Juan setzt sein Leben aufs Spiel, um seinen Diener vor dem Ertrinken zu retten, doch in dem Moment, da er sich anschickt, sein Opfer zu verführen, ist schon alles für die Flucht vorbereitet. Er kann es sich leisten, frech zu sein, da er keine Risiken eingeht. Sein Vater ist oberster Richter und Günstling des Königs. Don Juan ist ein aufrechter Katholik, und obgleich er für all jene, die ihm mit der Rache Gottes drohen, nur Sarkasmus übrig hat, beabsichtigt er, rechtzeitig seinen Frieden mit Gott zu machen. Zur Dankbarkeit ist er ebensowenig fähig wie zum Mitgefühl für den Schmerz anderer. Er ist galant, geistreich und höflich, ein keineswegs ausgestorbener Typus. Don Juan ist der Vorfahre des modernen jungen Aristokraten, der die Manieren eines Gentleman hat und die Instinkte eines Heimzöglings und der sich seine Freunde unter Boxern, Jockeys und Schiebern sucht. Gutmütig und skrupellos, wird er von Menschen, die ihm wohlgesonnen sind, als jemand beschrieben, der sich selbst der ärgste Feind ist. Ein entsetzlicher Rabauke. Frauen beten ihn an, obwohl er sie wie Dienstmädchen behandelt. Sie rennen ihm derart würdelos hinterher, daß es ihm oft selbst peinlich ist. Seltsame Geschöpfe! Von Gangstern und Betrügern ist ja oft zu hören, ihr Geschäft sei nicht wegen der Wachsamkeit der Polizei so anstrengend oder wegen der Unzuverlässigkeit ihrer Komplizen, sondern wegen der Aufdringlichkeit der Frauen.

Das Verhalten der Frauen im *Spötter von Sevilla* ist tatsächlich so unklug, so närrisch und töricht, daß es dem Schurken fast schon als Entschuldigung dienen kann. Die Herzogin Isabella, eine Jungfrau, läßt um Mitternacht einen Mann, der an ihre Tür klopft, eintreten und hüpft mit ihm, dem vermeintlichen Verlobten, sogleich ins Bett. Sie ist sehr überrascht, als sie bei Licht feststellt, daß sie ihre Jungfräulichkeit an einen Fremden verloren hat. Die Fischerin Thisbea nimmt Don Juan, der gerade dem Tod durch Ertrinken entronnen ist, in ihre Hütte auf. Er braucht ihr nur die Ehe zu versprechen, und schon gibt sie sich ihm hin. Doña Ana ist die Geliebte des Marquis de la Mota, des engsten Freundes von Don Juan. Sie vereinbart ein Treffen mit ihm, woraufhin Don Juan den Marquis durch eine List ausschaltet und Doña Ana schändet. Er wirft ein Auge auf die schöne Bäuerin Amintha, die mit Batricio verlobt ist. Er offenbart Batricio, daß er schon mit Amintha geschlafen habe, worauf dieser um seiner Ehre willen gezwungen ist, Amintha zu verlassen. Don Juan dringt in das Brautgemach ein und verführt die Braut, nachdem er ihr vorgeschwärmt hat, was für ein prächtiger Bursche er ist (und ihr natürlich die Ehe versprochen hat). Die Unberührtheit dieser Frauen, ob Herzogin oder Bäuerin, mag zwar ihr kostbarster Besitz sein, gleichwohl bemühen sie sich, ihn möglichst schnell loszuwerden. Nicht so die Protagonistin des Romans *La Picara Justina.* Sie kannte den Wert ihrer Tugend sehr gut und verstand es, alle Versuche der Männer (Studenten, Barbiere, fromme Eremiten und frömmelnde Sakristane), die sie verführen wollten, geistreich und mit viel List zu vereiteln. Sie raubte sie aus, ohne ihnen etwas dafür zu geben, so daß, als sie schließlich heiratete, sie voller Stolz sagen konnte, ihr reines Mädchentum werde sich ehrenhaft erweisen, mit Rubinströmen das weiße Silber der Brautlaken zierend. Schmuddelig, aber überzeugend!

Manche Menschen sind freilich so verschroben, daß sie die Auffassung vertreten, Romane und Schauspiele vermittelten nicht immer ein genaues Bild der Sitten und Gebräuche einer Epoche. Es gibt keinen Grund zu der Annahme, die Familie des göttlichen Cervantes habe sich nennenswert von irgendeiner anderen Familie derselben Schicht unterschieden. Vieles von dem, was über sie bekannt ist, dürfte den Moralvorstellungen unserer aufgeklärten Zeit wehtun. Seine Tante Maria war die Mätresse eines Erzdiakons, und ihr Vater, ein strenger und ehrbarer Richter, zögerte nicht, mit dem Gesetz zu drohen, als der ehrwerte Kirchenmann Hemmungen hatte, als Wiedergutmachung für den Ehrverlust die geforderte Summe zu bezahlen. Cervantes hatte zwei Schwestern, Magdalena und Andrea, und beide besserten ihren mageren Näherinnenlohn durch die amüsantere und lukrativere Tätigkeit als Prostituierte auf. Cervantes selbst wäre sehr viel schneller aus algerischer Gefangenschaft entlassen worden, wenn Don Alfonso Pacheco de Portocarrera, obgleich aus vornehmem Hause stammend, Magdalena nicht um fünfhundert Dukaten geprellt hätte. Don Alfonsos Zahlungsmoral war offenbar nicht die beste. Er versprach, Andrea fünfhundert Dukaten zu zahlen (»für die große Schuld, in der ich bei dir stehe«), doch nirgends findet sich ein Hinweis darauf, daß er seiner Verpflichtung nachgekommen wäre. Die Neigung, für in Anspruch genommene Dienste nicht zu zahlen, liegt offenbar in der Familie, denn Andrea mußte seinen Bruder, der ihr Geld und Edelsteine versprochen hatte, verklagen.

Zum Glück für alle Beteiligten hatte sie aber auch andere, großzügigere Verehrer. Von einem Italiener, Juan Francisco Locadelo, bekam sie einmal Geld, Kleider und Haushaltsgegenstände geschenkt. Ein Teil davon (fünf Rollen Taft) wurde, als gerade kein Geld im Haus war, von Cervantes für dreißig Dukaten verpfändet.

Mitten in den Vorbereitungen seiner Heirat mit Catalina de Salazar bekam seine Geliebte, die Schauspielerin Ana de Villafranca, eine Tochter, Isabel, die sich später Isabel de Saavedra nannte. Als die Mutter starb, wurde die Vierzehn- oder Fünfzehnjährige von Cervantes' Schwester Magdalena als Dienerin ins Haus genommen. Ihre Jungfräulichkeit scheint sie schon bald verloren zu haben, woraufhin sie natürlich nicht mehr als Dienerin arbeitete, sondern ihre rechtmäßige Stellung als Tochter des Hauses einnahm. Das war nur folgerichtig, denn ihre Tanten hatten die Blüte ihres Lebens schon weit hinter sich gelassen, und nun oblag ihr es (Cervantes verdiente mit der Feder nur wenig), für das tägliche Brot zu sorgen. Bald nach der triumphalen Veröffentlichung von *Don Quijote* widerfuhr dem Autor etwas sehr Mißliches. Vor seinem Haus wurde der Ganove Gaspar de Ezpeleta erstochen; man brachte den Schwerverwundeten ins Haus, wo er bald darauf starb. Der Vernehmungsrichter erfuhr, das Verhalten der Damen des Hauses habe öffentliches Ärgernis erregt, und da er vermutete, sie wüßten mehr über den Mord als sie zugaben, ließ er Cervantes, seine Schwester Andrea und deren uneheliche Tochter Constanza, seine eigene Tochter Isabel und einige andere Frauen, die dort wohnten, verhaften. Er nahm auch einen wohlhabenden Portugiesen namens Simon Mendez fest, der gemeinhin als Isabels Liebhaber galt. Eine Verwicklung in den Mordfall konnte keinem der Verhafteten nachgewiesen werden, doch das Gericht untersagte dem Simon Mendez, die Beziehung zu Isabel de Saavedra aufrechtzuerhalten. Die Frauen wurden zwar aus der Haft entlassen, blieben aber unter Hausarrest.

Später lebte Isabel in einem eigenen Haus, ausgehalten von einem älteren, verheirateten Mann namens Juan de Urbino, der auch ihre Mitgift aufbrachte, als sie (mit einem acht Monate alten Kind) einen gewissen Luis de Molina heiratete.

So sahen also die Verhältnisse im Haus eines berühmten Schriftstellers im Goldenen Zeitalter der spanischen Literatur aus.

All das hat den Cervantes-Biographen viel Kopfzerbrechen bereitet, und sie haben auf allerlei Wegen zu verschleiern versucht, daß er arm war und keine Schande darin sah, bei entsprechender Gelegenheit von der moralischen Unbekümmertheit zunächst seiner Schwestern, später seiner Tochter zu profitieren. Man kann einen Menschen einer bestimmten Epoche nicht nach den Kriterien einer anderen beurteilen. Einem populären zeitgenössischen Autor erschiene es wohl unwürdig, von der Prostitution seiner weiblichen Verwandtschaft zu leben (er wäre nicht darauf angewiesen), er würde allerdings nicht zögern, die neueste Veröffentlichung eines Kritikers zu loben, um so eine wohlwollende Besprechung seines eigenen Buches zu erreichen. Moralisch besteht zwischen dem einen und dem anderen kein Unterschied. Wohl niemand, den wir kennen, war toleranter als Cervantes, doch Toleranz ist kein Schirm, den man mitnimmt, wenn man glaubt, es werde regnen, und den man bei schönem Wetter zu Hause läßt. Toleranz ist ein Stab, den man immer dabei hat, um sich in allen Lebenslagen darauf zu stützen. Es gibt keinen Grund, warum Cervantes sein eigenes Verhalten nicht ebenso nachsichtig betrachtet haben soll wie das Verhalten anderer. Wir könnten es ihm gleichtun. Die Haltung der meisten Menschen legt den Verdacht nahe, Toleranz werde nur praktiziert, wenn es um Dinge geht, die einem gleichgültig sind; doch im Gegenteil, sie ist gerade in solchen Dingen vonnöten, die einem am Herzen liegen. Sie ist mitnichten der geringste jener Siege, die der Mensch über seinen rücksichtslosen Egoismus erringen kann. Die Cervantes-Biographen waren bestrebt, aus ihm einen Heiligen zu machen. Wie töricht! Ein Künstler bedarf keiner Reinwaschung. Man muß ihn so nehmen, wie er ist, und es ist falsch, seine Unzulänglichkeiten zu verschweigen: Ohne sie wäre er nicht der Mensch, also auch nicht der Künstler, der er ist. Ein Schriftsteller zeichnet seine Charaktere mit Hilfe seiner Beobachtung, aber lebendig werden sie erst, wenn er in ihnen lebt. Je mehr Personen er in sich hat, desto mehr Figuren kann er hervorbringen. Cervantes war nicht nur der edle Don Quijote, sondern auch der pfiffige und treue Sancho, der böse Gines de Pasamonte, der Barbier, der Pfarrer, der Spaßvogel Sanson Carrasco. Der Künstler lebt, genauso wie der Mystiker, der Gott sucht, in geistiger Distanz zur Welt. Er verfügt von Natur aus über jene Freiheit, die der Mystiker durch Unterdrückung seiner Triebe erreichen will. Er steht allein da. Das Gut und Böse des Künstlers ist nicht das Gut und Böse der gewöhnlichen Menschen. Gewöhnliche Menschen mögen ihn verurteilen, wenn ihnen daran liegt; er wird bloß mit den Schultern zucken und ernst seiner Wege gehen. Die gewöhnlichen Menschen tun gut daran, ihn nicht so schnell zu verurteilen. In der Art und Weise, wie wir andere beurteilen, liegt viel Heuchelei. Wir konstruieren ein Idealbild von uns und beurteilen unsere Mitmenschen danach. Und wenn wir die Tagebücher Pepys oder die Bekenntnisse Rousseaus lesen, in denen einige Wahrheiten stehen, wenn wir das Leben Richard Wagners studieren, dann sind wir entsetzt. Wir gehen schnell darüber hinweg. Wir verschließen die Augen vor unserem geheimen Ich. Es gibt wohl keinen Mann, der, würde die ganze Wahrheit über ihn ans Licht kommen, nicht als Ausbund an Verderbtheit erschiene. Es dürfte aber nur sehr wenige Männer geben, die nicht zugleich auch Tugend, Güte und Schönheit besäßen. Cervantes zögerte nicht, von der lockeren Moral seiner Schwestern zu profitieren. In den geschäftlichen Dingen, auf die er sich hin und wieder einließ, geriet er in so große Schwierigkeiten, daß von seiner Ehrlichkeit überzeugt zu sein nicht ganz leicht fällt. Er war mutig. Er war geduldig. Er war galant. Er war großherzig.

Daß angesehene Reisende über die lockeren Sitten in Spanien entsetzt waren, wird wohl niemand überraschen. Der Edelmann van Aarssens, Heer van Sommerledijk, der Spanien während der Regentschaft Philipps IV. bereiste, schrieb: »Neben den zahlreichen losen Frauenzimmern, die in ganz Madrid zu finden sind, gibt es andere in bestimmten vom Stadtrat unterhaltenen Häusern, in denen alle, die dort hingehen, Unterkunft finden ... Sie beziehen ein Gehalt von der Stadt, weshalb diese verrufene Tätigkeit sehr gefragt ist, und wenn eines der Weibsbilder stirbt oder wegen Pocken nicht mehr arbeiten kann, so bewirbt sich eine andere bei den Ratsherren um die freigewordene Stelle ... Und dergestalt sündigen sie mit Wissen und Billigung der Stadtverwaltung, und selten entsagen sie dem Laster, zu dem sie sich öffentlich bekennen, wenngleich ein Tag des Jahres dazu erkoren ist, sie zur Buße anzuhalten. An einem Freitag im Lenz werden sie von einem oder zwei Alguazils* zur Kirche der Büßerinnen geführt, und sie nehmen ganz vorn in der Nähe der Kanzel Platz, auf welcher der Prediger steht und sich nach Kräften bemüht, ihre Herzen zu erreichen, doch nur selten ist ihm Erfolg beschieden. Nach eitlen Ermahnungen, sich zu bessern, steigt er herunter von der Kanzel, hält ihnen das Kruzifix entgegen und sagt: Schaut auf den Herrn und empfanget ihn! So eine von ihnen, selten genug, diesen Ruf erhört, wird sie sogleich weggeführt und im Büßerinnenkloster eingeschlossen, doch sie lassen meist bloß den Kopf hängen und vergießen einige Tränen, ohne zu ergreifen, was ihnen angeboten wurde, und setzen nach ihren Grimassen ihr Lasterleben fort; und auch die Geschichte der heiligen Maria Magdalena, die ihnen schon so

* Gendarm (A. d. Ü.)

oft eingeschärft wurde, vermag sie nicht zu veranlassen, ihr nachzueifern.«

Ich kann mir nicht vorstellen, daß die Behörden ihre Bevormundung so weit trieben, diesen Frauen ein regelrechtes Gehalt zu zahlen, aber zweifellos wurden ihnen eigene Häuser zur Verfügung gestellt. Wenn sie diese Häuser verließen, was sie auch unter allerlei Vorwänden oft taten, so mußten sie gemäß königlichem Dekret ein gelbes Kopftuch tragen, um nicht als ehrbare Frauen angesehen zu werden. Aber, und das ist ein interessanter Aspekt weiblicher Psychologie, ehrbare Frauen gingen allmählich dazu über, ebenfalls gelbe Kopftücher zu tragen – zur Entrüstung der rechtmäßigen Trägerinnen. Um dem unlauteren Wettbewerb seitens der Amateure entgegenzutreten, begannen die professionellen Vertreterinnen des Gewerbes, die Vorschriften mißachtend, schwarze anstatt gelbe Kopftücher zu tragen. Ich habe jedoch nicht herausfinden können, ob dies den erwünschten Effekt hatte. Ich bezweifle es.

Don Francisco Marin verdanke ich die Kenntnis einiger Fakten, die ein merkwürdiges Licht auf die Moral der damaligen Zeit werfen. Am 4. November 1468 verlieh König Ferdinand der Katholische per Dekret, welches, da es sich um eine heikle Sache handelte, nur von ihm und nicht auch von Königin Isabella unterzeichnet war, dem Ritter Don Alfonso Yanez Faxardo für im Kampf gegen die Mauren geleistete Dienste, als unwiderrufliche Gunst ihm, seinen Erben und Nachfolgern, für alle Zeiten das Eigentumsrecht an sämtlichen Quartieren und Häusern, in denen Dirnen wohnten, und zwar in all jenen Orten, die er für den Heiligen Katholischen Glauben den maurischen Feinden entrissen hatte. Im Königreich Granada gingen alle Bordelle in Don Alfonsos Besitz über, und anderen Personen war es strengstens untersagt, ein Bordell zu führen. Don Alfonso durfte die Häuser verpachten und den üblichen Zins dafür verlangen. Spätere Monarchen bestätigten Don Alfonsos Erben dieses Privileg, und man erfreute sich seiner, wenn nicht für ewig, so doch für die Dauer mehrerer Generationen.

Natürlich konnten Don Alfonso und seine Erben sich nicht persönlich um ihre lukrativen Geschäfte kümmern. Im Laufe der Zeit wurde der Besitz aufgeteilt. Ein verschwenderischer Edelmann mußte einen Teil seines Erbes verkaufen, eine Tochter brauchte eine Mitgift, ein Minister mußte bestochen werden, und das Ergebnis davon war, daß Einzelpersonen in den Besitz eines Hauses aus einer Gesamtheit von zwölf bis zwanzig Häusern kamen. Der Besitzer eines solchen Hauses beauftragte eine vertrauenswürdige Person mit der Führung des Etablissements, die als der »Vater« bezeichnet wurde. Sein Amt war ehrenwert und einträglich, von daher sehr begehrt. Die Ernennung des »Vaters« mußte vom Stadtrat bestätigt werden; sobald dies passiert war, verpflichtete sich der »Vater« vor dem Stadtschreiber durch Eid, die Vorschriften zu befolgen. Diese besagten, daß er für ein Zimmer nicht mehr als einen Real pro Tag nehmen durfte (eine Bestimmung, die er ignorierte) und daß jedes Zimmer mit einem Bett, zwei Matratzen, einem Kissen, einem Laken, einem Stuhl, einer Fußbodenmatte und einer Lampe auszustatten war. Ein Real entsprach sechs Pence*, war aber natürlich zehnmal oder noch viel mehr wert als heutzutage. Schöne, junge Frauen konnten bis zu vier, fünf Dukaten am Tag verdienen, während alte und häßliche es nur auf ein paar Kupfermünzen brachten. Der »Vater« lieh, was streng verboten war, seinen Mieterinnen Kleidung, und wenn sie knapp bei Kasse waren, borgte er ihnen Geld zu Wucherzinsen auf jedwede Habe oder auf den künftigen Verdienst. Alles in allem war die Tätigkeit dieser ehrbaren Leute außerordentlich lohnend.

Im Laufe der Zeit erschien es den Frauen aber vorteilhafter, die ihnen zugewiesene Unterkunft zu verlassen und sich in

* Zu Maughams Zeit etwa eine halbe Reichsmark (A. d. Ü.)

verschiedenen Stadtteilen eine Wohnung zu nehmen. Dies wurde ihnen erlaubt, wenn sie feierlich erklärten, keine Hurerei mehr betreiben, sondern ein anständiges Leben führen zu wollen. Das Resultat war, daß Bordelle sich nicht mehr lohnten. Die »Väter« protestierten offiziell beim Stadtrat, allerdings nicht, wie man vermutet hätte, weil es ihre Existenzgrundlage zerstörte, sondern im Namen der öffentlichen Moral. Sie lenkten die Aufmerksamkeit der Stadträte auf den Umstand, daß, »wenn diese liederlichen Frauen auf der Straße herumlaufen dürfen« (natürlich hatte keine ernsthaft vor, ihre Lebensweise zu ändern) und Männern ansprechen, auf daß sie bei ihnen eintreten und sich »fleischlich mit ihnen verbinden«, daß dies also zu Nachteilen führen würde, welche sich die Stadträte bestimmt ausmalen könnten. Entweder, so die Forderung, sollten die Dirnen aus der Stadt vertrieben oder ihre Rückkehr in die Bordelle angeordnet werden. Die Ratsherren setzten sich ernsthaft mit diesem Problem auseinander, aber die Entscheidung wurde ihnen durch das Edikt von 1623 abgenommen, durch das übelbeleumundete Häuser im ganzen Königreich abgeschafft wurden. So verloren viele ehrbare Bürger ihre Existenzgrundlage, und die Erben und Nachfolger Don Alfonsos müssen sich verbittert gefragt haben, was ihnen ein Vorfahre nutzte, der sich in den Maurenkriegen hervorgetan hatte. Ich weiß nicht, ob der Leser »dieser Groteske von Beobachtungen, die ich mit so vielen Farben gemalt habe«, um meinen guten Holländer zu zitieren, ob der Leser ebenso überrascht ist wie ich von dem Bild des Spaniers im Goldenen Zeitalter, das dort präsentiert wird. Ich persönlich muß gestehen, daß es mit meinen Vorstellungen ganz und gar nicht übereinstimmt. Dies sind nicht die würdevollen, schweigsamen und formbedachten Gestalten, die wir mit dem Begriff »Hidalgo« zumeist assoziieren. Zwischen ihnen und dem fröhlichen, lockeren und ausgelassenen Völkchen, das in der Literatur jener Epoche in Erscheinung tritt, besteht ein geradezu erschreckend großer

Unterschied. Gewiß, wenn man vor der langen Reihe der Greco-Bildnisse im Prado steht, mag man kaum glauben, daß seine Modelle die gleichen Leute waren, wie sie in Tirso de Molinas *Landhäusern von Toledo* mitwirkten, einem Stück, dem ich die Geschichte vom Spaßvogel und dem toten Weber entnommen habe. Man kann sich nicht vorstellen, wie diese bleichen, melancholischen Aristokraten in verrückten Kostümen herumlaufen und den Hanswurst spielen. Van Aarssens sagt, daß die Spanier in der Öffentlichkeit einen sehr ernsten, würdevollen und reservierten Eindruck machten, »aber privat und all jenen gegenüber, die sie kennen, verhalten sie sich so ganz anders, daß man sie nicht für ein und dieselbe Person halten mag«. Das ist interessant. Es scheint, als hätten sie sich eine Maske aufgesetzt. Was mag der Grund dafür gewesen sein? Den Habsburgern galt Ernst als wesentliches Merkmal königlicher Würde, und der genannte Reisende berichtet uns, daß die Königin, die eines Tages bei Tisch über die Possen eines Narren lachte, daran erinnert wurde, daß dies einer Königin nicht zieme. Der König hatte bekanntlich gelernt, seine Gefühle nicht zu zeigen, weder in der Haltung noch im Gesicht. Beim Sprechen bewegten sich zwar Lippen und Zunge, aber irgendwelche Gesten waren nicht erlaubt, und seine Haltung durfte sich nie verändern. Möglicherweise wurde diese eindrucksvolle Würde von jenen imitiert, die bei Hofe verkehrten, und geriet so zu einem Zeichen der Vornehmheit. Zu jener Zeit lebten die Spanier in Italien und in den Niederlanden als Besatzer unter einer feindseligen Bevölkerung, die aufgeschlossener war als sie. Dumme Leute in hoher Position greifen sehr schnell zu einer würdevollen Art, um sich so vor einer ihnen unverständlichen Klugheit zu schützen. Das mag für sie im Umgang mit diesen Völkern nützlich gewesen sein. Doch selbst im eigenen Lande haben sie Ausländern stets Mißtrauen entgegengebracht. Sie haben sie durch Hochmut und Förmlichkeit auf Distanz gehalten. Natürlich haben Nichtspanier sich von diesen Wesenszügen immer wieder beeindrucken lassen, und wenn Schriftsteller daran gingen, in ihren Theaterstücken und Romanen Spanier zu porträtieren, wurden diese Merkmale, wie nicht anders zu erwarten ist, als typisch herausgestellt. Und ein einmal festgelegter Typus ist zählebig. Welchem modernen englischen Regisseur würde man einen Franzosen abnehmen, der nicht gestikulierte, oder einen Mathematikprofessor, der nicht geistesabwesend wäre? Der von den Schriftstellern (angefangen bei Corneille) gezeichnete Spanier, ernst, stolz, eifersüchtig und leidenschaftlich, mit einem übersteigerten Ehrbegriff, hatte offenkundig einen hohen dramaturgischen Wert. Und es überrascht nicht, daß die Autoren der Romantik diese Figur anstandslos akzeptiert haben, denn sie kam ihrem Bedarf an Melodramatisch-Pittoreskem ausgezeichnet entgegen.

Dies sind jedoch bloße Vermutungen, und der Leser kann sie annehmen oder von sich weisen.

## 9

Was mich an dem Thema, das ich mir ausgesucht hatte, reizte, war unter anderem die Möglichkeit, über El Greco zu schreiben. Er hat ja, wie wir wissen, sehr gern schöne Jünglinge gemalt, und ich beabsichtigte, meinen Helden ihm Modell sitzen zu lassen. Das, so stellte ich mir vor, würde mir die Gelegenheit geben, ein Porträt jenes seltsamen Mannes aus meiner Sicht zu zeichnen.

Wenn Schriftsteller ihre Meinungen über Gemälde äußern, reagieren Maler, da so viel Unsinn hierzu geschrieben worden ist, begreiflicherweise verärgert. Sie beharren, oft sehr rigoros, auf der Ansicht, daß über die Malerei nur der Maler mit Sachverstand sprechen kann, und daß der Literat, der ein Gemälde vom schriftstellerischen Standpunkt aus betrachtet, nichts über seine spezifischen Qualitäten sagen kann. Ihm fällt es zu, still zu bewundern und, so er Geld hat, zu kaufen. Dies scheint mir eine zu enge Sichtweise zu sein. Zweifellos haben die Maler recht, wenn sie behaupten, die Technik könne nur von ihnen beurteilt werden, aber ein Gemälde besteht nicht nur aus Technik. Ebensogut könnte man sagen, daß nur ein Dramatiker imstande ist, ein Schauspiel zu beurteilen. Auch das Drama hat seine Technik, wenngleich sie nicht so schwerverständlich ist wie einige Spezialisten vorgeben, aber sie ist Sache ausschließlich des Dramatikers. Die Technik einer Kunst zu verstehen, kann ein amüsantes Hobby sein, mag dem Laien gar das (einigen Leuten sehr angenehme) Gefühl vermitteln, er wüßte Bescheid (so, wie man den Oberkellner eines eleganten Restaurants mit Vornamen anredet), aber für eine kritische Beurteilung ist es nicht wesentlich, vielleicht sogar eher abträglich. Es ist bekannt, daß Maler oft sehr schlechte Kritiker von Gemälden sind, denn ihr Interesse an der technischen Seite beansprucht sie so sehr, daß sie nicht in der Lage sind, andere, davon unabhängige Qualitäten, die den Wert eines Gemäldes vielleicht erst ausmachen, zu erkennen. Technik ist ja nur die Art und Weise, wie der Künstler seine Absicht verwirklicht, ist nicht mehr als das im Laufe der Zeit zusammengetragene Wissen, wie sich die spezifischen Qualitäten eines künstlerischen Mediums am besten erreichen lassen. Sie kann das Herz nicht anrühren und den Geist nicht herausfordern, was dem Künstler aber selbst bei mangelhafter Beherrschung des Technischen gelingt. Ich glaube, man ist sich des enormen Unterschieds, der zwischen der Haltung des Künstlers gegenüber seinem Werk und der Haltung des Betrachters besteht, nicht genügend bewußt. Zwischen beiden gibt es nur wenige Gemeinsamkeiten. Fürs erste werde ich die Haltung des Künstlers außer acht lassen und das Verhältnis zwischen Kunstwerk und Betrachter untersuchen.

Zunächst jedoch möchte ich mich mit der Bedeutung eines Wortes befassen. Der Begriff »Künstler« geht heute mit einem Werturteil einher, und wenn Maler auch nicht so zimperlich sind, so bezeichnen sich die meisten von uns, die eine Kunst ausüben, ebenso ungern als Künstler wie man sich ungern als Gentleman bezeichnet. In diesem Sinne ist das Wort ein Spielball der Mode. Ein Maler kann in einer Epoche als Künstler gelten und in einer anderen als Scharlatan. Noch verwirrender wird die Sache dadurch, daß der Begriff nicht immer gleichbedeutend ist mit Überlegenheit. Niemand wird wohl bestreiten, daß Addison ein größerer Künstler war als Charles Dickens, aber allen dürfte klar sein, wer der größere Schriftsteller war. Das Wort »Handwerker« hat mißliche Assoziationen und vermittelt auch nichts von jenem Schöpfungsprozeß, der das Wesentliche an der Sache ist; und das Wort »Schöpfer« ist unerträglich prätentiös. Es kommt nur »Künstler« in Frage, ich weiß kein anderes Wort. Ich muß es verwenden, doch ich verstehe darunter nur jemand, der auf dem Gebiet der Künste arbeitet. Er kann ein guter oder ein schlechter Künstler sein.

Der in meiner Jugend grassierenden Ketzerei der »L'art pour l'art« habe ich längst abgeschworen. Sie wurde in England durch Oscar Wilde populär gemacht, und Oscar Wilde hatte sie bei Whistler kennengelernt. Sie gab der Kunst etwas Esoterisches, das dem Künstler schmeichelte, und sie wurde von der gebildeten Öffentlichkeit mit der für sie typischen Ergebenheit akzeptiert. Die gebildeten Leute haben an der Verachtung, die der Künstler ihnen entgegenbringt, immer ein masochistisches Vergnügen gefunden und sich, eingeschüchtert und verunsichert, mit dem Gefühl getröstet, über der Masse zu stehen. Man glaubte, ein Kunstwerk habe die Aufgabe, ästhetische Gefühle wachzurufen, mehr wurde von ihm nicht verlangt. Doch was ist ein Gefühl, das folgenlos bleibt? Ein ästhetisches Gefühl zu erleben ist schön, und alles Schöne ist gut; aber es ist auch schön, ein Glas Bier zu trinken, und niemand hat bislang nachweisen können, daß, einfach als Genuß, das eine besser ist als das andere. Moralisten haben sich um den Nachweis bemüht, daß geistige Genüsse stärker und dauerhafter seien als sinnliche. Das überzeugt nicht. Kein Genuß ist von Dauer, und um Freude zu bereiten, muß er in kleinen Dosen und nicht allzu häufig zugeführt werden. Sich jeden Tag Beethovens Fünfte Symphonie anzuhören wäre nicht weniger langweilig als jeden Tag Kaviar zu essen. Und die Erfahrung zeigt doch wohl, daß, solange die Sinne noch nicht durch den Alterungsprozeß abgestumpft sind, die sinnlichen Genüsse lebendiger sind als die Genüsse des Geistes. Jeder kennt allesverschlingende Leser, die allein zum Vergnügen lesen; sie vertilgen Bücher, wie die Maschinen in Chicago Schweine vertilgen, aber am anderen Ende kommen keine Würste heraus. Und wir alle kennen Menschen, die ihre Tage in Gemäldegalerien in einfältiger Beschaulichkeit vertrödeln. Sie sind nicht besser als Opiumraucher, vielleicht eher schlechter, denn der Opiumraucher ist immerhin nicht selbstgefällig. Der Wert der Gefühle liegt in dem, was sie bewirken. Die hl. Teresa hat immer wieder darauf hingewiesen: Die Ekstase der Vereinigung mit Gott sei wertvoll nur dann, wenn sie zu einem tätigeren Leben führe. Ästhetische Gefühle, wie angenehm und feinsinnig auch immer, sind nur dann wertvoll, wenn sie zum Handeln führen.

Das Kunstwerk spricht uns an, ob vom Künstler beabsichtigt oder nicht (ich denke, beabsichtigt ist das nur selten), und zwar unabhängig vom Künstler. Von seinem Standpunkt aus ist diese Botschaft vielleicht nur ein Nebenprodukt seines Tuns – so, wie die Schwalben für ihre Jungen Nester bauen, ohne zu wissen, daß sie bei den entkräfteten, aber liebestollen Chinesen, als Aphrodisiakum geschätzt, zu Suppe verarbeitet werden. Diese Botschaft ergeht in zwei Stimmen. Das Kunstwerk ist ja Unterhaltung, eine Möglichkeit, den Sorgen des Alltags zu entfliehen, in all dem unvermeidlichen Chaos zur Ruhe zu kommen und sich von der Arbeit zu erholen. Das ist viel, und wenn ein Kunstwerk nur diese Botschaft hat, ist das

Rechtfertigung genug. Große Werke sprechen freilich noch mit einer zweiten Stimme. Sie bereichern die Seele, so daß sie eines edleren und fruchtbareren Handelns fähig wird. Ihre Resultate sind gute Taten. Sollten Sie mich aber fragen, worin diese bestehen, so muß ich bekennen, daß mir eine Antwort darauf schwerfällt. Bis auf weiteres bin ich durchaus bereit, die Maxime des Mönchs Luis de Leon zu akzeptieren: »Die Schönheit des Lebens«, sagte er, »besteht einzig darin, daß jedermann in Übereinstimmung mit seiner Natur und seinen Aufgaben handelt.«

Trotz dieser langen Vorrede möchte ich zu den Gemälden Grecos nur wenig sagen. Nichts ist so ermüdend wie eine Beschreibung der Grün-, Gelb- und Blautöne, die in einem Bild vorkommen; man kann sie sich nicht einmal anhand einer Photographie vorstellen, und der Enthusiasmus des Berichtenden läßt einen kalt. Ich möchte nur soviel sagen: Grecos kühle, silbrige Farben sind sehr schön. Wenn die Kunstkritiker anfangen, von oberen und unteren Dreiecken zu sprechen (wie bei dem *Begräbnis des Grafen von Orgaz*) oder von inneren und äußeren Ellipsen (wie bei dem *Martyrium des hl. Mauritius*), dann seufze ich. Glauben sie wirklich, ein Künstler gibt sich mit solchen Überlegungen ab? Man betrachtet ein Bild doch als Ganzes; das ist einer der Vorzüge der bildenden Kunst gegenüber der Literatur, und es ist das Ganze, das einen berühren muß. Seine Einzelteile zu untersuchen ist bloß ein netter Spaß. Ein analysiertes Gefühl ist kein Gefühl mehr. Ich glaube nicht, daß der Maler ein Kunstwerk auf andere Weise hervorbringt als irgendein anderer Künstler. Er arbeitet vermittels Instinkt plus Wissen, und sein Wissen erwirbt er teils von seinen Vorgängern, teils aus den eigenen Fehlern. Ich habe für Greco die allergrößte Bewunderung empfunden, und wenn diese Bewunderung sich heute ein wenig relativiert hat, so deswegen, weil ich von ihm alles bekommen habe, was ich nur bekommen kann. Wenn ein Kunstwerk mir ein starkes Gefühl gegeben hat, dann kann ich dieses Gefühl genausowenig wieder lebendig werden lassen, wie ich eine Mahlzeit verzehren kann, die ich bereits verzehrt habe. Darin unterscheide ich mich sehr deutlich von einer Kuh. Irgendwann verliert alles einmal seinen Reiz. Was aber bleibt, ist die Persönlichkeit hinter dem Kunstwerk. Für manche ist genau dies das Interessante am künstlerischen Schaffen. Und so komplex ist der Mensch, daß dieses Interesse noch besteht, wenn man sein Werk längst auswendig kennt.

Es ist also die Persönlichkeit Grecos, mit der ich mich beschäftigen will. Auf sie paßt meines Erachtens nur ein Wort, und ausgerechnet das sollen wir vermeiden. Der bedeutende Gelehrte Fowler meint, das Wort *intriguing** sei nicht vertretbar. Er fragt betrübt, warum wir nicht interessant oder verwirrend sagen, aber diese beiden Wörter bezeichnen eigentlich etwas anderes, und wenn das Wort »faszinierend« angebracht ist, dann hier. Für mich klingt da eine Vieldeutigkeit an, ein Rätsel, das zu lösen man aufgerufen wird, und ein Geheimnis, das zu lüften man seinen ganzen Scharfsinn aufbringen muß. Fowler mag uns vorhalten, das Wort »intriguing« sei von »Intrige« abgeleitet, aber das Adjektiv hat inzwischen eine völlig eigene Bedeutung. Ich behaupte kühn, daß es keinen großen Künstler gibt, der faszinierender wäre als Greco. Ich habe mich gefragt, ob es überhaupt möglich ist, aus dem wenigen, was über sein Leben bekannt ist, aus der Kenntnis der Verhältnisse, in denen er lebte, sowie aus seinen fremdartigen und wunderschönen Gemälden ein stimmiges Bild seiner Person zu entwickeln. Genau dies war unerläßlich, wenn ich in meinem Buch das Porträt eines lebendigen Menschen zeichnen wollte. Ich dachte auch, daß ich auf diesem Wege zumindest mir selbst das Rätselhafte seiner Gemälde ein wenig würde erklären können.

* intriguing – faszinierend, fesselnd, spannend; intrigierend, ränkevoll (A. d. Ü)

Über sein Leben ist sehr wenig bekannt, und dieses Wenige ist überraschend. Bis vor kurzem wurde angenommen, daß er um 1545, oder noch später, geboren wurde, denn es existiert ein Brief Giulio Clovios aus dem Jahre 1570, in dem Greco dem Kardinal Farnese als junger Künstler empfohlen wird. Der spanische Gelehrte Don Francisco San Roman hat aber kürzlich nachgewiesen, daß Greco im Jahre 1541 geboren wurde. Daß Giulio Clovio den knapp Dreißigjährigen als jungen Mann beschrieb, ist merkwürdig (damals, und auch noch viel später, galt dieses Alter als Blütezeit eines Mannes, der seine Jugend schon hinter sich gelassen hat), aber es paßt zu der Feststellung von Jusepe Martinez, er sei in fortgeschrittenem Alter gestorben. Man weiß, daß er im Jahre 1614 starb. Eine Erklärung könnte sein, daß Giulio Clovio das Mitgefühl eines potentiellen Förderers wecken wollte, möglich ist aber auch, daß er, der seinerzeit Dreiundsiebzigjährige, einen Dreißigjährigen als Jüngling ansah. In seinem Brief beschreibt er ihn weiterhin als Schüler Tizians, was auf den ersten Blick überrascht, da seine bekanntesten Werke eher Tintoretto verpflichtet sind als Tizian. Seine frühen Gemälde weisen allerdings eine große Nähe zu Tizian auf, und der listige Clovio mag sich gesagt haben, es sei sinnvoller, den jungen Mann als Schüler des bekannteren Meisters vorzustellen. Greco wurde auf Kreta geboren. Über seine Kindheit ist nichts bekannt, doch man nimmt an, daß er in den Klosterschulen, in denen die Ikonenproduktion eine seit langem florierende Industrie war, zum Maler ausgebildet wurde. Er ging nach Venedig (in welchem Alter ist ungewiß) und ließ sich nach längerem Aufenthalt dort in Rom nieder. Hier scheint er fünf oder sechs Jahre verbracht zu haben, und zwischen 1575 und 1577 siedelte der etwa Fünfunddreißigjährige nach Spanien über, wo er bis zu seinem Tod lebte. Toledo gilt gemeinhin als seine geistige Heimat. Es heißt, er habe seine magischen Farben von den grauen Mauern der auf einen Fels gebauten Stadt und von den nüchternen Tönen der

Umgebung. Aus der Begegnung mit dem spanischen Charakter habe er zu einer Originalität gefunden, die in seinen Frühwerken noch nicht angelegt war, und durch den Kontakt zur leidenschaftlichen spanischen Gläubigkeit sei er zu jener mystischen Inbrunst gekommen, die seine großen religiösen Darstellungen inspiriert. Man hat ihn als herbe Natur charakterisiert, gleichgültig gegenüber allem Irdischen, der seinen einsamen, asketischen Weg ging, einzig bestrebt, seinen Visionen Ausdruck zu geben, und in jenen Spätwerken mit ihren unwirklichen Verzerrungen sah man den letzten Versuch, ein spirituelles Erlebnis darzustellen.

Das ist plausibel, für die Phantasie hinreichend romantisch und schlüssig. Aber glaubwürdig ist es nur, wenn man alles wegläßt, was von Greco bekannt und auf seinen Bildern zu sehen ist, aber nicht in diese Deutung paßt. Diese kühlen Farben waren schon da, ehe er nach Spanien ging. Vielleicht waren es die Farben, die er in dem kretischen Kloster kennengelernt hatte, in dem er zum Ikonenmaler ausgebildet worden war, oder vielleicht hatte er sie in sich selbst entdeckt. Es gibt keinen Grund anzunehmen, daß er andere Farben verwendet hätte, wenn er zeitlebens in Italien geblieben wäre. Auf dem Bildnis des Giulio Clovio, das er vor seinem Weggang nach Spanien malte, findet man eine Landschaft mit dem gleichen, unruhigen Himmel, der auf seinen späten Bildern so oft erscheint. Es ist ein Himmel, den man in Toledo nicht annähernd so oft sieht wie in Venedig, übrigens auch auf einigen Gemälden Tintorettos in der Scuola di San Rocco. In der *Madonna dell'Orto* begegnet man den schweren, grauen, zerrissenen Wolken, die wie aus Tuffstein geschlagen aussehen und so charakteristisch für Greco sind.

Niemand weiß, warum er nach Spanien gegangen ist. Ein Grund könnte natürlich sein, daß er hoffte, dort Arbeit zu finden. Für die Ausschmückung des Escorial wurden gerade Künstler angeworben, und ein Maler, der zu Hause wenig zu tun hatte, mochte sein Glück im Ausland versucht haben. So gehen ja englische Schauspieler, die in London kein Engagement finden, nach New York und kommen dort oft zu einem Erfolg, der ihnen in der Heimat versagt war. Ein gewisser Mancini, ein Zeitgenosse, erklärt, Greco habe Rom deswegen verlassen, weil die dortigen Maler und Auftraggeber ihm eine abfällige Bemerkung über Michelangelos *Jüngstes Gericht* übelnahmen. Der Papst, der gewisse Figuren als unschicklich beanstandete, wollte sie übermalen lassen, woraufhin Greco erklärte, wenn das Werk von Grund auf zerstört werde, könne er ein neues malen, »das als Kunstwerk kein Jota schlechter ist als Michelangelos, dazu keusch und gewissenhaft«. Maler müssen sich wohl stark verändert haben, wenn sie auf die Kritik eines Kollegen an einem toten Maler so empfindlich reagierten, und Auftraggeber hatten noch viel zu lernen, wenn sie dem, was ein Künstler über einen anderen sagte, soviel Bedeutung beimaßen. Ich kann an Grecos Charakter nichts entdecken, was darauf hindeutet, irgendeine Entrüstung über ein spöttisches Wort könne ihn veranlaßt haben, einer Stadt den Rücken zu kehren, die zu verlassen er keinen Grund sah. In einem Rechtsstreit zwischen Greco und dem Domkapitel von Toledo über sein Gemälde *Die Entkleidung Christi (El Espolio)* weigerte er sich, auf die Frage, warum er nach Spanien gekommen sei, eine Antwort zu geben. Wenn man bedenkt, daß er ein Ausländer war, der unter Menschen lebte, die für Ausländer nicht viel übrig hatten, und sich mit der Kirche herumstritt, die herauszufordern die wenigsten geneigt waren, so ist einigermaßen merkwürdig, daß er die Antwort verweigert haben soll, ohne einen triftigen Grund dafür zu haben. Es sieht ganz so aus, als sei da etwas zu verbergen gewesen. Liest man die Romane und Biographien jener Epoche, so fällt auf, wie oft eine Reise die tragische Konsequenz eines Streits war. Man griff sehr schnell zu den Waffen, und wenn man das Pech hatte, seinen Gegner tödlich verwundet zu haben, dann machte man sich gewöhnlich davon, solange ein Entkommen noch möglich war. Ich habe mich gefragt, ob ein fleißiger Forscher in den Dokumenten der römischen Polizei, falls diese noch existieren, nicht die Erklärung dafür finden könnte, warum Greco nach Spanien ging und sich dort niederließ. Im nämlichen Prozeß erklärte er, daß er nicht sehr gut Spanisch spreche. Dies ist wohl unstrittig. Er war zu diesem Zeitpunkt seit drei oder vier Jahren in Toledo ansässig. Greco hatte sich ein Bettwörterbuch zugelegt – eine Methode, die ja auch die Architekten des britischen Kolonialreichs demjenigen empfehlen, der, um die Bürde des weißen Mannes besser tragen zu können, die jeweilige Landessprache erlernen will. Greco nahm sich eine Konkubine, Doña Jeronima de las Cubas, die ihm um 1578 einen Sohn schenkte. Die Levantiner sind sprachbegabt. Grecos Unlust, das Spanische zu erlernen, zeugt nicht gerade von großem Interesse für das Land, das für den Rest des Lebens seine Heimat sein sollte. Er hat den Stolz auf seine griechische Herkunft nie verloren. Seine Gemälde signierte er bekanntlich mit seinem vollständigen Namen in griechischen Buchstaben sowie einem Hinweis auf seine kretische Herkunft. Es existiert ein Inventar der Bücher, die sich bei seinem Tod in seinem Besitz befanden. Es waren an die zweihundert Bände. Von diesen waren nur siebzehn auf spanisch, doch leider werden die Titel nicht erwähnt. Die übrigen waren in Italienisch oder Griechisch abgefaßt. Man kann sich des Eindrucks kaum erwehren, daß sein Interesse an der spanischen Literatur nicht sehr groß gewesen sein kann.

Toledo war, als Greco sich dort niederließ, zwar nicht mehr die Hauptstadt Spaniens, aber noch immer Mittelpunkt des künstlerischen und literarischen Lebens. Kirchen wurden gebaut und mußten ausgeschmückt werden. Die Geistlichen lebten in großer Pracht. Dichter und Dramatiker kamen zu längeren Aufenthalten. Durchaus denkbar, daß der Maler Lope de Vega und Cervantes kannte; ganz bestimmt kannte er Gongora, den dunklen, jähzornigen und geistesschöpferischen Dichter. Stücke wurden von professionellen Schauspielern und vornehmen Laien aufgeführt, und jede Gelegenheit wurde ergriffen, etwa eine Geburt am Königshof oder die Unterzeichnung eines Friedensvertrages, um prunkvolle Feste zu feiern. Ein schönes Bild von diesem Leben wird in den bereits erwähnten *Landhäusern von Toledo* gezeichnet. Dieses Buch ist eigentlich langweilig, der schwülstige Stil ermüdend. Die Tageszeit wird so poetisch umschrieben, daß man nicht nur mit der Astronomie, sondern auch mit der Mythologie einigermaßen vertraut sein muß. Wenn es heißt, ein Vorhang verdanke sich den Mühen schöpferischer Würmer, so ist unschwer zu erraten, daß er aus Seide ist; spricht der Autor aber von brennendem Schnee, zu Wachs geworden durch das Tun geselliger, winziger Vögel, so kommt man nur nach einiger Überlegung darauf, daß angezündete Kerzen gemeint sind. Für unseren heutigen Geschmack erscheint es allzu umständlich zu sagen, nur den Flammen sei es gestattet gewesen, das Siegel des Briefes zu brechen, wenn man sagen will, man habe den Brief ins Feuer geworfen. Gleichwohl entsteht das Bild von sorglosen, höflichen, wohlerzogenen Menschen, die sich an schönen Dingen erfreuen. Sie verbrachten die sommerlichen Vormittage auf der Jagd und beim Angeln (weil die Angeln von so schönen Händen ausgeworfen wurden, bissen die Fische auch so begeistert an!), die Nachmittage bei friedlichen Spielen und Turnieren und die Nächte bei Tanz und geistreicher Konversation.

Der Leser denkt vielleicht, daß dieses Bild nicht recht übereinstimmt mit dem, was ich über die Armut gesagt habe, die die Spanier im Goldenen Zeitalter so sehr plagte. Er möge, wenn am englischen Königshof ein Empfang gegeben wird, abends zur Mall gehen und sich die lange Reihe von Limousinen ansehen, in denen diamantenbehangene ältere Damen und Debütantinnen in eleganter, neuer Garderobe vorüberfahren. Im Buckingham-Palast selbst soll es ja unbeschreiblich prunkvoll zugehen. Unser Leser möge nun zum Admiralty Arch hinunterschlendern. Dort wird er einen Stand vorfinden, wo an die Bedürftigen umsonst eine Tasse Tee und etwas zu essen ausgegeben wird. Er wird eine Menschenschlange sehen, ein paar hundert Meter lang, geduldig wartend, eine Stunde, zwei Stunden, bis der Stand geöffnet wird. Der Leser wird zugeben, daß an meiner Darstellung nichts Widersprüchliches ist, daß sie vielmehr genau seinen Erwartungen entspricht.

Man nimmt an, daß Greco sich in der Gesellschaft der gebildeten Toledaner bewegte, daß er mit ernsten Theologen und prominenten Juristen zusammenkam. Aber der einzige mir bekannte Beleg dafür ist der Umstand, daß er Bildnisse solcher Persönlichkeiten angefertigt hat. Er war ein gebildeter und gewandter Mann. Unter seinen auf griechisch geschriebenen Büchern befanden sich, neben den Klassikern wie Homer, Euripides, Plutarch und Lukian, die Werke der Kirchenväter Johannes Chrysostomos, Justinian und Basilius. Mit den Klerikern, die seine Hauptauftraggeber waren, konnte er sich wahrscheinlich angemessen unterhalten. Unter seinen italienischsprachigen Büchern waren Bände von Petrarca, Ariost und Bernardo Tasso. In seiner als einzigartig und aufwendig charakterisierten Lebensweise deutet nichts auf den Asketen. Er bewohnte ein Haus, dessen Einrichtung als protzig galt, und ließ sich zum Abendessen von venezianischen Musikern aufspielen. Nichts daran ist überraschend, denn es ist ein Irrtum anzunehmen, daß Künstler am liebsten in einer Dachkammer wohnen. Philosophen mögen zufrieden sein mit einem einfachen Leben; Maler, Dichter und Komponisten dagegen beschäftigen sich mit sinnlichen Dingen und haben schon immer, wo die Möglichkeit bestand, in großer Pracht gelebt. Ihnen gefiel es, in großen Häusern zu wohnen, mit so viel Dienern, wie sie es sich nur leisten konnten, und sie haben sich oft genug verschuldet, um die eleganteste Garderobe anziehen zu können. Greco hatte einen ausgeprägten Sinn für die geschäftliche Seite seines Gewerbes. Geld war ihm sehr wichtig. Von den wenigen erhaltenen Dokumenten haben mehrere mit den Streitigkeiten zu tun, die er mit den Auftraggebern bezüglich seines Honorars hatte. Als er aufgefordert wurde, seine Einnahmen aus dem Werk in Illescas* zu versteuern, legte er Protest ein und bekam auch recht. Wenn ich die Argumentation recht verstehe, vertrat er die Auffassung, daß nicht Leinwand und Farbe verkauft worden sei, sondern die Kunst, mit der er die Farbe aufgetragen habe, und das sei nicht steuerpflichtig. Wie zahlreiche Künstler vor und nach ihm war er ein gewiefter Geschäftsmann. In seinem Atelier bewahrte er Skizzen zu seinen Gemälden auf, so daß ein Auftraggeber, der ein Altarbild bestellen wollte, das Gewünschte aussuchen konnte – einen hl. Franziskus oder eine Maria Magdalena, eine Mariä Himmelfahrt oder einen kreuztragenden Christus: Alles war vorhanden, man bezahlte und suchte sich etwas aus. Bilder wurden wiederholt angefertigt, so oft sie eben bestellt wurden. Die meisten seiner Gemälde gibt es in wenigstens zwei oder drei Fassungen, und vom *hl. Franziskus in der Meditation* existieren offenbar über zwanzig.

Zum künstlerischen Schaffensprozeß gehört eine Eigentümlichkeit, wobei es keine Rolle spielen dürfte, ob es um einen Maler oder um einen Schriftsteller geht. Wenn ein Schriftsteller sich mit einem Stoff auseinandergesetzt und ihn auf seine Weise gestaltet hat, dann ist er dieses Stoffes überdrüssig. Er interessiert sich nicht mehr dafür. Er ist wie eine Schlange, die sich gehäutet hat. Das Thema, das ihn völlig beansprucht hat, hört auf, ein Teil von ihm zu sein. Die Gefühle, die er während der Arbeit erlebte, sind abgestorben und lassen sich beim besten Willen nicht mehr erneuern. Muß ein Schriftsteller zu einem Stoff zurückkehren, aus dem er schon alles für sich herausgeholt hat, um beispielsweise aus

* Der Bilderzyklus für die Kirche des Hospitals de la Caridad zu Illescas, entstanden 1603–05 (A. d. Ü.)

einem Roman ein Schauspiel zu machen, dann ist seine Arbeit mechanisch. Irgendwelche künstlerischen Inspirationen darf er nicht erwarten. Es ist eine Arbeit, die er kraft seines Wissens ausführt. Ich verstehe nicht, wie Greco dieselben Bilder immer wieder hat malen können, wenn er wirklich erfüllt war von jener Religiosität, die man an ihm zu entdecken meint. Ich hätte angenommen, daß dies nur bei Themen ging, die für ihn belanglos waren.

Die Behörden haben dieses Problem auf eine sehr einfache Weise gelöst. Sie klassifizierten Grecos Gemälde in gute, mittelmäßige und schlechte und behaupteten, er habe die guten ganz allein gemalt, die mittelmäßigen mit Unterstützung seiner Gehilfen, die ihrerseits die schlechten ganz allein gemalt hätten. Das erscheint mir doch allzu simpel. Er muß, wenn er kein einziges schlechtes Bild gemacht hat, wirklich ein Wunderkünstler gewesen sein. Es ist eigenartig, daß Tristán, der beste seiner Schüler*, wenn er denn allein arbeitete, Bilder produzierte, die allemal schlechter sind als die schlechtesten Grecos. Natürlich hatte Greco Gehilfen, die die Leinwand vorbereiteten, die Skizzen übertrugen und wohl auch das Grundieren besorgten. Aber in den Verträgen, die die verschiedensten kirchlichen Institutionen mit ihm schlossen, werden die zu erbringenden Leistungen so detailliert aufgeführt, daß man sich nicht vorstellen kann, die Auftraggeber hätten Arbeiten akzeptiert, bei denen sie nicht ziemlich sicher waren, daß sie von seiner Hand stammten. Überhaupt, wenn man befürchtete, das Werk würde wegen Grecos Tod oder infolge anderer Hindernisse nicht fertiggestellt werden können, dann wurde in den Vertrag die Zusatzklausel aufgenommen, daß es von seinem Sohn Jorge Manuel oder von einer anderen namentlich festgelegten Person zu Ende gemalt werden sollte. Eine Erklärung für den Umstand, daß kein anderer

* Luis Tristán arbeitete zwischen 1603 und 1607 in Grecos Werkstatt (A. d. Ü.)

großer Maler seine Themen so oft behandelt hat wie Greco, muß noch gefunden werden.

Wir wollen uns jetzt seinen Selbstbildnissen zuwenden. Es gibt eines im *Begräbnis des Grafen Orgaz* und ein anderes im *Martyrium des hl. Mauritius* im Escorial. Es ist nicht erwiesen, daß es sich tatsächlich um Selbstbildnisse handelt, sie werden nur gemeinhin als solche angesehen; aber offenkundig wird da ein und derselbe Mann dargestellt, und wahrscheinlich stimmt die übliche Deutung. Wenn man sie also, unter Berufung auf den großen Greco-Forscher Don Manuel Cossio, als authentisch ansieht, dann wird man sagen können, daß Greco wohl nicht so aussah, sondern daß er glaubte, so auszusehen. Ein schmales, intelligentes Gesicht, frischer Teint, ein recht langgezogenes Gesicht. Der Bart, von einem hellen Rotbraun, ist gepflegt, das Haar dunkel, die Stirn hoch und edel, die ein wenig eng stehenden Augen sind kühl, beobachtend, nachdenklich. Man glaubt einen Mann vor sich zu haben, der viel Wert auf sein Äußeres legt. Nach seiner Erscheinung zu urteilen, könnte man in ihm einen gelassenen, klugen Mann vermuten, der aber weder zu großer Leidenschaft noch zu tiefen Gefühlen fähig war. In keinem der Bilder spürt man jenen Ernst, den der Anlaß doch wohl verlangte. Dieser Mann bewahrt eine eigentümlich ironische Distanz. Nie würde einem der Gedanke kommen, er könne Mystiker sein. Man hätte ihn eher für einen boshaften Spötter gehalten.

Die Bildnisse eines Künstlers sagen oft mehr über den Künstler als über das Modell aus; ich fragte mich also, ob mir die Greco-Porträts bei meiner Suche nicht weiterhelfen könnten. Wenn man sich eine Reihe von Bildnissen Grecos ansieht, beispielsweise im Prado, dann fällt einem zuerst ihre Vornehmheit auf. Sie haben eine kultivierte Eleganz. Sie haben Ernst und Würde. Es wäre jedoch absurd zu sagen, sie seien tiefgründig. Sie erscheinen vielmehr außerordentlich flüchtig gemalt. Die Farbe ist kühl und gedämpft, aber es wird kein Versuch unternommen, das Körperliche wirkungsvoll darzustellen: Die Knochenstruktur wird kaum angedeutet, die Köpfe haben keine Rückseite, die Körper kein Gewicht. Man gewinnt den Eindruck, daß der Grieche sich für die Menschen, die er porträtierte, nicht interessiert hat. Diese Männer waren die Zeitgenossen der Konquistadoren und der Heiligen, aber sie wirken wie Schemen. Neben Zurbaráns Bildnissen, so gegenwärtig und so individualisiert, verblassen sie. Sicher hat Greco mehr als nur einmal ein großartiges Bildnis gemalt, doch nur, wenn irgend etwas Auffälliges an der Erscheinung des zu Porträtierenden reizte. In der Literatur ist es ja leicht, eine Figur mit markanten Eigenschaften auszustatten; das Problem besteht darin, einen Menschen überzeugend zu gestalten, wenn er sich von anderen praktisch nicht unterscheidet. Die Figur des Vaters in den *Brüdern Karamasow* könnte jeder fähige Romancier zeichnen; für die alte Magd aus *Ein schlichtes Herz** bedürfte es schon mehr. In der Bildnismalerei wird es wohl ähnlich sein. Mehr Menschenkenntnis und mehr Phantasie ist vonnöten, denke ich, den *Mann mit Handschuh*** zu malen als den Großinquisitor. Anscheinend betrachtete Greco seine Modelle mit einer beispiellosen Distanziertheit. Hat dieser Mystiker sich womöglich für die menschliche Seele gar nicht interessiert? Seine Modelle sind zwar unendlich vornehm, sehen aber furchtbar dumm aus. Was sie auch waren. Die Geschichte Spaniens im Goldenen Zeitalter ist eine Geschichte der abgrundtiefen Dummheit, derer die Menschheit fähig ist. Es kann durchaus sein, daß er als Grieche, empfindsam und scharfsinnig, ein kultivierter Mann, die Dummheit dieser Edelleute nicht ertragen konnte.

Vor Jahren reiste ich nach Kreta, nicht, weil ich Spuren von Greco zu finden hoffte, sondern weil ich jene Insel sehen

* *Un cœur simple*, Erzählung von Gustave Flaubert (A. d. Ü.)
** *L'homme au gant* von Tizian (A. d. Ü.)

wollte, auf der er zur Welt gekommen war. Vom Meer aus bietet sie einen zerklüfteten Anblick. Sie scheint nur aus rauhen, nackten und felsigen Bergketten zu bestehen. Ihre scharfen Konturen, die sich gegen den Himmel abheben, sind von einer herben, unnahbaren Schönheit. Doch wenn man landeinwärts fährt, stellt man fest, daß diese Berge, gelbbraun, ausgedörrt und nur spärlich bewachsen mit wilden Kräutern, in liebliche Täler auseinandergehen. Hier finden sich weitläufige Olivenplantagen, und in günstigeren Lagen wächst Wein. Die Flüsse werden von Eschen, Zypressen und üppigem Oleander gesäumt. Aber reist man wieder ab, dann ist es weniger die Erinnerung an die heiteren Täler und die flachen, murmelnden Bäche, die man mitnimmt, sondern die Erinnerung an die kargen, wilden, gelbbraunen Berge. Als der Grieche die ausgemergelten Gebirgszüge Kastiliens erblickte, muß er sich der Landschaft seiner Kindheit sehr nahe gefühlt haben.

Candia, abseits der Hauptstraße, dreckig und ungepflegt, ist ein Ort mit engen, gewundenen Gassen und flachen Häusern mit undurchbrochenen Mauern. Die ungepflasterte Straße, allenthalben Schlaglöcher, ist staubig bei trockenem Wetter und ein einziger Morast bei Regen. Man kann sich gut in das siebzehnte Jahrhundert zurückversetzen. Neben der großen neuen orthodoxen Kirche steht ein altes Kirchlein, sehr niedrig, dunkel und erfüllt vom abgestandenen Weihrauch. Der Altaraufsatz ist reich geschnitzt und vergoldet, an den Wänden hängen, kaum erkennbar, großformatige Ikonen. In der Sakristei hängen andere, einige davon sind sehr alt, ein oder zwei sind sehr schön. Einige lassen fremden Einfluß spüren, das Byzantinische ist überlagert, aber nicht völlig beseitigt, vom mühelosen Glanz und der vornehmen Eleganz der venezianischen Kunst. Man darf wohl vermuten, daß es der aufregende Reiz dieses neuen Stils war, der den jungen Maler veranlaßte, nach Venedig zu gehen.

Niemand weiß, wie lange sich der Kreter in Italien aufgehalten hat, zehn, zwölf, fünfzehn Jahre. Aber es waren die empfänglichen Jahre eines Jugendlichen, und wir wissen, wie die Verhältnisse aussahen, in die er hineingeriet. Venedig hatte viel von seiner politischen Macht verloren, und seine Bevölkerung verringerte sich immer mehr, aber es war der Tummelplatz Europas, und die Reichen lebten noch immer in Saus und Braus. Es ging ungezwungen und recht skrupellos zu. Die Braut der Adria widersetzte sich nach Kräften dem Papst, der ihre Moral beanstandete und ihren Glauben reinigen wollte. Die Gedanken waren frei, und die Intelligenz gab sich modisch-ungläubig. Rom, aufgeschreckt von der Reformation, bemühte sich, das venezianische Haus in Ordnung zu bringen, aber es läßt sich nicht nachweisen, daß sich der Einzelne von der religiösen Inbrunst, die höheren Orts dominierte, irgendwie beeindrucken ließ. Künstler haben sich gegen die Schranken, die der Puritanismus ihrem Privatleben auferlegen wollte, schon immer gewehrt. Das wenige, was wir von Greco wissen, scheint darauf hinzudeuten, daß er einer geistigen Bewegung, die ihm aufgrund seiner ausländischen Herkunft nicht sehr wichtig erschien, als gleichgültiger Beobachter gegenüberstand. Da er mit den Sakramenten der katholischen Kirche in den Tod ging, war er vermutlich in sie aufgenommen worden, doch wenn man sein kühles, zweifelndes Gesicht sieht, muß man sich fragen, ob ihm das so viel bedeutete, wie jene behaupten, die in seinen Gemälden den glühendsten Ausdruck gegenreformatorischer Frömmigkeit zu erblicken meinen.

Jedermann weiß, daß Greco von Philipp II. beauftragt wurde, für einen Altar im Escorial eine Darstellung des heiligen Mauritius und seiner Gefährten anzufertigen; das abgelieferte Gemälde sagte dem König allerdings so wenig zu, daß er es nicht in der Schloßkirche sehen wollte, sondern in einen Keller verbannte. Heute hängt es, der größte Schatz des Escorial, im Kapitelsaal. In den Augen der Gebildeten hat nichts dem Ansehen Philipps II. mehr geschadet als diese

Anordnung – ein für meine Begriffe hartes Urteil. Immerhin war er als Förderer der Künste so aufgeklärt, daß er Werke von Tizian erwarb und Paolo Veronese einlud, nach Spanien zu kommen und an der Ausmalung des Escorial, jenes gewaltigen Bauwerks, für das er ein Vermögen ausgab, teilzunehmen. Er war ein aufrichtig und tief religiöser Mensch. Er teilte die verbreitete (und keineswegs unsinnige) Ansicht seiner Zeit, daß Heilige »in einer Weise gemalt werden sollten, die einem nicht den Wunsch nimmt, vor ihnen zu beten», sondern daß sie Andacht erzeugen sollten, »denn dies muß der Hauptzweck sein, sie zu malen«. Grecos Gemälde ist von einer großartigen Lebendigkeit, seine Farben sind so brillant und originell, daß die benachbarten Gemälde dagegen langweilig wirken. Philipp wußte aber, wann er es mit einem religiösen Bild zu tun hatte. Die drei Hauptfiguren im *Martyrium des hl. Mauritius* tragen eine Art Lederwams, aber eigentlich sind sie nackt. Ihre Muskeln sind wie in einer Studie gezeichnet, und selbst der Bauchnabel ist zu sehen. Die Engel, die zwischen den Wolken herumfliegen oder, musizierend und singend, auf ihnen sitzen, scheinen an einem Divertissement teilzunehmen, wie es von Adligen zur Ehre eines königlichen Gastes veranstaltet wurde. Die Figuren im Vordergrund (die thebanische Legion) scheinen sich eher auf einen olympischen Wettkampf vorzubereiten als auf den Martertod, durch den sie ihren Glauben bezeugen wollen. Es würde nicht überraschen, wenn Philipp von der Frivolität, mit der Greco den Stoff behandelt, schockiert gewesen wäre. Die Haltung der verschiedenen Figuren ist ein Triumph der Eleganz. Nie hat Greco offenkundiger Gebärden um ihrer Anmut und weniger um ihrer Bedeutung willen gemalt. Das Bild ist gefällig. Es fordert nicht zur Andacht auf.

Ich muß mich schon fragen, warum Greco, der, wenn er wollte, so schön zeichnen konnte, seine Figuren zuweilen, von bewußten Verzerrungen abgesehen, so nachlässig gezeichnet hat. Warum sitzt das eine Auge der Jungfrau Maria fast auf der Wange, warum gibt er ihr so hervorstehende Augen, als litte die Ärmste an Exophthalmie? Warum läßt er seine Heiligenfiguren manchmal wie ängstliche Enten in einem Gewitter aussehen? Die Marienfigur in der *Kreuzigung* im Prado ist grotesk. Dieses Gesicht würde gut zu einer satirischen Darstellung von Goya passen. (Aber wie schön ist die Farbigkeit, das grüne Gewand des Johannes, der feine Farbton des Gekreuzigten, so zart und luftig, und die Sattheit des aufgewühlten Himmels!) Ich bin versucht, mich zu fragen, ob Greco sich bei religiösen Darstellungen nicht zuweilen einem bösen Spott hingab. Es fällt schwer, in den Franziskusfiguren, die er bekanntlich massenhaft anfertigte, mehr als nur konventionelle Frömmigkeit zu erkennen. Die Flüchtigkeit des Antoniusbildes im Prado hat etwas geradezu Unverständliches. In der einen Hand hält der Heilige vorsichtig eine Madonnenlilie, in der anderen ein aufgeschlagenes schweres Buch, auf dem ein kleiner brauner Gegenstand liegt, den er in pechschwarzer Nacht zu studieren scheint. Und so schön ich die *Auferstehung* im Prado auch finde, mit der schlanken, sich emporschwingenden, anrührend gemalten Figur, so erregend ich die anderen Figuren auch finde, deren Arme in ausdrucksstarker Gebärde erhoben sind – tiefe Religiosität vermag ich darin ebensowenig zu erkennen wie in der *Taufe Christi.* Es ist ein wunderbares Bild mit betörenden Farben. Diese überlangen Figuren des Heilands und des Täufers, nackt bis auf ein Lendentuch, sind von einer raffinierten Grazie, aber ich entdecke keine Inbrunst des Glaubens und keine ekstatische Verzückung. Die Eleganz, mit der Christus das Kreuz hält, hat für den Betrachter des wunderschönen Kreuzigungsbildes etwas Verstörendes. Tatsächlich hat Greco sich dort auf die Hände konzentriert. Das Antlitz Christi – das viele Weiß unter den Pupillen war eine einfache Methode des Kreters, religiöse Gefühle auszudrücken – ist das Gesicht eines Komikers. Ernest Thesiger hätte gut das

Modell sein können. Die rechte Hand ruht auf dem Kreuz, Mittel- und Ringfinger sind aneinandergelegt (ein alter Kunstgriff, um das Problem der fünf Finger zu lösen), während bei der linken Hand, auch hier liegen Mittel- und Ringfinger dicht nebeneinander, der kleine Finger gespreizt ist, so wie Halbweltdamen, wenn sie Champagner trinken, den kleinen Finger leicht gespreizt halten, um Vornehmheit zu demonstrieren.

Nicht weit vom *Martyrium des hl. Mauritius* im Kapitelsaal des Escorial hängt ein Gemälde, das religiöse Empfindungen völlig anders ausdrückt. Es ist eine *Kreuzabnahme* des Rogier van der Weyden. Hier ist das Gefühl echt und natürlich. Der Gesichtsausdruck der Figuren ist ehrlich. Der Maler empfand, was er malte, und drückte aus, was er empfand. Man ist bewegt, weil er selbst bewegt war. Dargestellt wird ein entsetzlicher Augenblick, und aus der gebeugten Haltung der Figuren spricht eine Verzweiflung, die einem das Gefühl vermittelt: Dies hier ist der furchtbarste Moment in der Geschichte der Menschheit. Die Männer sind von Trauer erfüllt, werden von ihr aber nicht beherrscht; Maria ist in Ohnmacht gefallen, und eine andere Frau, vermutlich Maria Magdalena, wird in schmerzerfüllter, gebrochener Haltung gezeigt, die den Betrachter eine große Verzweiflung spüren läßt. All diese Menschen fühlen, was sie wirklich fühlen, und verhalten sich, wie sie sich wirklich verhalten. Es ist ein schönes, ein furchtbares Bild, ein Bild, das einem rüden, brutalen Volk den Schrecken des dargestellten Ereignisses vor Augen führt. Es ist von einer erschütternden Aufrichtigkeit. Man kann es nicht betrachten und weiterhin von der Religiosität Grecos überzeugt sein.

Greco war bestimmt einer der größten Maler aller Zeiten. Das *Begräbnis des Grafen Orgaz* ist wohl eines der großartigsten Gemälde überhaupt. Sein Schwung, seine Frische und Lebendigkeit erfüllen den Betrachter mit Erstaunen. Greco war ein Meister der Gebärde. Nie hätte man gedacht, daß ein ausgestreckter Arm, eine erhobene Hand, ein auf Zehenspitzen gestellter Fuß oder ein vorgestelltes Bein eine so wunderbare Anmut haben könnte. Greco hatte in der Tat einen ausgeprägten Sinn für die anmutigen, wenngleich begrenzten Gesten, die der Hand gestattet waren. Von seinen Bildern geht, wenn man sie, wie im Prado, in großer Zahl versammelt sieht, generell etwas Faszinierendes aus. Es ist nicht nur diese vornehme, kühle und doch nicht kalte Farbigkeit, die einen bewegt, sondern irgend etwas in den Gemälden selbst, jenseits von Inhalt und Form. Es ist etwas Verstörendes, Unheimliches und Rätselhaftes. Ich kann nur vermuten, daß es die Persönlichkeit des Malers selbst ist. Es ist, als schaute man in das Dunkel eines Bergsees. Man spürt eine Art Beklommenheit. Man fragt sich, ob es dort unten auf dem Grund etwas gibt, ein Geheimnis, das man eigentlich wissen sollte, oder ob es eine Tiefe ist, die weder Ziel noch Zweck hat. Tiefe an sich besagt ja genausowenig wie Breite. Der See mag unendlich tief erscheinen, bloß weil das Wasser trüb ist, springt man aber kopfüber hinein, bricht man sich leicht das Genick. In der Literatur wird das Dunkle sehr oft als etwas Tiefes angesehen. Hier aber spielt uns die Zeit einen Streich: sie vertreibt das Dunkel, wie eine leichte Brise den Nebel vertreibt, und dann treten nicht die großen Wahrheiten zutage, auf die wir gehofft hatten, sondern gemalte Banalitäten. So hat die Zeit die meisten Gedichte Mallarmées erhellt, und wir sehen, daß sich hinter dieser ganzen labyrinthischen Bilderwelt nur die poetischen Gemeinplätze jener Epoche verbergen. Was bleibt und uns erfreut, sind lediglich ein paar klare und schöne Formulierungen.

Es ist ein merkwürdiges Gefühl, von dem Saal, in dem die Grecos hängen, in den nächsten Saal mit den Velazquez' zu gehen. Es ist, als träte man in das warme Tageslicht. Man kann sich des Eindrucks nicht erwehren, daß Velazquez ein wenig oberflächlich ist, doch seine Oberflächlichkeit hat Niveau. Er war eine ausgeglichene, sonnige Natur, und seine

Gemälde haben etwas wunderbar Heiteres. Er besaß jene *alegria*, jenen Wesenszug, den der Andalusier am meisten schätzt. In seinen Bildnissen spürt man keine Kritik an den Modellen. Er glaubt ihnen unbesehen. Er war der bedeutendste Hofporträtist. Sein Charme ging mit einer gewissen Herzlosigkeit einher. Seine Zwerge und Narren malt er mit Belustigung. So hätte auch Shakespeare sie darstellen können. Velazquez besaß kein Mitgefühl für ihre furchtbaren Entstellungen oder für ihr Elend. Sein heiteres Naturell versetzte ihn in die Lage, diese scheußlichen Mißgeburten mit der Gelassenheit dessen zu betrachten, der wußte, daß der Allmächtige sie zum Spielzeug von Königskindern erschaffen hatte. Wohl niemand wird sein handwerkliches Können bestreiten, den silbrigen Glanz der Schwarztöne und die Sattheit der gedeckten Farben. Er konnte das Kostüm einer Infantin in geradezu atemberaubender Weise malen. Aber während man noch bewundernd dasteht, wird man von einem gewissen Unbehagen ergriffen, und man fragt sich, ob diese wunderbare Fähigkeit womöglich nicht Selbstzweck ist. Man fühlt sich an einen Schriftsteller erinnert, der mit großem Ernst spricht, aber eigentlich nur Belanglosigkeiten von sich gibt. Aber wie gekonnt sind diese Figuren auf die Leinwand gebracht, damit eine eindrucksvolle Komposition entsteht! In dem Ganzfigurporträt von Philipp IV. mit Jagdgewehr und in dem dazugehörigen Bildnis des Kardinal-Infanten scheint die reine Abbildung eine vollkommene Schönheit erreicht zu haben. Nichts muß mehr gesagt werden. Man kann nur noch dastehen und gaffen.

Kehrt man dann in den Greco-Saal zurück, so betritt man eine unruhige Welt. Hier herrscht eine wilde Intensität, die ein Gefühl auszudrücken sucht, das sich in Symbolen nicht verdeutlichen läßt. Es ist ein dunkles, quälendes Gefühl, das Greco zu bedrücken scheint, wie jene Angst, die wir mitunter wohl alle erleben und die sich auf keine bestimmte Ursache zurückführen läßt. Man weiß nicht, ob sie mehr zum Körper oder mehr zur Seele gehört. Diese Bilder hat kein ausgeglichener, heiterer Mensch gemalt, sondern eine labile Natur, die von phantastischen Sehnsüchten geplagt wurde, ein Mann, der in den Abgründen seiner Seele unter Schmerzen nach einem Ausdruck suchte, als ginge es um eine Erinnerung gerade unterhalb des Bewußtseins, die nicht hervorholen zu können ihn mit Verzweiflung erfüllte. Wenn er überhaupt ein Mystiker war, so muß sein Mystizismus in einem anderen Bereich als dem Religiösen gesucht werden. Pacheco*, der dem alten Greco begegnete, sagt von ihm, er sei ein großer Philosoph gewesen, überaus geistreich, witzig, sehr gebildet, der auf alles eine originelle Antwort gewußt habe. Wir wissen, daß er verschwenderisch lebte und mit Geld nicht umgehen konnte; er starb in der Tat verschuldet. Die Selbstbildnisse deuten auf Skepsis und Ironie. Und mit einigem Feingefühl kann man spüren, daß er sehr einsam war. Schon in Rom hatte er eine sehr hohe Meinung von sich, und seine spätere Arroganz war maßlos. In dem Rechtsstreit bezüglich seines Honorars für das *Begräbnis des Grafen Orgaz* beendete er seine Einlassung mit den Worten: »Wenn es auch stimmt, daß die Bezahlung dem Wert meines ausgezeichneten Werkes nicht entspricht, so wird mein Name doch der Nachwelt überliefert werden, die mein Werk würdigen und den Schöpfer als einen der genialsten Geister der spanischen Malerei preisen wird.« Er war Levantiner, und die Levantiner neigen zu Wichtigtuerei. Kein Schriftsteller könnte heute nach Alexandrien oder Beirut fahren, ohne von irgendeinem jungen Autor aufgesucht zu werden, der ihm in miserablem, aber flüssigem Französisch verkündet, er habe einen Roman geschrieben, der alles in den Schatten stellen werde, was Balzac, Anatole France oder Zola jemals hervorgebracht hätten. Es sind bombastische Worte, die eine echte und oft anrührende Anspruchslosigkeit nicht ausschließen. Demut

* Francisco Pacheco, span. Maler und Kunsttheoretiker, besuchte Greco im Jahre 1611 (A.d.Ü).

allerdings ist genau der Boden, auf dem religiöser Mystizismus gedeiht, und daß Greco diese Demut besaß, wäre eine absurde Behauptung. Es gibt eine Geschichte, die, wenn sie stimmt, zeigt, daß er etwas von einem Schauspieler hatte und daß er sich auf die Kunst des Bluffens durchaus verstand. Die Geschichte geht so: Sein Schüler Tristán hatte für die Hieronimitenmönche des Klosters zu Sisla gegen ein festgelegtes Honorar ein Gemälde angefertigt, doch als es übergeben wurde, fanden die Mönche (sicher zu Recht), daß es seinen Preis nicht wert war, und wollten weniger bezahlen. Die Sache wurde Greco zur Entscheidung vorgetragen. Greco sah sich das Gemälde an und begann plötzlich, Tristán mit einem Stock zu verprügeln. Die Mönche intervenierten: »Er ist doch noch ein junger Bursche«, sagten sie, »und begreift nicht, daß er zuviel fordert!« »Was heißt zuviel!« rief Greco. »Es ist ein hervorragendes und wunderschönes Werk, und ich schlage ihn, weil er es wagt, zweihundert Dukaten für ein Gemälde zu verlangen, das fünfhundert wert ist, und wenn Ihr die Summe nicht auf der Stelle entrichtet, werde ich sie mir eigenhändig holen!« Die Mönche zahlten.

Im großen und ganzen hat man den Eindruck eines Mannes, der die meisten jener Wesenzüge besaß, die wir gemeinhin als typisch levantinisch bezeichnen, und würde man diese geschickt genug zusammensetzen, wäre es gewiß möglich, ein kohärentes, plausibles Bild zu konstruieren; seine Einzelteile passen ja zusammen wie die Stücke eines Puzzles. Der Haken ist nur, daß aus der so gewonnenen Figur noch nichts hervorgeht, was einem die Bilder erklärte, die er gemalt hat. Man muß noch weiter suchen.

Kürzlich begegnete ich dem in lästerlichem Geist vorgetragenen Gedanken, Greco sei homosexuell gewesen. Das erschien mir überlegenswert. Was das Werk eines Künstlers angeht, so besteht in der Regel kein sehr großes Interesse an seinem Geschlechtsleben, dem ja im allgemeinen übertrieben viel Bedeutung beigemessen wird. Es existiert die Vorstellung, daß Männer, die sich irgendwie hervorgetan haben, in dieser Hinsicht anders sein müßten als ihre Zeitgenossen, und wenn man herausfindet, daß sie Affären gehabt haben, neigt man dazu, diese Tatsache für besonders aufschlußreich zu halten. Trotz des Aufhebens, das um die Liebschaften Shelleys und Byrons gemacht wurde, muß ich doch bezweifeln, ob sie sich wirklich von den Affären anderer junger Männer ihrer Klasse unterschieden. Manch eleganter, junger Londoner Börsenmakler hätte sie bestimmt mit amüsierter Herablassung als außerordentlich dürftig betrachtet. Geht es aber um eine Anomalie, so liegen die Dinge anders. Ich habe die These aufgestellt, daß Talent aus unabhängiger Weltsicht plus angeborener Kreativität besteht und daß das Genie aus noch größerem Talent und uneingeschränktem Einfühlungsvermögen besteht. Nun läßt sich nicht leugnen, daß der Homosexuelle eine eingeschränktere Sichtweise hat als der normale Mann. In gewissen Aspekten sind ihm die natürlichen Reaktionen der Gattung versagt. Zumindest einen Teil der vielfältigen und typisch menschlichen Gefühle kann er nie erleben. Wie feinsinnig er auch sein mag, das Leben kann er nie als Ganzes sehen. Gäbe es nicht die verwirrenden *Sonette*, so würde ich sagen, daß der Homosexuelle die höchsten Höhen des Genies niemals erreichen kann. Ich muß mich einfach fragen, ob das, was ich in Grecos Werken an gequälter Phantasie und Unheimlich-Befremdlichem sehe, nicht mit einer solchen sexuellen Anomalie zu erklären ist. Ich möchte sogleich hinzufügen, daß dies nur eine Mutmaßung sein kann, wie alles, was ich über ihn gesagt habe. Außer seinen Gemälden, dem Brief Giulio Clovios, einigen Gerichtsakten, der Sterbeurkunde und einem Inventarverzeichnis gibt es keine Dokumente, aus denen man direkt etwas über ihn erfahren könnte. Was nicht von den genannten Quellen ausgeht, so selbstsicher es auch daherkommen mag, ist bestenfalls plausibel.

Zieht man die Möglichkeiten in Betracht, so muß man

zugeben, daß an der genannten immerhin so viel ist, um nicht völlig absurd zu sein. Greco verbrachte seine Kindheit und Jugend an Orten, wo er eine instinktive Abneigung gegen jene Veranlagung nicht entwickelt haben kann. Ein hervorstechendes Merkmal des Homosexuellen ist ein Mangel an Ernsthaftigkeit gegenüber Dingen, die normale Männer ernst nehmen. Dies reicht von alberner Schnoddrigkeit bis hin zu sardonischem Humor. Er mißt Dingen Bedeutung bei, die für die meisten Männer belanglos sind, und betrachtet andererseits die Dinge, die nach allgemeiner Auffassung wesentlich sind für das geistige Wohlergehen der Menschheit, mit Zynismus. Er verfügt über einen ausgeprägten Schönheitssinn, neigt aber dazu, Schönheit vor allem im Dekorativen zu erblicken. Er liebt das Luxuriöse und Elegante. Er ist emotional, aber bizarr. Er ist eitel, geschwätzig, witzig und theatralisch. Mit seinem Scharfsinn und seiner Sensibilität vermag er unter die Oberfläche zu dringen, aber wegen seiner angeborenen Leichtfertigkeit fördert er nicht ein wertvolles Juwel zutage, sondern nur Glitzerschmuck. Er hat wenig schöpferische Phantasie, dafür ein großartiges Talent für entzückendes Zierwerk. Er hat Vitalität und Brillanz, doch selten Kraft. Er steht am Flußufer, distanziert, und sieht dem dahintreibenden Strom des Lebens ironisch zu. Er ist überzeugt davon, daß Meinung nichts als Vorurteil ist. Kurz, er hat viele der Merkmale, die uns bei Greco auffallen. Vielleicht liegt in dieser Anomalie die Erklärung, warum es seinen Gemälden an jener letzten Größe mangelt, die da heißt: Erlösung. Sie faszinieren, aber sie schenken keinen Frieden. Sie erregen, aber sie erfüllen uns nicht. Wie groß seine Phantasie auch gewesen sein mag, bei der Komposition seiner Gemälde wurde sie nicht eingesetzt. Die Gelehrten haben seine Kompositionen teils auf die byzantinischen Ikonen zurückverfolgt, mit denen er als Jugendlicher wohl vertraut war, teils auf Gemälde, die er in Italien gesehen hat. Es ist eigenartig, daß er sich in der Blüte seiner frühen Mannesjahre mit ihrer zumeist unbändigen Phantasie zufrieden gegeben haben soll, seine Kompositionen von jenen Holzschnitten und Radierungen zu übernehmen, die im damaligen Italien beliebte Artikel waren. Sobald er sich etwas Eigenes ausdenken mußte, war er nicht besonders gut. Das *Begräbnis des Grafen Orgaz* verrät den byzantinischen Einfluß. Ein Dutzend italienischer Künstler hätte das Thema perspektivisch überzeugender gestalten können. Es ist allein das Malerische, das jener Reihe von Köpfen, die die Komposition in zwei Teile trennt, das Befremdliche nimmt. Und als Greco das *Martyrium des hl. Mauritius* darzustellen hatte, drückte er sich vor der Aufgabe und malte statt dessen eine Gruppe junger Burschen, die gerade das Thema Fairness im Schulsport erörtern könnte. In Toledo gibt es einen *Hl. Bernhard* mit einem winzigen Kopf, einem eleganten Spitzbart und einem unendlich langgestreckten Körper vor einem düsteren Himmel, was recht hübsch anzusehen ist, aber nicht anders, als die gewundenen Säulen eines Patio hübsch anzusehen sind. Es ist ein wunderschönes Gemälde für die Privatkapelle einer vornehmen Dame. Aber Andacht konnte es wohl kaum erwecken. Es ist absolut oberflächlich. Ich glaube, kein religiöser Maler hat Gefühle so leichthin ausgedrückt wie Greco. Das wäre auch gar nicht verwunderlich, wenn er überhaupt keine Gefühle gekannt hätte.

Kürzlich machte ich, einen früheren Irrtum eingestehend, einen Unterschied zwischen dem Kunstwerk aus der Sicht seines Schöpfers und seiner Botschaft, mit der es der Laie zu tun hat. Ich glaube, Kritiken sind oft so unklar, weil die Kritiker zwischen diesen beiden Aspekten nicht unterscheiden. Sie wechseln vom einen zum anderen, ohne es zu wissen. Zwischen diesen beiden Ebenen braucht keine Verbindung zu bestehen. Der Künstler kann nicht beanspruchen, an seinen Absichten gemessen zu werden. Diese sind wichtig für ihn wie für jeden, der seine Persönlichkeit studieren will, aber sie sind unwichtig für den Betrachter. Ein innerer Trieb zwingt den Künstler, seine Persönlichkeit auszudrücken.

Um diesen Ausdruck muß er sich nicht bemühen, er ergibt sich von selbst. Der Künstler dürfte an seiner eigenen Persönlichkeit vermutlich nicht sehr interessiert sein. (Ich spreche nicht von dem redlichen Handwerker, der sich mit der Kunst seinen Lebensunterhalt verdient, oder von dem ausgelaugten Arbeiter, der aus Gewohnheit weitermacht.) Der Künstler kann nicht anders als arbeiten, genauso, wie das Wasser nicht anders kann, als bergab zu fließen. Sein Schaffen ist Befreiung von seelischer Last. Es ist eine geistige Übung, die unendlich schön ist und mit einem Gefühl der Kraft einhergeht, das an sich schon etwas Herrliches ist. Wenn das Werk vollendet ist, erlebt er ein himmlisches Gefühl der Befreiung. Einen herrlichen Augenblick lang verspürt er eine große Ausgeglichenheit. Was der Maler malt oder der Schriftsteller schreibt, sind Erfahrungen seiner selbst, und die Theoretiker der *L'art pour l'art* hatten recht, wenn sie behaupteten, daß dies nichts moralisch Wertvolles sei. Diese Erfahrung und ihr Ausdruck, wie wichtig sie auch für denjenigen, der sie erlebt hat, sein mag, muß für andere keineswegs genauso wichtig sein. Das hängt davon ab, in welchem Maße die Persönlichkeit, die sich dergestalt zu veräußerlichen gezwungen war, für die Welt von Interesse ist.

Ich denke, Greco hat jene Erlösung auf zweierlei Weise gesucht. Die eine war das Dekorative. Meines Erachtens war Greco beispiellos gleichgültig gegenüber seinen Themen. Sie wurden ihm vorgegeben, und wie alle Künstler löste er seine Aufgaben innerhalb der Grenzen, die ihm die Verhältnisse seiner Zeit setzten. Deswegen konnte er das gleiche Bild immer wieder malen. Diese Heiligen, ob Franziskus oder Antonius, bedeuteten ihm nicht mehr als den frühen Kubisten die abstrakten Formen. Ihm waren sie bloß Vorwand für seine dekorativen Erfindungen. Und deswegen auch war er an den Händen sehr viel interessierter als an den Köpfen. Die Hand verfügt über ein Arsenal an graziösen Bewegungen, die dem Kopf versagt sind. Niemand hat elegantere Hände gemalt als Greco. Aber in vielen Bildern werden sie derart affektiert gezeigt, daß man, des Stoffes eingedenk, die Unziemlichkeit als schockierend empfindet. Greco war bereit, die Genauigkeit der Gebärde einer Eleganz der Haltung zu opfern. Seine Reaktion war, kurz gesagt, barock.

Ich hoffe, der Leser wird mir nicht verübeln, wenn ich mich im folgenden ein wenig mit dem Barock beschäftige. Ich tue das nicht nur, weil ich das Thema an sich interessant finde, sondern weil ich einerseits einige Parallelen zu erkennen glaube zwischen dieser Kunstform und den Verhältnissen, die sie hervorgebracht haben, und andererseits der modernen Kunst und den heutigen Verhältnissen. Es ist wohl unstrittig, daß Massivität und Bewegung die wesentlichen Merkmale des Barock sind. Er setzte das Ornamentale nicht zur Vervollständigung einer Komposition ein, sondern als Selbstzweck. Und seine wunderbare Entdeckung war, daß die Bewegung selbst dekorativ war. Das Spektakuläre der Architektur hat dazu geführt, daß der Barock hauptsächlich in diesem Feld studiert wird. Das hat den Versuch, seine typischen Merkmale herauszuarbeiten, ein wenig erschwert. Das ornamentale Element ist bei einem Bauwerk nicht so auffallend, weil der Architekt es für eine bestimmte Verwendung gebaut hat, und dieser Verwendungszweck bedingt den architektonischen Entwurf. Sieht man aber näher hin, so erkennt man, wie sehr sich die großen Künstler damit auseinandergesetzt haben. Sie strebten nach Einheitlichkeit, während die Renaissance-Architekten zufrieden waren, selbständige Elemente harmonisch miteinander zu verbinden. Einheit der Wirkung ist aber Voraussetzung alles Ornamentalen. Wir zögern, wenn wir hören, daß Barockarchitekten Bewegung darstellen wollten, neigen zu der Annahme, daß sie etwas suchten, was dem Geist ihrer Kunst fremd und daher zwangsläufig schlecht war. Ihr Spiel mit Licht und Schatten kommt einem wie ein optisches Täuschungsmanöver vor, auf daß die Augen das Unnatürliche wie selbstverständlich hinnehmen. Es dauert eine Weile, bis man erkennt, daß Massivität nur ein Punkt auf der unendlichen Kurve der Bewegung ist. Hier ist nicht der Ort, von den verschiedenen Möglichkeiten zu sprechen, wie die Architekten die ihnen zur Verfügung stehenden Mittel handhabten und welch triumphale Erfolge sie erzielten. Der Einfluß des Barock beschränkt sich aber keineswegs auf die Architektur, er betraf auch die Maler und Bildhauer, die Dichter und wohl auch die Komponisten, ja er gab ihrer Kunst erst die Möglichkeit, jene wolkenumhüllten Gipfel zu erreichen, zu denen Beethoven und Wagner stürmten. Aber von der Musik verstehe ich nichts. Ich fuhr nach Cambridge, um mich bei einem bedeutenden Fachmann zu erkundigen, ob an meiner Überlegung etwas sei, da er aber womöglich fand, daß es nicht mein Metier sei, erhielt ich keine Antwort.

Der Barock gilt oft als charakteristischer Ausdruck der Gegenreformation. Daß sie ihn hervorbrachte, ist wenig wahrscheinlich. Die Gegenreformation baute Kirchen und restaurierte die bestehenden. Die Künstler, die daran arbeiteten, waren Barockkünstler – gefühlsbetont, leidenschaftlich und theatralisch, wie die Religion jener Zeit, aber nicht unbedingt wegen ihr. Die Religion war deklamatorisch, sie entwickelte, als Reaktion auf den heidnischen Unglauben der Renaissance und als Antwort auf die Rührigkeit des Protestantismus, übertriebene Formen von Frömmigkeit. Sie paßte ausgezeichnet zu dem neuen Stil, dessen sich die Künstler inzwischen bedienten. Die übersteigerten Gefühle, die sie ausdrücken sollten, boten ihnen die Gelegenheit, Bewegung zu rein dekorativen Zwecken einzusetzen, und diese Bewegung konnten sie nur durch massive Formen darstellen. Soweit die Gegenreformation nicht von Angst diktiert wurde, entsprach sie wohl einem Gefühl, das in der Luft lag, und es war dieses Gefühl, das die generelle Tendenz zum Barokken erzeugte.

Es lohnt sich zu fragen, warum diese Konzentration auf das Ornament (für meine Begriffe das Wesen dieser Stilrichtung) sich ausgerechnet zu dieser Zeit bemerkbar machte. Einige Forscher sehen in ihr eine normale Reaktion auf die vorangegangene Epoche. Die Renaissance war vorbei, und man war der Werke, die sie hervorgebracht hatte, überdrüssig. Das war völlig normal, denn der Mensch sehnt sich nach Veränderungen, und selbst das Vollkommene ermüdet ihn. Die Schönheit ist ein Punkt, und wenn man dort angelangt ist, kann man nichts anderes tun, als einen neuen Satz anzufangen. Die Anregungen, welche die Wiederentdeckung der Antike mit sich gebracht hatte, waren verbraucht. Aus Langeweile über einen Stil entsteht freilich noch kein neuer. Ein neuer Stil kommt aus einer neuen geistigen Befindlichkeit.

Die Renaissance pflegte Maß und Ruhe, sie kultivierte den Goldenen Schnitt. Ihre Kraft kam gelassen daher. Die Kunst spielte nicht nur eine bedeutende Rolle im Leben der Menschen, die Künstler fühlten sich ja selbst in Einklang mit ihrer Umwelt. Sie waren nicht bloß Künstler, sondern auch Staatsbürger. Alle Sünde war Erbsünde, und der Einzelne fühlte sich nicht für sie verantwortlich. Der Mensch war frei, wenn nicht immer real, so doch im Denken. Und die Freiheit war das höchste seiner Ideale.

Der Versuch, das in der Literatur der Griechen und Römer aufbewahrte Denken und Leben zu reaktivieren, scheiterte jedoch. Die Freiheit erstarb. Italien war zur einen Hälfte in der Hand Spaniens, zur anderen in der Hand kleiner Despoten. Von den spanischen Königen als Herrschaftsinstrument unterstützt, kam die Inquisition in Italien zu neuer Macht. In den Schelmenromanen da und dort erwähnte Vorkommnisse sind Beleg für den von ihr verursachten Terror. Der Katholizismus wurde gewaltsam restauriert. Die Kirche beanspruchte die Kontrolle über alles menschliche Denken, über die Philosophie, die Wissenschaften und die Kunst. Eine eigentümliche Unruhe erfaßte die Herzen der Menschen. Es schien, als seien sie nach dem langen Kampf mit dem Intellekt nunmehr erschöpft. Gleichwohl herrschte Nervosität, und die Gläubigen ertränkten ihre Zweifel in einem Meer von Haßtiraden. Weil sie Angst hatten, wurden sie intolerant. Der Mensch war seines unveräußerlichen Rechts auf Selbstverwirklichung beraubt worden, und seine Freiheit, so schien es, hatte er auf ewig verloren.

Die Freiheit ist des Menschen höchstes Gut. Wird ein Künstler ihrer beraubt, so ist er auf sich selbst zurückgeworfen. Wenn er nicht mehr in der Lage ist, sich mit den großen Lebensfragen auseinanderzusetzen, die in glücklicheren Zeiten die Menschen bewegen, so kann sich sein Schöpfertrieb, der trotzdem nach Ausdruck verlangt, nur dem Dekorativen zuwenden. Wenn Menschen unglücklich sind, schauen sie in ihre Herzen, und ein unerklärlicher Trieb macht, daß sie ihr Elend auf die eigenen Unzulänglichkeiten schieben. Ihr Denken wendet sich einer anderen Welt zu, und sie suchen Trost für ihre gequälten Seelen im Jenseits. Sünde war jetzt nicht mehr Erbsünde, sondern persönliche Schuld, und mit dem Sünder würde auf das strengste abgerechnet werden. Im Ornamentalen mit seinen vagen Inhalten läßt sich die Sehnsucht nach dem Jenseitigen recht gut ausdrücken, die dunkle Angst und das Schuldgefühl, das jene Menschen quälte, denen das normale und erfüllende Handeln freier Menschen verwehrt war. Die Renaissance, vom Wesen her objektiv, kopierte und idealisierte die Natur; der Barock dagegen benutzte die Natur als Vehikel, um seine morbide Empfindsamkeit vorzuführen. Er war subjektiv. Und der direkteste Ausdruck des Subjektiven ist das Ornament. Es lohnt sich, kurz zu überlegen, wie die Dichter auf die Lage reagierten, in der sie sich befanden. Sie wandten sich vom Inhalt ab und beschäftigten sich mit der Form; sie suchten nach brillanten und originellen Ideen, einerlei wie oberflächlich, und drückten sie in einer Weise aus, die auf größtmöglichen Überraschungseffekt angelegt war. Sie kultivierten Rhetorik, Wortspiele, Floskeln, Archaismen und dergleichen Mätzchen mehr. Ihnen war es wichtiger, die eigene Klugheit zu demonstrieren, als zu den Herzen zu finden. Alle Künstler haben etwas von einem Kind. Sie spielen gern, und wenn es ihnen an ernsten, großen Überzeugungen mangelt, neigen sie dazu, ihre Fähigkeiten mit geistigem Schnickschnack zu vergeuden. Sie versuchen nicht etwa, Brot ohne Sauerteig zu backen. Sie versuchen, Brot aus nichts als Sauerteig zu backen. Michelangelo, der die Unruhe und Unzufriedenheit seiner Zeit in sich trug, wollte die Leidenschaften seines gequälten Herzens in monumentalen und heroischen Formen ausdrücken und wurde so zum Vater des Barock in der Bildhauerei. Die Bedeutung seines Schaffens war den Zeitgenossen und Nachfolgern bald klar. Sie erkannten den ungeheuren Wert von Massivität und Bewegung fürs Ornamentale und erhoben sie, allmählich immer selbstbewußter werdend, zu den Leitprinzipien ihres Schaffens. Da sie aber nicht über Michelangelos geistige Kraft verfügten, erreichten ihre Werke nur selten seine Ehrlichkeit. Und das Ornament, das etwas Ernstes und Aufrichtiges gewesen war, weil es einem tiefen Instinkt im Wesen des Künstlers entsprach, verkam mit der Zeit zu dem oberflächlichen Ornament des Rokoko.

Zurück zu Greco. Ich glaube, sein Naturell entsprach genau jenem Geist, den er in Venedig schon in Ansätzen, in Rom aber in seiner stärksten Ausprägung vorfand. So wurde er zum größten Maler des Barock. Wenn ich sein gesamtes Œuvre betrachte, so glaube ich, daß sein Interesse am Dekorativen als Selbstzweck allmählich immer stärker wurde. Seine Zeitgenossen waren der Auffassung, er male in einer immer verschrobeneren Manier, weil er verrückt sei. Das glaube ich nicht. Kürzlich wurde die These aufgestellt, er habe an Astigmatismus gelitten, und sobald man die richtige Brille aufsetze, würden seine schwindelerregenden Figuren normale Proportionen annehmen. Das glaube ich nicht. Diese übersteigerte Gestrecktheit der Körper, die man ja auch bei Tintoretto findet, scheint mir eine natürliche Entwicklung zu sein, wenn man die menschliche Gestalt im dekorativen Sinne auffaßt. Vermutlich weil Greco danach strebte und ausschließlich danach, interessierte ihn die Realität immer weniger. Dies erklärt wohl auch seine schielenden Marienfiguren. Wenn der menschliche Körper als einheitlicher Ausdruck behandelt wird, dann wird das Gesicht unwichtig. Es ist nicht erstaunlich, daß Greco von der Moderne so sehr geschätzt wird. Lebte er in der heutigen Zeit, würde er wohl Bilder malen, die so abstrakt sind wie die Spätwerke von Bracque, Picasso und Fernand Léger. Und vielleicht kann der gegenwärtige Formalismus auf die gleichen Ursachen zurückgeführt werden, die im sechzehnten Jahrhundert die Kunst des Barock hervorbrachten. Auch heute leben wir in einer orientierungslosen Zeit. Aus Angst vor dem Erhabenen suchen wir Zuflucht bei der Logarithmentafel.

Die Welt ist heutzutage genauso düster und argwöhnisch wie zur Zeit der Gegenreformation. Die großen Fragen, die die Viktorianer beschäftigten und von unendlichen Horizonten zu künden schienen, haben ein falsches Spiel mit uns getrieben. Wir verspotten all jene, die über Wahrheit, Güte und Schönheit daherschwafeln. Wir haben Angst vor Größe. Auch wir sind der unschätzbaren Gnade der Freiheit verlustig gegangen. Überall auf der Welt stirbt die Freiheit oder ist bereits tot. Wie der Novize, der seine Persönlichkeit verlor und sie in der Gesellschaft Jesu wiederfand, so werden wir aufgefordert, unsere Persönlichkeit aufzugeben und sie im Staat wiederzufinden. Niemand wagt sich an große Themen, und die Auffassung, daß Inhalt unwichtig sei, hat nichts Ketzerisches mehr. Nur das Gefällige, Geistreiche, Witzige wird kultiviert. Die Künstler haben noch nicht gelernt, sich mit dem für die Menschheit Wesentlichen auseinanderzusetzen, und beschäftigen sich also mit dem Dekorativen. Sie erheben die Entwicklung technischer Formeln zum Ziel und Zweck ihres Handelns. Die Fesseln der Tradition haben sie zwar abgeworfen, aber ihre Unabhängigkeit dient ihnen dazu, auf dem Kopf zu stehen und, wie Hippokleides, mit den Beinen in der Luft herumzustrampeln. Schriftstellern wird von zeitgenössischen Kritikern zu Unrecht vorgeworfen, sie redeten nur noch von sich. Wenn die Kunst nicht mehr als ein Nebenthema ist, gibt es nichts, worüber sie sonst schreiben könnten.

Aber natürlich ist an Greco mehr als die übersteigerten Proportionen, die Grazie und Vornehmheit, die Eleganz seiner Gebärden und seine dramatische, nur selten ins Theatralische gleitende Intensität, mit der er, wie ich vermute, die spöttische, ironische, maßlose, unheimliche Seite seines Naturells befriedigte. Wenn man eine Vielzahl von Gemälden eines Künstlers an einem Ort versammelt sieht, entdeckt man oft eine gewisse Monotonie. Ein Künstler kann nur sich selbst geben, und leider ist er sich oft sehr ähnlich. Das Verblüffende an Greco ist, daß er eine derartige Vitalität besaß, daß er noch da, wo man am wenigsten damit rechnet, den Eindruck von Vielfalt vermitteln kann, etwa in der Apostelserie in der Casa del Greco. Es handelt sich um gleichformatige Kniestücke, und die Figuren werden nicht individualisiert vorgeführt. Aber die Kraft der Darstellung läßt sie lebendig und unterschiedlich erscheinen. Man spürt in ihnen den Eigensinn ihres Schöpfers, der, im Vollbesitz seiner Kräfte und gleichgültig gegenüber der öffentlichen Meinung, geradezu besessen war von seinen Fähigkeiten und aus ihrer Anwendung eine tiefe Befriedigung zog. Und dann sind da seine Farben, der andere Weg, auf dem er Erlösung von seelischer Last suchte. Es sind seine Farben, die aus ihm einen so großartigen Künstler machen. Ein Maler denkt mit seinem Pinsel. Gedanken, die er in Worte kleiden kann, sind zumeist Banalitäten. Daß Künstler für andere oft unverständlich sind, liegt daran, daß sie ihre tiefsten Empfindungen in ihrer eigenen Sprache ausdrücken. In die Farben, die Greco auf die Leinwand brachte, legte er die tiefsten Gefühle seiner eigentümlichen, vielleicht gar unerklärlichen Persönlichkeit. Wie immer er zu seiner Palette kam, er verlieh ihr eine eigene Intensität und Aussagekraft. Die Farbe, das war seine grenzenlose und einzigartige Erfahrung. Wer in ihm einen Mystiker erblickt, liegt gar nicht so falsch, obwohl ich mich des Verdachts nicht erwehren kann, daß es oberflächlich wäre, ihn als religiösen Mystiker anzusehen. Versteht man unter Mystik denjenigen Zustand, in dem man rational nicht faßbare Wahrheiten erkennt und in dem, wie in »plötzlichen Bildern aus vergessenen Träumen«, ein tieferer Sinn des Lebens und der Vereinigung mit einer höheren Wirklichkeit offenbar wird, dann kann man diese Mystik wohl in Grecos Malerei finden. In der Behandlung der rechten Seite des Gekreuzigten im *Christus am Kreuz* (im Louvre) meine ich eine Ekstase zu spüren, die den Erlebnissen der hl. Teresa an Intensität nicht nachsteht.

## 10

Niemand kann durch das Spanien des sechzehnten Jahrhunderts streifen, ohne dabei immer wieder auf jene Mystik zu stoßen, die bei so vielen dieser leidenschaftlichen Männer, die den Eindruck vermitteln, völlig im Getümmel dieser Welt aufzugehen, nur knapp unter der Oberfläche angesiedelt ist. In Spanien ist man nie sehr lange außer Sichtweite der Berge. Sie erheben sich vor einem, ausgedörrt, kahl und streng: doch aus der Entfernung, blau am Horizont, scheinen sie in eine neue, magische Welt zu locken. Die schneebedeckte Sierra Nevada ist unnahbar und majestätisch, doch in der Morgendämmerung oder bei Sonnenuntergang leuchtet sie in Farben von geradezu überirdischer Schönheit. Und so scheint die Mystik, nie sehr weit entfernt, unaufdringlich, aber beharrlich, mit ihrer merkwürdigen Faszination, der alles Menschliche in einem sich widersetzt, jene Schatten zu verfolgen, die diesen herrlichen Anblick verdunkeln. Es ist wie ein aufwühlendes, tragisches und liebliches Thema, das sich durch eine gewaltige Symphonie zieht. Es ist beunruhigend, und doch kann man sich ihm nicht entziehen.

Mein Vorhaben erlaubte es mir nicht, eine Phase außer acht zu lassen, die mir charakteristisch zu sein schien für die Szenerie, mit der ich mich beschäftigte, aber mir war klar, daß ich behutsam vorzugehen hatte. Um die Mystik zu verstehen, so heißt es, muß man selbst Mystiker sein, genauso, wie man lieben muß, um die Liebe zu verstehen. Und die katholische Mystik fordert einen Glauben an gewisse Behauptungen, die viele von uns nicht akzeptieren können. Es ist dies nicht der Ort, um über mein eigenes Verhältnis zur Religion zu sprechen, doch ich sollte zumindest meine Überzeugung ausdrücken, daß in keiner der Religionen, die der Mensch sich zu eigen gemacht hat, genug Platz ist für eine Erklärung der großen Mysterien. Alle Religionen sind wie Sackgassen, die in einen Urwald geschlagen wurden, und der Mensch täuscht sich, wenn er glaubt, sie führten ihn zum Mittelpunkt.

Der Mystiker irrt, wenn er Mystik als etwas wesentlich Religiöses auffaßt. Meines Erachtens ist die religiöse nicht die einzige Form der Mystik, und ich wäre nicht einmal sicher, ob sie die höchste Form ist. Wenn das mystische Erlebnis ein erhebendes Gefühl der Vereinigung mit dem ist, was wir mangels eines besseren Ausdrucks als Wirklichkeit bezeichnen, und man mag es das Absolute oder Gott nennen, dann sind wir irgendwann alle mehr oder weniger Mystiker. Hat nicht Plotin gesagt, die Kraft der geistigen Intuition sei eine Fähigkeit, die alle besäßen, aber nur wenige nutzten? Der Saft des mystischen Weinstocks kann auf mancherlei Weise zum Fließen gebracht werden. Das mystische Erlebnis besteht in der Erkenntnis eines tieferen Sinns im Universum, der »anders ist als der bekannte und jenseits des unbekannten« liegt, in einer Auflösung des Ichs in ein reicheres Ich, und dies geht einher mit einem Ausbruch von Lebendigkeit, mit einem Gefühl der Kraft und des Einsseins mit Gott oder der Natur und mit dem eigenartig heiter stimmenden Gefühl, daß man zu immer tieferen Wahrheitsschichten vordringt. Es ist eine Ekstase. Bei entsprechender Neigung kann man sie aber auch bei einem kühlen Bier erleben, bei dem plötzlichen Anblick einer unvergessenen Landschaft, durch Opium, durch Liebe, durch Beten und Fasten und Kasteien und, so man Künstler ist, in der Erregung des Schaffensprozesses.

Es ist ein natürlicher, wenngleich unsinniger Hang, den Wert einer Sache nach ihrer Ursache zu beurteilen, und man akzeptiert nur ungern, daß die Verzückung, die ein Glas Bier bei einem erschöpften Mann auslösen kann, genauso wertvoll ist wie die Verzückung eines Mönchs in der Zelle, dessen langes Wachen und inbrünstiges Beten schließlich mit einer himmlischen Vision belohnt wird. Darin sind sich alle Mystiker einig. Die hl. Teresa, gequält von der Vorstellung, ihre Erlebnisse seien das Werk des Teufels, erklärt, es gäbe nur ein Kriterium, nämlich die Auswirkungen. Das mystische Erlebnis sei nur dann wertvoll, wenn es den Charakter festige und einen befähige, große Werke zu tun.

Die spanischen Mystiker, die einzigen, deren Schriften ich, wenn auch eingestandenermaßen mangelhaft, kenne, sind, wenn ich so sagen darf, nicht gerade leichte Lektüre. Die spanischen Schriftsteller haben sprachliche Strenge nie als Tugend betrachtet, und wenn sie sich religiösen Themen zuwenden, fühlen sie sich bemüßigt, ihre Überschwenglichkeit zu zügeln. Sie schreiben, nicht zur Unterhaltung des Lesers, sondern zur Ehre Gottes, und womöglich ist es ganz normal, wenn sie annehmen, sie würden dieses Ziel durch langatmige Abhandlungen auf sehr viel würdevollere Weise erreichen. Benachteiligt sind die Mystiker auch insofern, als sie eigentlich alle das gleiche zu sagen haben. Ihre speziellen Erlebnisse erscheinen jedem von ihnen als außerordentlich wichtig, was sie ja auch sind, aber der Unterschied ist nicht so groß, als daß man die verschiedenen Darstellungen geduldig liest. Einmal, ich war irgendwo im Ausland, fand ich mich mit den Gesammelten Werken der hl. Teresa, und da es etwas Interessanteres gerade nicht gab, las ich sie alle, abgesehen von ein, zwei kurzen Kapiteln, die für meinen Geschmack zu inbrünstig waren. Wenn sie mir auch nicht zu jener geistigen Erbauung verhalfen, habe ich sie doch mit großem Vergnügen gelesen. Die Kritiker werfen ihr sprachliche Disziplinlosigkeit vor, aber die hl. Teresa hat ihren Schriften immer jene Lebendigkeit des Ausdrucks zu geben verstanden, um die wir uns zumeist erfolglos bemühen. Und aus allem, was sie geschrieben hat, spricht ihre lebendige, faszinierende, willensstarke, beseelte und entschlossene Persönlichkeit. Sie war eine großartige Frau. Maria de San José zufolge war sie von kleiner Statur. In ihrer Jugend galt sie als Schönheit, und Spuren davon hielten sich bis zu ihrem Tod. Ihr Gesicht war weder rund noch lang, die Stirn breit und schön, die Augenbrauen dicht und geschwungen, von rötlicher Farbe, die Augen schwarz und lebhaft, nicht sehr groß, aber schön geschnitten. Sie war wohlproportioniert, eher stämmig als schlank, die Hände klein und wohlgeformt. Ihr Aussehen war ihr keineswegs egal, ja sie beschuldigte sich einmal der Eitelkeit, und als der Mönch Juan de la Miseria ein Bildnis von ihr malte, rief sie: »Gott möge dir verzeihen, Fray Juan, du hast mich häßlich und triefäugig gemalt!«

Der Lebensbericht, den die hl. Teresa schrieb, zählt zu den größten Autobiographien der Welt, nicht allzuweit unter den Bekenntnissen des hl. Augustinus. Sie schrieb ihre bedeutenderen Werke nur auf Geheiß ihrer Beichtväter, aber wer ihren Lebensbericht liest, kann sich des Verdachts nicht erwehren, daß nur ein sehr tückischer Beichtvater ihr nicht aufgetragen hätte, das zu tun, woran ihr Herz hing. Eine der größten Gnaden wurde ihr in Form einer göttlichen Botschaft erwiesen, die sie aufforderte zu tun, was sie ohnehin vorhatte. Sie sollte sogar, zum Nutzen der Menschen, die Worte des Herrn niederschreiben, obwohl einige ihre Demut beleidigt haben müssen, andere für den modernen Leser etwas reizlos sind. Eigentlich bedurfte es keiner himmlischen Stimme, die uns sagt, wahre Sicherheit erwachse aus einem reinen Gewissen. Und man vernimmt womöglich etwas überrascht, daß der hl. Teresa von Gott mitgeteilt wird, es sei der Teufel gewesen, der die Lutherischen dazu getrieben habe, die Bilder aus ihren Kirchen zu entfernen, um ihnen die Möglichkeit zu nehmen, ihre Irrtümer einzusehen, woraus folge, daß sie alle verdammt seien. Einmal machte Gott ihr sogar ein Versprechen, das sich freilich nicht konkretisierte, so daß man nur vermuten kann, daß auch der Allmächtige gelegentlich eine Pause einlegt. Der Herr ließ die hl. Teresa sogar wissen, ihr Beichtvater, Pater Jeronimo Gracian, für den sie eine eigentümliche Liebe empfand, sei sein wirklicher Sohn und er werde ihn nie im Stich lassen. Nach alldem kann sie kaum geahnt haben, daß ihm ein überaus leidvolles Leben bevorstand. Er überwarf sich mit den meisten Menschen, mit denen er zu tun hatte, und war gezwungen, nahezu alle Ämter, in die er kraft seiner Begabungen berufen worden war, wieder abzugeben. Er wurde auf Geheiß seiner Vorgesetzten in die Arrestzelle seines Klosters geworfen und schließlich aus seinem Orden ausgestoßen. Von allen Ordensgemeinschaften, bei denen er um Aufnahme bat, wurde er abgewiesen. Er geriet in türkische Gefangenschaft, wurde mit glühenden Eisen gefoltert, in Ketten gelegt und in ein unterirdisches Verlies geworfen, wo er verschimmeltes Schwarzbrot bekam und Wasser, das so faul war, daß nur der davon getrunken hätte, der kurz vor dem Verdursten war. Selten ist jemand so hart gestraft worden.

Die hl. Teresa gibt, wie ich meine, die beste Darstellung der verschiedenen Stufen des Weges zum mystischen Erlebnis, und da sie in den Grundzügen sehr kurz geschildert werden können, möge der Leser mir verzeihen, wenn ich sie hier referiere. Auf der ersten Stufe, der Reinigung, erkennt die Seele die göttliche Schönheit und wird sich der eigenen Nichtigkeit bewußt. Durch Beten und Kasteien bereitet man sich auf die zweite Stufe der Erleuchtung vor. Darin beginnt die Seele, sich zu sammeln und an das Übernatürliche zu rühren. Die hl. Teresa nennt es das Ruhegebet; es ist eine Phase der Versenkung, in der die geistigen Fähigkeiten nicht verloren gehen, nicht ruhen, sondern in der Seele versammelt werden. Einzig der Wille ist lebendig, und der Wille ergibt sich Gott, ohne Wünsche und Bedürfnisse. Einige erreichen diese Stufe, nur wenige gelangen zur nächsten. Die dritte Stufe ist die Vereinigung, das Ziel eines jeden Mystikers. Sie ist ein himmlischer Rausch, sagt die hl. Teresa, in der sich die wahre Weisheit offenbart, und es ist eine wonnevolle Trunkenheit. Sie bietet Frieden, Stärke und Gewißheit, kann aber unmöglich erklärt werden. »Wer je in Ekstase war, dem wird dies genügen, denn das, was in dieser Vereinigung der Seele mit Gott vorgeht, ist allzu geheimnisvoll, um es deutlich machen zu können. Man könnte allenfalls sagen: Die Seele sieht sich vereint mit Gott und hat darüber eine Gewißheit, die durch nichts gestört werden kann.«

Die hl. Teresa befürchtete aber immer, diese Zustände könnten vom Teufel hervorgerufen werden, und sie suchte unablässig Hilfe bei ihren Beichtvätern. Sie mißtraute solchen Erlebnissen, wenn sie den ihr unterstellten Nonnen passierten. Wenn sie von den Momenten der Entrückung sprach, in denen die Seele, ihr Bewußtsein ablegend, vom Angesicht Gottes hingerissen war, vergaß sie nie die Warnung: »Aus dieser seelischen Vereinigung müssen Werke hervorgehen, Werke.«

Jetzt möchte man innehalten. Die große Tat der Heiligen war ja bekanntlich die Reform des Karmelitenordens. Beginnend mit einem kleinen Kloster in Avila, gründete sie nach und nach auch anderswo Häuser für Männer und Frauen. Mir haben die armen Nonnen, die durch Teresas Eifer zu einem strengeren Ordensleben gezwungen wurden, immer ein wenig leid getan. Es stimmt zwar, daß sie nicht mehr, wie ursprünglich, vom Fest der Kreuzerhöhung* bis Ostern fasteten und auch nicht mehr in völliger Zurückgezogenheit lebten. Besucher waren erlaubt, und die Nonnen durften das Klostergelände verlassen. Aber man darf nicht vergessen, daß das Klosterleben im damaligen Spanien nicht ausschließlich aus religiösen Motiven gesucht wurde. Da die Bauernhöfe an die ältesten Söhne vererbt wurden, mußten die jüngeren entweder in die Armee oder in die Kirche eintreten, und aufgeweckte junge Männer der niederen Stände hatten nur in der Kirche eine Aufstiegschance. Die Zeiten waren unsicher, und das tägliche Brot mußte mühsam verdient werden. Das Kloster versprach jedenfalls Kost und Logis sowie Sicherheit. Die wirtschaftliche Situation war katastrophal, und Kaufleute wurden verachtet. Es war ganz normal, daß Väter ihren Söhnen einen Beruf nahelegten, der sie ernährte und außerdem hohes Ansehen genoß. Und auch bei den Frauen war es nicht immer ausgesprochene Frömmigkeit, die sie veranlaßte, einem Orden beizutreten. Für Aristokraten, die oft nicht imstande waren, ihren Töchtern eine standesgemäße Mitgift zu ermöglichen, war das Kloster eine ehrenvolle Art, sich ihrer zu entledigen. Infolge der flandrischen Kriege und der Begeisterung für die Unternehmungen in der Neuen Welt herrschte Männermangel, und viele Frauen konnten keinen Ehemann finden. Das Kloster war ihre Rettung. Für die verzweifelte Witwe war es eine ehrenvolle Zuflucht vor den Versuchungen, denen sie aufgrund ihrer Lage ausgesetzt war. Das Kloster war Zufluchtsort für Mädchen, deren Ehre, sei es durch eigenes Verschulden, sei es durch Unglück, befleckt worden war; schon die Andeutung eines Verdachts reichte ja aus, um die empfindliche Ehre einer Spanierin zu besudeln. Der Leser wird sich an die sarkastische Bemerkung des Bürgermeisters von Zalamea erinnern: »Der Herr ist in puncto Tugendhaftigkeit seiner Bräute nicht wählerisch.« Es

* 14. September (A. d. Ü.)

gab außer Gottesfurcht tatsächlich noch einige andere Gründe, warum eine Frau in eine religiöse Gemeinschaft eintrat. Wen überrascht es, daß diese Frauen, die ihren Pflichten hinreichend gewissenhaft nachkamen, sich das Leben, das nur durch inbrünstige Frömmigkeit vor großer Langeweile bewahrt werden konnte, ein wenig erleichterten. Sie waren anspruchslos und fleißig, sie speisten die Bedürftigen, die zu den Klostertoren kamen, und wenn sie bloß leidlich fromm waren, dann waren sie harmlos. Selbst unter diesen Verhältnissen konnte eine Nonne allemal ein Leben führen, das ausschließlich Gebet und Kasteiung gewidmet war. Kein Wunder, daß beträchtlicher Widerstand laut wurde, als Teresa de Jesús* ihren Orden zu seiner ursprünglichen Strenge zurückführen wollte.

In Spanien herrschte eine wahre Schwemme von Ordensleuten. Ganze Familien traten in den geistlichen Stand. Von den fünf Geschwistern des Jesuiten Baltasar Gracian gehörten alle, bis auf einen früh verstorbenen Bruder, einem religiösen Orden an. Sein Seelenheil zu finden, das war im sechzehnten Jahrhundert das Hauptanliegen des Spaniers. Etwa dreißig Prozent der Bevölkerung sollen der Kirche angehört haben. Nicht nur Staatsmänner und Kaufleute waren alarmiert, sondern auch der Klerus selbst. Die Behörden in Madrid und Toledo baten um eine Verringerung der Zahl der Geistlichen; der Bischof von Badajoz erblickte in der Klösterschwemme eines der Übel, die das Land zugrunde richteten. Diese Zahl wurde von der hl. Teresa, deren einzige Sorge ihr Seelenheil war, nun noch erhöht. Ihr Name und die Faszination des strengen Ordenslebens auf das spanische Naturell bewirkten, daß viele, die ansonsten mit ihrem weltlichen Dasein zufrieden gewesen wären, dem Orden beitraten. Mit der wachsenden Verelendung des Landes war aber auch die Versorgung der Bräute Christi immer weniger gesichert. Entbehrungen

* Der selbstgewählte Ordensname der Teresa von Avila (A. d. Ü.)

als gottgefällige Kasteiungen anzusehen war ja schön und gut, doch die armen Nonnen mußten essen, um Leib und Seele zusammenzuhalten, und in einigen Klöstern wurde arg gehungert. Die Bischöfe erklärten daher, daß religiöse Häuser nur noch dann gegründet werden sollten, wenn sie mit Stiftungsgeldern angemessen ausgestattet seien. Sie kritisierten die von mancher Nonne von Stand oder Charakter geäußerte Neigung, ein eigenes Haus zu errichten. Aber mit Teresa de Jesús konnten es die Bischöfe nicht aufnehmen. Mit dem Prestige ihrer Visionen und unter Berufung auf die Worte des Heilands konnte sie sich, wie gewohnt, durchsetzen. Der Orden wurde geteilt, die Unbeschuhten Karmelitinnen bildeten hinfort eine eigene Ordensprovinz. Die tatkräftige Heilige gründete nicht weniger als zweiunddreißig Häuser. Ihre Nonnen lebten ausschließlich von Almosen. Da der Herr für sie sorgen würde, durften sie keinerlei Einkommen haben. In den Konstitutionen (einem für den Charakter der hl. Teresa aufschlußreichen Dokument) legte sie fest, daß, sofern Nahrungsmittel vorhanden seien, winters um elf und sommers um zehn Uhr gegessen werden sollte, daß die Stunde aber nicht festgelegt werden könne, denn sie müsse davon abhängen, was der Herr gebe. Das Beispiel der hl. Teresa mag für viele attraktiv gewesen sein, und manche Ordensleute, die ihre Regeln befolgten, mögen ihr Seelenheil gefunden haben, doch es ist kaum zu leugnen, daß das Werk der hl. Teresa den Ruin ihres unglücklichen Landes noch beschleunigte.

Aber all dies ist nicht mein eigentliches Thema. Zu diesen kurzen Bemerkungen habe ich mich durch das Interesse hinreißen lassen, das ich als Romancier für diesen ungewöhnlichen Menschen einfach empfinden mußte. Sie war sicherlich keine sehr intelligente Frau, doch sie besaß Charme, Willenskraft und Mut. Das sind die Charakterzüge, die Großes in der Welt bewirken. Sie bewirken nicht immer Gutes.

In den *Fundaciones*, einem unterhaltsamen Werk voller

Scharfsinn, Humor und mancherlei Kuriosem, findet sich ein Bericht über die Gründung eines Klosters in Salamanca. Die hl. Teresa traf dort, begleitet nur von der Schwester Maria del Sacramento, am Tag vor Allerheiligen ein, etwa um die Mittagszeit, nachdem sie den größten Teil der Nacht bei bitterer Kälte unterwegs gewesen war. Sie war sehr müde. Vom Gasthaus schickte sie nach einem gewissen Nicolas Gutierrez, dem sie die Vorbereitung eines Hauses anvertraut hatte. Das war keine leichte Sache, denn es war nicht die Jahreszeit für das Vermieten von Häusern, und es wohnten auch noch etliche Studenten in dem Haus, die nur widerwillig gehen wollten. Nicolas Gutierrez berichtete, daß das Haus noch nicht fertig vorbereitet sei, denn er habe die Studenten noch nicht veranlassen können, es zu räumen. Die gute Mutter sagte ihm, wie wichtig es für sie sei, sofort einziehen zu können; also ging er zum Hauswirt und veranlaßte das Nötige, damit es abends leer sei. Als die beiden Nonnen gehen konnten, war es aber schon dunkel. Die Studenten hatten das Haus in so üblem Zustand hinterlassen, und es war so dreckig, daß für die beiden in jener Nacht noch viel zu tun war. Das Haus war groß und hatte viele Mansarden, und Maria del Sacramento, ängstlicher als ihre beherzte Oberin, konnte nicht vergessen, daß die Studenten so widerwillig gegangen waren; sie befürchtete, einige könnten sich noch im Haus versteckt halten. Die Frauen schlossen sich in einem Zimmer mit ein paar Strohbündeln ein, »die ich als erstes für das neue Haus besorgt hatte, denn mit Stroh hat man ja schon ein Bett«. Jesuitenpatres hatten ihnen ein paar Decken geborgt. Als die Tür tatsächlich verschlossen war, schien Schwester Maria beruhigt zu sein, doch noch immer sah sie sich um, bald hierhin, bald dorthin.

»Ich fragte sie, warum sie sich umblicke, wo doch klar sei, daß niemand hereinkommen könne», schreibt Teresa.

»Sie erwiderte: ›Mutter, wenn ich nun plötzlich sterben müßte, was würdet ihr denn dann ganz allein hier anfangen?‹«

Teresa erschrak ein wenig bei dem Gedanken; Leichen ängstigten sie zwar nicht, versetzten sie aber in Unruhe, auch wenn sie nicht allein war. Sie antwortete jedoch:

»Schwester, wenn es dazu kommen sollte, dann weiß ich, was zu tun ist. Und jetzt laßt mich schlafen.«

Da sie sterbensmüde waren, erlöste sie der Schlaf bald von ihren Ängsten. Am nächsten Morgen wurde zum ersten Mal im neuen Haus die Messe gelesen. Später konnte Teresa aber nie mehr an Schwester Marias Ängstlichkeit denken, ohne herzlich zu lachen.

Wahrlich, eine Frau von Charakter.

Sein Charakter macht auch Fray Luis de Leon zu einem faszinierenden Thema, und bei ihm glaube ich mich zu Recht ein wenig aufhalten zu dürfen. Er starb im Jahre 1591, also kann der Held meines Buches seine Ansprachen kaum gehört haben, doch ich stelle mir vor, daß er als Student in Salamanca dem jungen Augustinermönch, den Fray Luis in einem seiner Werke Juliano nennt, begegnet und von ihm etwas über den Meister der spanischen Sprache erfahren haben kann.

In Salamanca verweilt man gerne. Die Stadt hat eine ehrwürdige, arkadengesäumte Plaza, auf der man sich abends ergeht, die Burschen in der einen, die Mädchen in der anderen Richtung, so daß sie einander im Vorübergehen beäugen können. Das Rathaus mit seiner reich geschmückten Fassade ist hellrot. Die wuchtige Kathedrale sieht aus der Entfernung sehr schön aus; sie scheint fest und arrogant dazustehen. Aus der Nähe aber haben das häßliche Rotbraun und die üppigen Ornamente etwas Abstoßendes. Das Innere ist überwältigend; mächtige Pfeiler erheben sich zu einer Höhe, die man kaum für möglich hält; der Chor wird von kunstvoll gearbeiteten Flachreliefs gesäumt. Alles ist so großartig und prächtig wie beim *Lord Mayor's Banquet*. Es deutet auf eine zeremonielle, selbstbewußte, wohlhabende Kirche, und man fragt sich, welchen Trost das gramgebeugte Herz dort wohl zu finden hoffte.

In der Universität, von deren altem Glanz leider nicht viel erhalten ist, besichtigte ich den Vorlesungssaal des Fray Luis, einen getünchten Raum, groß, dunkel und viereckig, mit einer gewölbten Decke. Das Ganze ist vollgestellt mit engen Bänken und Pulten, und seitlich verläuft ein langer, abgetrennter Gang, in dem vermutlich die Zuschauer standen. Über der Kanzel ganz hinten hängt eine hölzerne Haube, die wie ein riesiger Feuerlöscher aussieht. Der Legende zufolge, die von den Gelehrten allerdings als unzutreffend bezeichnet wird, hielt Fray Luis auf dieser Kanzel jene Ansprache, deren erste Worte ihn berühmter gemacht haben als irgendeine seiner Schriften.

Nach vier Jahren in den Gefängnissen der Inquisition wurde er freigesprochen und kehrte nach Salamanca zurück. Edelleute, Professoren und Studenten gingen ihm auf der Straße nach Valladolid in großer Schar entgegen, um ihn mit festlicher Musik zu empfangen. Nach einer gewissen Zeitspanne hielt er seine erste Rede. Eine Menge versammelte sich, um ihn zu hören; man erwartete, er werde seine Ankläger angreifen und abermals zu seiner eigenen Verteidigung sprechen. Er begann mit den Worten: »Wie wir schon gestern gesagt haben.«

Im Gefängnis schrieb er sein berühmtestes Werk, das den Titel *Über die Namen Christi* trägt und in Form von Gesprächen zwischen drei Augustinermönchen geschrieben ist, die sich wegen der sommerlichen Hitze in das Ordenshaus *La Flecha* am Tormes, nicht weit von Salamanca, zurückgezogen haben. Da ich mir einen in der spanischen Literatur so berühmten Ort einmal ansehen wollte, erkundigte ich mich nach dem Weg und fuhr los. Nachdem ich ein paar Stunden gefahren war, glaubte ich, vom Weg abgekommen zu sein. Bald begegnete ich einem dicken, jungen Priester mit rundem, gerötetem Gesicht und Brille, der im Brevier lesend die Straße entlangging. Ich hielt an und fragte, ob er mir den Weg zeigen könne. Er schien mir gern helfen zu wollen. Er war ein armer Landpfarrer in einer abgetragenen Soutane, die durch Sonne und Regen ihre Farbe verloren hatte, und er hatte eine hohe Stimme. Er war sehr höflich und nahm beim Einsteigen den Hut ab, schien aber, als er ihn wieder aufsetzen wollte, nicht mehr zu wissen, wo vorn und hinten war. Die ganze Zeit rauchte er Zigaretten, die er geschickt drehte.

Nach einer Weile hob er die Hand, und wir hielten an. Ein holpriger Weg führte zu dem schattigen, von Buchsbaum umstandenen Garten, in dem der Mönch mit seinen Freunden gesessen und geplaudert hatte. Daneben floß ein Bach, ein Rinnsal von sehr klarem Wasser, und auf der anderen Seite lag ein Obstgarten. Es war ein stiller, freundlicher Ort, dessen Kühle in der Hitze des kastilischen Sommers angenehm erfrischte. Der Priester zeigte mir den Ort in einer Art, als sei er der Besitzer, was ich sehr bezaubernd fand, und dann tat er etwas Unerwartetes. Er begann zu rezitieren.

»*Era por el mes de Junio, à las bueltas de la fiesta de San Juan, al tiempo que en Salamanca comiencan à cessar los estudios . . .*«

So lauteten die Anfangsworte des Buches, und die flüssigen, wohlgefügten Sätze perlten von seinen Lippen wie Musik. Auf seinem fetten, geröteten Gesicht stand ein Ausdruck von Verzückung.

»Welch ein Gedächtnis!« rief ich, als er schließlich aufhörte.

»Ich habe es oft gelesen. Die Wege zu den Höfen in meinem Pfarrsprengel sind oft weit, bis zu zwanzig, fünfundzwanzig Kilometer, und der Weg wird mir nicht so lang, wenn ich meine Lieblingsstellen immer wieder laut aufsage. Niemand hat ein so schönes Spanisch geschrieben wie mein Fray Luis.«

Dann sagte er, er wolle mir die Insel zeigen, auf der der Mönch spazierenzugehen pflegte, und wir kehrten zur Straße zurück. Von hier aus hatte man einen weiten Blick über die kastilische Hochebene. Die Berge am Horizont wirkten transparent. Wir schlenderten am Fluß entlang, dessen Ufer von anmutigen Pappeln dicht gesäumt war, bis wir zu einem Hof kamen; auf einer kleinen Terrasse mit Aussicht über den Fluß saß eine Frau, ein Taschentuch über dem Kopf, und nähte. Sie grüßte den ärmlich gekleideten Priester sehr herzlich und mich höflich, und durch eine Mühle gelangten wir zur Insel. Das Wasser hinter dem Mühlgerinne schien fast stillzustehen. Am anderen Ufer stand eine Reihe Pappeln, die Felder dahinter waren abgeerntet und lagen ausgedörrt und braun da. Ein schwacher, angenehmer Lufthauch wehte über die Insel, und dort stand, von Bäumen umgeben, ein Tisch, an dem der Mönch gesessen und geschrieben haben soll. Heutzutage kommen Wochenendurlauber mit ihren Picknickkörben hierher, und überall auf der Erde lagen alte Zeitungen. Der Ort strahlte eine faszinierende Ruhe aus. Der breite, träg dahinfließende Strom hatte eine merkwürdige Wirkung. Man war ruhig, zugleich aber hellwach und lebensfroh.

Die Erinnerung, die ich von diesem Ausflug mitnahm, ist aber von diesem gleichmütigen Landpfarrer geprägt, der Zeile auf Zeile dieser wohlklingenden Prosa rezitierte.

Das Buch, aus dem er rezitierte, habe ich gelesen, nicht jedes Wort, aber sehr viel. Es besteht aus einer Reihe von Gesprächen über die Beinamen Christi in der Heiligen Schrift, und ich muß sagen, daß ich es anstrengend gefunden hätte, wären da nicht die reizvollen Beschreibungen gewesen, mit denen die Gespräche eingeleitet werden, die Abschweifungen und Bilder und all die Passagen, in denen sich der Charakter des Verfassers offenbart. Seine Überlegungen fand ich nicht sehr scharfsinnig, sie bewegen sich im Rahmen dessen, was jeder in der theologischen Literatur bewanderte, fromme Mann gedacht hätte.

Für mich hat Luis de Leon etwas ungewöhnlich Modernes. Er war, im Gegensatz zu so vielen berühmten Figuren der Vergangenheit, nicht aus einem Guß. Ich glaube, die Menschen waren damals nicht sehr viel anders als heute, aber offenbar sind sie ihren Zeitgenossen homogener erschienen, sonst wären sie nicht so oft als »Temperamente« beschrieben worden. Luis de Leon war jedoch eine widersprüchliche Natur, in der unvereinbare Eigenschaften und einander bekämpfende Empfindungen wohnten. Pacheco, der Schwiegersohn Velazquez', hat ihn mit wenigen Worten porträtiert: Ein kleiner, aber wohlgestalteter Mann, ein großer, lockenbedeckter Kopf, eine hohe Stirn, ein eher rundes als langes Gesicht, dunkler Teint und funkelnde, grüne Augen. Er war eitel und demütig, ungestüm und geduldig, heiter, mürrisch, verbittert, loyal und ritterlich. Er haßte Dummköpfe und Heuchler. Kindern gegenüber war er überaus zärtlich. Er liebte die Natur und die Wahrheit. Er kannte keine Angst. Er war stets bereit, Tyrannei anzuklagen, egal, wie unbeliebt er sich damit auch machte. Er ging jedes Risiko ein, um gegen Unrecht zu kämpfen. Er war Asket, von großer Mäßigkeit, und er erlaubte sich nur selten den Luxus, im Bett zu schlafen, so daß der Bedienstete, der morgens seine Zelle betrat, sie so vorfand, wie er sie am Abend zuvor verlassen hatte. Luis liebte aber auch alles Schöne, das liebliche, beruhigende Geräusch des Tormes, der an *La Flecha* vorüberfloß, die himmlische Musik des blinden Salinas* und die Farbe und Melodie des Spanischen. Er war streitsüchtig, grob, heftig, und er sehnte sich vor allem nach Frieden. Der Schrei nach Ruhe, Ruhe vor dem Tumult seiner Gedanken, Ruhe vor dem Unfrieden auf der Welt, zieht sich durch all seine Schriften und gibt seiner anmutigen Lyrik eine Schärfe, die immer wieder durch das Künstliche ihrer horazischen Manier bricht. Er strebte nach Glück und Seelenfrieden, was ihm sein Temperament aber nicht erlaubte. Er wird zu den Mystikern gezählt. Die übernatürlichen Gnaden, Trost all jenen, die den mystischen Weg beschreiten, hat er nie erfahren; deren charakteristische Gelassenheit den Dingen gegenüber hat er nie erreicht. Er sehnte sich nach ekstatischer Entrückung, die

* Span. Komponist, Musiktheoretiker, Mathematiker, 1513–1590 (A. d. Ü.)

ihm wegen seiner Ruhelosigkeit stets versagt blieb. Mystiker war er nur insoweit, als er Dichter war. Er betrachtete die schneebedeckten Berge und sehnte sich danach, ihre Geheimnisse zu ergründen, blieb jedoch allzusehr Gefangener seiner alltäglichen Geschäfte. Ich denke immer, daß sein Ausspruch *no se puede vivir sin amar* (man kann nicht leben, ohne zu lieben) für ihn eine persönliche, tragische Bedeutung hatte und nicht bloß eine banale Feststellung war.

Fray Luis hatte etwas von jenem Universalgenie, das wir in gewissen Figuren der italienischen Renaissance bewundern. Er war Mathematiker, Astrologe und Jurist. Er entwickelte als Autodidakt erstaunliche künstlerische Fertigkeiten. Er war nicht nur mit der theologischen Literatur vertraut, sondern auch mit den Klassikern, deren Träume vom Goldenen Zeitalter ihn zeitlebens beschäftigten. Seine Lyrik ist, wie ich schon sagte, von überaus hohem Rang, und es ist wohl unbestritten, daß niemand ein vollkommeneres Spanisch schrieb als er. Als Mann der Feder war Fray Luis Gelehrter und Gentleman zugleich; er schrieb eher elegant als kraftvoll. In *La Perfecta Casada* (Die vollkommene Ehefrau) zitiert er ausführlich Tertullian, und noch in der Übersetzung fällt auf, um wieviel lebendiger, feuriger und männlicher der afrikanische* Autor war. Doch selbst ein Nichtspanier kann sich dem Reiz der flüssigen Sprache des Luis de Leon nicht entziehen. Sie ist so klar wie der Fluß, der an La Flecha vorbeifließt. Sie ist elegant und volkstümlich, knapp und ausladend. Sie hat eine ernste, verspielte Melodie. *Die vollkommene Ehefrau* ist für eine so heitere Natur wie mich das reizvollste und amüsanteste von Fray Luis. Der weder an Theologie noch an Mystik interessierte Leser kann es mit großem Genuß lesen. Es ist ein Ratgeber für Ehefrauen. Seine kuriose Mischung aus Schlichtheit, Scharfsinn und Würde erzeugt ein gewisses amüsiertes Erstaunen. Ganz nebenbei

* Tertullian stammte aus Karthago (A. d. Ü.)

entsteht ein reizvolles Bild vom häuslichen Leben der Oberschicht, zuweilen auch von Verhältnissen, die man aufgrund des herkömmlichen Spanien-Bildes nie erwartet hätte. Fray Luis stammte aus einer vornehmen kastilischen Familie, und sein Ideal vom guten Leben war das eines Junkers, der vom Ertrag seines Grundbesitzes lebt. Er hat offenbar nicht die Möglichkeit bedacht, daß man in so ärmliche Verhältnisse hineingeboren wird, daß es keinen Acker gibt, den man bestellen könnte. Für Kaufleute hatte er nur Verachtung übrig, ihr Gewerbe war nicht nur unwürdig, sondern auch dem Seelenheil abträglich. »Das Leben auf der Scholle«, sagte er, »und die Bewirtschaftung des eigenen Bodens ist eine Schule der Unschuld und Wahrheit, weil man von denen lernt, mit denen man arbeitet und spricht. Und so, wie die Erde getreulich wiedergibt, was ihr anvertraut wurde, und in ihrer Stetigkeit dauerhaft und ehrlich ist, üppig in den Erträgen und großzügig, freigebig und das Wohlergehen fördernd, so erzeugt sie in den Herzen derer, die sie bestellen, eine besondere Güte und Schlichtheit, wie man sie bei Menschen, die ein anderes Gewerbe ausüben, nur schwerlich finden kann. So lehrt sie Aufrichtigkeit, ehrliches Handeln und bewahrt die Erinnerung an die guten, alten Gebräuche.«

Das längste Kapitel ist, gestützt auf ausführliche Zitate der Klassiker und der Väter, eine Attacke gegen die unbegreifliche Manie der damaligen Frauen, sich die Haare zu färben und die Wangen zu schminken. (Er glaubte, der gute Mönch, daß die Schönheit einer anständigen Frau nicht in ihren Gesichtszügen wohne, sondern in den verborgenen Tugenden ihrer Seele; und er bezweifelte, ob es der vollkommenen Ehefrau zukam, schön und anmutig auszusehen.) Er räumte jedoch ein, daß nicht alle Frauen, die sich schminkten, Übles im Sinn hätten. »Die Höflichkeit verbietet mir, etwas anderes zu denken«, bemerkt er trocken. Wenn die Maske auf den Gesichtern auch nicht ihre schlechten Wünsche offenbare, so erwecke sie gleichwohl die der Mitmenschen. So sollten tugendhafte Frauen Toilette machen: »Sie sollen sich von einem Diener aus einem Krug etwas Wasser in die Hand gießen lassen, diese zum Gesicht führen, etwas davon mit dem Mund aufnehmen, und sie sollen die Gaumen waschen und die Finger über den Augen reiben und in den Ohren und auch hinter den Ohren, und sie sollen erst aufhören, wenn das ganze Gesicht sauber ist. Danach sollen sie sich mit einem groben Handtuch reinigen, und also werden sie allezeit schöner sein als die Sonne.«

Ein Kapitel trägt die Überschrift »Wie wichtig ist es, daß Frauen nicht zuviel reden und friedfertig und sanft sind«. Darin findet sich ein Satz, über dessen Aktualität der Leser schmunzeln muß. Luis de Leon bemerkt, daß »eine törichte und schwatzhafte Frau, wie überhaupt alle törichten Frauen, welche Vorzüge sie sonst auch haben mag, ein unerträglich Ding ist«. Sodann bemerkt er, das Typische an der Dummheit sei, daß sie ihrer nicht bewußt sei, sondern im Gegenteil sich als Weisheit betrachte. »Und was immer wir tun, es ist unendlich schwer, diesen Menschen klaren Verstand einzuflößen, denn das erlernt man nur unter großen Mühen, wenn man es nicht mit der Muttermilch aufgesogen hat... Der beste Rat, den wir solchen Frauen geben können, lautet, den Mund zu halten. Da es nur wenige kluge Frauen gibt, sollten sie danach streben, daß es viele schweigende gibt.« Bevor ich dieses interessante Werk aus der Hand lege, möchte ich noch aus dem Kapitel »Über die Pflicht von Eheleuten, einander zu lieben und einander bei der Arbeit zu helfen« zitieren; es handelt sich um ein Zitat des hl. Basilius: »Die Schlange, das grausamste unter den Reptilien, macht sich emsig daran, die Lamprete zu ehelichen, und sobald die Schlange da ist, pfeift sie, als wollte sie ihr Eintreffen kundtun und die Lamprete aus dem Meer locken, um sie in ehelicher Umarmung zu umfangen. Die Lamprete gehorcht und vereinigt sich ohne Angst mit dem giftigen und wilden Tier. Was sage ich dazu? Was? Daß die Ehefrau, einerlei, wie hart und wild der Ehemann sein mag, sich damit abzufinden hat, und daß es keinen Grund für sie gibt, den Frieden zu stören.«

Das ist doch ein Wort.

Fray Luis de Leon wurde nicht einmal seliggesprochen. Den Frieden, mit dem die Heiligen belohnt werden, hat er nicht erlangt. Ihm werde ich im folgenden einen Menschen gegenüberstellen, dessen Lebensweise hervorragend die Macht jener Kraft zeigt, die diese Spanier inspirierte. Es ist der hl. Petrus von Alcantara, und so hat die hl. Teresa ihn beschrieben:

»Welch ein heiliges Vorbild hat uns Gott eben jetzt in dem gebenedeiten Bruder Petrus von Alcantara genommen! Die Welt war einer solchen Vollkommenheit nicht wert. Man behauptet, die Gesundheit ertrage so etwas nicht mehr, das gehöre einer vergangenen Zeit an. Dieser heilige Mann war aber aus unserer Zeit, war doch groß im Geiste, wie aus früheren Tagen, und hatte sich die ganze Welt unter die Füße gelegt. Sind wir auch nicht so elend gekleidet wie er, üben wir auch nicht seine harten Bußwerke, so können wir doch auf mancherlei Weise, wie ich es schon oft gesagt habe, uns in der Weltverachtung üben. Der Herr wird es uns schon eingeben, sobald er sieht, daß uns der Mut nicht gebricht. Wie groß war das, was Gott diesem Mann gab, daß es ihn siebenundvierzig Jahre lang befähigte, diese ungeheure Buße zu tun, die wir alle kennen. Ich muß etwas davon anführen, weil ich weiß, daß es wahr ist. Ich und eine andere Person, vor welcher er wenig verheimlichte, wir hörten es aus seinem eigenen Munde. Ich kam dazu, weil ihm der Herr eine große Liebe zu mir eingegeben hatte. Er sollte mir in schwerer Zeit Trost und Ermunterung gewähren. In vierzig Jahren, erzählte er uns, habe er von vierundzwanzig Stunden nur anderthalb dem Schlafe gewidmet. Von allen seinen Bußwerken ist ihm dies am schwersten geworden. Um den Schlaf zu überwinden, habe er anfangs immer gekniet oder gestanden. Er schlief sitzend und lehnte das Haupt an ein Brett, welches in der

Wand befestigt war. Liegen und sich ausstrecken konnte er in seiner Zelle nicht, denn sie war nur vier und einen halben Fuß lang. In all diesen Jahren ging er beständig, trotz Sonnenglut und Regengüssen, mit unbedecktem Haupte und barfuß. Er trug nichts als einen Habit von grobem Wollstoff und so eng wie irgend möglich auf der bloßen Haut, darüber ein Mäntelchen vom nämlichen Stoffe. Bei großer Kälte öffnete er Tür und Fensterchen seiner Zelle und legte das Mäntelchen ab, damit sein Körper, wenn er nach einiger Zeit Fenster und Tür schloß und den Mantel umhing, gewissermaßen sich erwärme und behaglicher ruhe. Nur am dritten Tage etwas zu sich zu nehmen, war ihm ganz zur Gewohnheit geworden. Ich staunte darüber. Er meinte aber, das sei nicht schwer, man müsse es nur versuchen. Sein Gefährte sagte mir, er nehme zuweilen in acht Tagen keine Speise zu sich. Das geschah, meine ich, in den großen Ekstasen seines Gebetes, wo der Geist im Auffluge der Liebe zu Gott entrückt wurde. Einmal habe ich selbst ihn in der Entzückung gesehen. Er war von der äußersten Armut, und seine Abtötung in der Jugend war so groß, daß er drei Jahre in einem Hause seines Ordens lebte und die Brüder doch nur nach ihrer Stimme kannte, weil er niemals die Augen aufschlug. Daher mußte er auch immer den übrigen Brüdern folgen, wenn ihn die Regel hierhin und dorthin rief. Auf Reisen machte er es ebenso. Viele Jahre sah er nie eine Frau an. Jetzt aber sagte er mir, es sei ihm gleichgültig, sie zu sehen oder nicht zu sehen. Er war sehr alt, als ich ihn kennenlernte, und so abgezehrt, daß er aussah wie aus Baumwurzeln zusammengeflochten. Bei all dieser Heiligkeit war er ungemein freundlich, aber schweigsam, wenn man ihn nicht fragte. Da er einen ausgezeichneten Verstand hatte, war nichts angenehmer als sein Gespräch. Noch vieles möchte ich von ihm erzählen, allein ich fürchte, Euer Hochwürden finden mich allzu weitläufig. Vielleicht bin ich es schon jetzt gewesen. Ich will nur abschließend sagen, daß wie sein Leben auch sein Tod war: eine Predigt, eine Lehre für seine Brüder.

Als er sein Ende nahen fühlte, kniete er nieder, betete den Psalmenvers *Laetatus sum in his quae dicta sunt mihi** und starb.«

Kein Wunder, daß sie imstande waren, die halbe Welt zu erobern, diese Spanier, wenn sie sich selbst auf so furchtbare Weise zu erobern vermochten!

## II

Wie gern hätte ich ein Essay über die Mystik geschrieben. Das ist ein ergiebiges Thema. Ich habe nur versucht, einige Gedanken über gewisse fromme Menschen zu formulieren, um zu einem Verständnis der Religiosität zu kommen, die mehr war als bloß Hintergrund, sondern der Rahmen, in dem sich das Leben der Spanier dieser Epoche in den verschiedensten Bereichen abspielte. Wohl zu keiner Zeit in der Weltgeschichte ist die Religion ein so selbstverständliches Element des Alltagslebens gewesen wie im damaligen Spanien. Die Hauptsorge des Spaniers galt seinem Seelenheil. Der Gauner ging schnell noch zur Messe, bevor er seine nächste Schandtat verübte, und der Zuhälter, der Erpresser, der gedungene Meuchelmörder, sie alle riefen, wenn sie bei einer Schlägerei verwundet wurden, laut nach einem Priester, der ihnen die Absolution erteilen sollte. Selbst der Spötter Don Juan bat die Statue, deren unerbittlicher Griff immer fester wurde, um eine kurze Atempause, um Frieden mit Gott schließen zu können. Die Spanier des Goldenen Zeitalters betrachteten die Kirche als Heimstatt ihrer Seelen. Sie inspirierte sie tatsächlich mit jenem Gefühl, das aus Stolz und Emotionalität, aus Vertrauen und Nostalgie bestand und das Dr. Johnson einmal als die letzte Zuflucht eines Gauners bezeichnet hat.

Inzwischen fand ich aber, daß ich genug Material für mein

* Ich freute mich über die, die mir sagten: Lasset uns ziehen zum Haus des Herrn! Ps. 122,1 (A. d. Ü.)

Vorhaben zusammengetragen hatte. Im Laufe meiner Lektüre hatte ich eine Anzahl von Ereignissen gesammelt, die meine Geschichte vorantreiben würden, und ich verfügte in Gedanken über eine ganze Reihe von Figuren, die nur darauf warteten, am Geschehen teilnehmen zu dürfen. Mir blieb nur noch, mich hinzusetzen und mit der Arbeit zu beginnen. Dann passierte mir etwas sehr Dummes. Eines Tages, ich war gerade in Cadiz, besuchte ich die dortige Gemäldegalerie. Sie ist in der ersten Etage eines alten Palastes untergebracht, recht ärmlich, keineswegs umfangreich, gezeigt werden zumeist Werke moderner spanischer Maler. Aber in einem Raum hängen einige Zurbaráns, die aus dem Kartäuserkloster bei Jerez stammen. Zurbarán ist nicht gerade ein populärer Maler; man muß schon mit ihm vertraut sein und ihn studieren, um zu erkennen, welch bemerkenswerter Künstler er war. Er besaß Kraft, und das ist eine Qualität, die man bei Malern selten findet. Doch ich möchte hier nicht so viel über ihn sprechen; es sind seine Bildnisse, die mich interessieren. Es sollen Bildnisse von Personen sein, deren Frömmigkeit den Kartäuserorden schmückte, und es scheint sich wirklich um Porträts, man möchte sagen: sprechende Porträts der Mönche zu handeln, die im Kloster lebten, als Zurbarán die für die Klosterwände gedachten Bilder schuf. Sie sind mit der für ihn typischen Verdichtung gemalt. Diese weißen Gewänder scheinen nicht aus Wolle zu sein, sondern aus einem Stoff so fest wie Boi*, und die Falten haben nicht die Geschmeidigkeit eines Stoffes, sondern könnten aus Holz geschnitzt sein. Das Harte, das Steife der Malweise vermittelt dem Betrachter jedoch ein recht eigenartiges Gefühl; es mag abstoßend sein, aber es läßt einen nicht gleichgültig. Diese Kartäuserserie hat etwas sehr Eindrucksvolles. Eines der Bilder, eine Darstellung des seliggesprochenen John Houghton, hat mich auf ganz eigentümliche Weise berührt. Ich meinte zu spüren, daß

* Eine Art Flanell (A. d. Ü.)

es ein englischer und kein spanischer Mönch war, der Modell gesessen hat für diesen hochherzigen Engländer, von dem sein Biograph sagt, er habe schüchtern gewirkt, sei bescheiden gewesen, redegewandt, keusch, demütig, liebenswürdig und angesehen bei jedermann. Hier traten einem die vornehme Eleganz, die scharfgeschnittenen, schönen Gesichtszüge entgegen, die man zuweilen bei einem bestimmten Typ des Engländers von vornehmer Geburt sieht. Die Haare, jedenfalls die, die auf dem tonsurierten Schädel noch übrig waren, schienen rötlichbraun. Einen Augenblick lang stellte ich mir die müßige Frage, wer dieser unbekannte Landsmann wohl gewesen war, der aus seiner Heimat in das so weit entfernte andalusische Kloster gegangen war und auf Geheiß des Pater Superior für das Bildnis eines anderen Engländers gehorsam Modell saß.

Es war ein Gesicht von großer Vornehmheit, schmal wie durch langes Fasten, und von einer Spannung, die voller Unruhe und Eifer war. Auf den Wangen lag hektische Röte. Der Teint war dunkler als Elfenbein, hatte aber das Geschmeidige von Elfenbein, und heller als olivfarben, doch mit einer Andeutung jener morbiden Zartheit, die dieser Farbe eigen ist. Die eine abgemagerte Hand war an die Brust gelegt, die andere hielt ein blutendes Herz. Um den Hals lag, zu einem Knoten verschlungen, ein Strick.

Das Gesicht wollte mir nicht aus dem Sinn gehen. Es vergingen Monate, ein Jahr, zwei Jahre, und die Figur, die allmählich Substanz gewann, um all jene Dinge erleben zu können, um deretwillen ich diese Studien betrieben hatte, diese Figur nahm die asketischen Züge, das ausgemergelte, leidende, begierige und ekstatische Aussehen jenes unbekannten Mönchs an. Sie hatte die gleiche durchgeistigte Art, und ihre Augen richteten sich in sehr ähnlicher Weise auf ein unergründliches Geheimnis. Ich dachte nicht weiter darüber nach, doch als ich meiner Hauptperson aus nächster Nähe gegenübertrat, sah ich, daß dieser Typus völlig unbrauchbar war. Zum einen war dies kein Mann von derbem Humor. Ich konnte mir zwar vorstellen, daß er vor seinem Eintritt ins Ordensleben durchaus Humor hatte, doch eher jenen dünnen Humor des Gelehrten, der eine falsche Zahl furchtbar komisch findet und in Augenblicken der Selbstvergessenheit witzige Vergil-Zitate von sich gibt. Ich konnte sehen, wie er trocken und ein wenig herablassend schmunzelte. Schallendes Gelächter konnte ich mir nicht vorstellen. Liebe konnte ich mir bei ihm gut vorstellen, nicht aber Sinnlichkeit, und sollte er sich verlieben, wäre es eine tragische Liebe. Ich konnte sehen, wie er sich nach einer leichten Frau verzehrte, deren Schlechtigkeit, idealistisch wie er war, nicht erkannte, oder wie er in quälerischem Schweigen, um der Ehre oder Gottes willen, einem Glück entsagte, das er mühelos hätte erlangen können. Ich konnte mir nicht vorstellen, daß er ein Dienstmädchen auf ein Bett wirft oder den eifersüchtigen Liebhaber einer hübschen Schauspielerin austrickst. Ich hielt es für möglich, daß er sich mit Lope de Vega angeregt über die Probleme der Dichtkunst unterhält, wobei er das Drama nur als Form von Massenbelustigung ansehen würde. Sein Studentenleben in Salamanca würde er ohne Kontakt verbringen, außer zu einigen seriösen Herren aus gutem Hause, und ich denke, er würde die horazische Nostalgie des gereizten Luis de Leon nur verachten. Einen Schelmenroman würde er höchstens nebenbei, zur Unterhaltung, lesen. Er würde keine Neugier empfinden, das dort geschilderte Leben selbst kennenzulernen; das würde er seinen Dienern überlassen. Mit seinen höflichen Manieren würde er sich die geschäftige, lärmende, böse und pittoreske Welt vom Leibe halten.

Eine solche Figur hatte nicht den geringsten Wert für mich. Also begann ich, mir eine andere auszudenken. Es sollte jemand sein, der fröhlich war, intelligent, kultiviert, mit einem lebhaften Humor, religiös natürlich, aber nicht ohne Skepsis, abenteuerlustig und aufgeschlossen für alle Ideen, denen er begegnete, ein Mann, der sich in jeder Gesellschaft wohlfühlen konnte, der genauso gern mit Dichtern über Probleme des modernen Theaters sprach, wie er sich mit Schauspielern amüsierte oder mit Gaunern zechte, jemand, der eine gute Geschichte erzählen konnte, der sich auf die körperliche Liebe verstand, der bei der geringsten Bemerkung seinen Degen ziehen und sich in diplomatischer Intrige behaupten konnte und dennoch, versonnen und zögernd, sich nach jener Schönheit sehnte, von der die Mystiker berichteten. Ich bildete mir ein, daß es nicht schwer sei, einen für meine Zwecke geeigneten jungen Mann zu gestalten. Mir gefiel die Vorstellung, er würde rotbraunes Haar haben und den elfenbein-olivfarbenen Teint, der zuweilen damit einhergeht. Ich gab ihm das schmale Gesicht, die wachen Augen, die scharfgeschnittenen Züge, die zu seinem Kunstverstand und seinem Interesse an geistigen Dingen paßten. Allzu groß und stämmig sollte er nicht sein, denn das hätte auf eine gewisse Grobheit gedeutet, die meinem Entwurf nicht entsprach. Ich wollte ihn elegant und wohlgestaltet haben, schlank und doch kräftig, mit den schönen, langen Händen, wie Greco sie gern gemalt hatte. Und als ich mit ihm fertig war, stellte ich zu meinem Erstaunen fest, daß ich abermals den weißgewandeten Kartäusermönch beschrieben hatte, der für das Porträt des John Houghton Modell gesessen hatte. Ich fing wieder von vorn an, und es passierte genau dasselbe. Ich ließ die Sache ein wenig ruhen; dann griff ich sie wieder auf; es war zwecklos. So sehr ich mich auch bemühte, meine Figur trug immer wieder die Züge dieses vermaledeiten Mönchs. Man glaubt ja, ein Autor könne eine Figur mit beliebigen körperlichen und geistigen Merkmalen ausstatten. Dem ist nicht so. Der Autor erschafft keine Figur, jedenfalls nicht bewußt. Im Gegenteil, er erschafft sich selbst, sei es, wie in diesem Fall, nach einem Gemälde, sei es aus der Erinnerung an jemand, den er auf der Straße gesehen oder früher einmal kennengelernt hat. Und dann wächst diese Figur, deren Merkmale vermutlich aus dem Unterbewußtsein des Autors kommen, ohne sein bewußtes Zutun. Einmal an der Oberfläche, kann der Autor sie nur noch hinnehmen. Er kann die Haarfarbe oder die Mundform nicht verändern, ohne die Gesamterscheinung unrealistisch wirken zu lassen. Die Figur ist, was sie ist, weil sie genau diese Größe hat, und sie wird dieses und jenes tun und dieses und jenes fühlen, weil sie genau diesen Ausdruck in ihren Augen hat. Pascal hat einmal gesagt, die Geschichte der Welt wäre anders verlaufen, wenn Kleopatra eine längere Nase gehabt hätte. Er hätte hinzufügen können, daß das auch die Harmonie ihres Charakters gestört hätte. Ich mußte der Tatsache ins Auge sehen, daß der Held des Buches, das ich zu schreiben gedachte, niemand anders sein konnte als jener unbekannte Mönch. Das aber hieß, es würde ein Buch sein, von dem ich genau wußte, daß ich es niemals würde schreiben können, ja ich war nicht im geringsten interessiert, ein solches Buch zu schreiben. Es wäre allzu kultiviert gewesen, etwas anämisch und für mich ganz gewiß ohne Bedeutung.

Ich kämpfte noch eine Weile, aber es nützte nichts. Der Himmel verfolgte mich. Mit dieser Figur war meine Geschichte ruiniert. Ich fand mich schließlich damit ab und beschloß, das Buch denn doch nicht zu schreiben. Ich war enttäuscht, weil ich mich, ziellos zunächst, aber immerhin drei Jahre lang, sehr fleißig damit auseinandergesetzt hatte. Ich hatte zwei- bis dreihundert Bücher gelesen. Ich konnte mich nur mit dem Gedanken trösten, daß es womöglich nicht ganz umsonst gewesen war. Der Autor kann sich nicht kraft Willensakt verbessern, denn, wie mir mit zunehmendem Alter immer klarer wird, nicht er ist es, der schreibt, sondern das sogenannte Unterbewußtsein, und das Ziel des Schriftstellers muß es sein, dieses Unterbewußtsein nach besten Kräften zu stärken und auszubilden. Meines Erachtens kann er dies nur durch Nachdenken erreichen. Es gibt einen Ausspruch der hl. Teresa, der wohl jeden Künstler anspricht: »Ich bin wie jemand, der eine Stimme in der Entfernung hört, aber wenn ich die Stimme auch höre, so kann ich die einzelnen Wörter doch nicht verstehen, denn gelegentlich verstehe ich nicht, was ich sage, und doch ist es des Herrn Wille, daß es anmutig gesagt werde, und wenn ich zuweilen Unsinn rede, so deswegen, weil es meine Art ist, alles durcheinanderzubringen.« Ich kann nicht glauben, daß meine lange Reise durch das heutige Spanien und, in Gedanken, durch das Land des Goldenen Zeitalters, so ermüdend sie manchmal auch war, mich völlig unverändert gelassen hat. Ich stelle mir vor, daß sich der eine oder andere Leser für die einfache Geschichte meiner Reise durchaus interessiert.

Unter den Büchern, die ich las, befand sich eines, das mit meinem Vorhaben wirklich nichts zu tun hatte, denn es war der Bericht von einer Pilgerreise, die ein armenischer Bischof im ausgehenden fünfzehnten Jahrhundert zu verschiedenen Wallfahrtsorten unternommen hatte, und zwar hundert Jahre vor der Zeit, die ich behandeln wollte. Aber ich stieß in einer Bibliographie auf den Titel, und er erweckte mein Interesse. Er lautete *Relation d'un voyage fait en Europe*. Das Buch, übersetzt von einem gewissen Monsieur J. Saint Martin, war 1827 in Paris erschienen. Es ist ein schmales Bändchen, ziemlich verstaubt, die Seiten schon etwas vergilbt, und der französische und armenische Text stehen einander gegenüber. Es beginnt, ich übersetze aus dem Französischen, mit den folgenden Worten:

»Ich, Martyr, doch nur dem Namen nach, geboren zu Arzendjian, Bischof, in der Einsiedelei des hl. Chiragos zu Norkiegh ansässig, hatte schon immer den Wunsch verspürt, das Grab des heiligen Fürsten der Apostel zu besuchen. Als die Zeit gekommen war, diese Ehre zu verdienen, nach der ich, so unwürdig ich auch war, mich stets gesehnt hatte, ohne aber irgend jemand von meinen Absichten erzählt zu haben, verließ ich am 29. Oktober des Jahres 938 armenischer Zeitrechnung mein Kloster. Ich reiste in kurzen

Etappen und erreichte Konstantinopel. Dort fand ich, durch die Gnade Gottes, ein Schiff, auf dem ich mich mit dem Diakon einschiffte.«

Das erwähnte Datum entspricht dem Jahre 1489 christlicher Zeitrechnung. Am 3. August 1492 brach Christoph Kolumbus, der einen neuen Seeweg nach Indien entdecken wollte, in Palos auf.

Dieser Bischof von Arzendjian muß ein ungewöhnlicher Mann gewesen sein. Arzendjian war eine geschäftige Stadt am Ufer des Euphrat, jenes berühmten Stromes. Sie lag in einer fruchtbaren Ebene, reich an Obst- und Weingärten, und war umgeben von Bergen, in denen wilde Stämme lebten, die keiner Obrigkeit untertan waren. Im Euphrat, nicht weit draußen vor der Stadt, taufte der hl. Gregor den armenischen König und die Edlen seines Hofes, ein Ereignis, dessen Folgen sehr unangenehm für die Armenier und für die europäischen Völker waren. Der Bischof gelangte nach Rom und erhielt dort vom Papst ein Empfehlungsschreiben, das ihm auf seiner beschwerlichen Reise noch gute Dienste leisten sollte. Er reiste nordwärts; in Basel wurden er und sein Reisebegleiter, der Diakon Verthanes, als Spione gefangengenommen. Er enthält sich jeden Kommentars. Nach ihrer Freilassung fuhren sie rheinabwärts, kamen nach Köln, wo sie den Schrein der Heiligen Drei Könige besichtigten. In Flandern konnten sie sich, der Landessprache nicht mächtig, nur mit Mühe verständlich machen. Aus dem gleichen Grund gerieten sie auch in England in Schwierigkeiten; der Bischof sagt dazu aber nur, daß die Engländer Fischesser seien. In Paris, wo er sich in einem Gasthof einquartiert, ruft er aus: »Wer könnte die Schönheit dieser Stadt beschreiben! Es ist eine sehr große und prächtige Stadt!« Das geht über das Übliche hinaus, denn zumeist beschreibt er nur, wie er von Ort zu Ort reist und welche Grabstätten er besucht hat; er sagt nichts über die Menschen, denen er begegnet. Es ist die trockenste Lektüre, die man sich vorstellen kann, und doch liest man immer weiter, weil man irgendwie den grenzenlosen Mut dieses Mannes spürt. In Paris trennte sich der Diakon von ihm. Der Bischof suchte einen anderen Gefährten, konnte aber wohl niemand finden, der bereit war, die Gefahren und Entbehrungen des Reisens auf sich zu nehmen. »Also legte ich mein Schicksal in die Hand des hl. Jakob und des Allmächtigen Gottes und setzte meine Reise in großer Niedergeschlagenheit fort.« Keine Gefahren entmutigen ihn. Er erträgt Kälte und Hunger. Er geht zu Fuß, ganz allein, inzwischen kein Jüngling mehr, fügt sich ohne Murren in alle Widrigkeiten. Trifft er in einer Stadt ein, wird er in einem Kloster versorgt, aber auf dem flachen Land schläft er auf der nackten Erde. Er kam durch die verschiedensten Städte, wurde überall mit großen Ehren empfangen, und in San Sebastian begegneten ihm ein Gastwirt und dessen Frau mit grenzenloser Nächstenliebe. Das ist die einzige gute Tat eines spanischen Wirts, von der ich gelesen habe. Zweimal wurde für ihn gesammelt, denn was er anfangs auch besessen haben mochte, muß inzwischen längst ausgegeben sein. Von San Sebastian sagte er erstaunlicherweise: »In dieser Stadt habe ich nicht ein schönes Antlitz gesehen.« Schließlich erreichte er, erschöpft und müde, aber bestärkt durch die Gnade Gottes, die berühmte Stadt, die der hl. Jakob als seine letzte Ruhestätte bestimmt hatte.

»Ich näherte mich seinem Grabmal. Ich warf mich zu Boden und flehte im Gebet um Vergebung meiner Sünden, der Sünden von Vater und Mutter und derjenigen meiner Wohltäter. Endlich hatte ich, unter vielen Tränen, erreicht, wonach sich mein Herz so verzehrt hatte.«

Dann machte er sich wieder auf die Heimreise.

Er erreichte einen Ort, den er Getharia nennt, einen Hafen an der Küste von Guipuzcoa. Inzwischen schrieb man das Jahr 1494. Er war fünf Jahre unterwegs gewesen. Erst zwölf Monate zuvor war Christoph Kolumbus nach

Palos zurückgekehrt. Er hatte nicht das Gesuchte gefunden, sondern einen neue Welt. Und nun fahre ich mit dem Bericht des Bischofs fort:

»Ich fand dort ein großes Schiff von sechzig Tonnen, wie man mir sagte. Ich wandte mich an die Priester mit der Bitte, mir dabei zu helfen, an Bord dieses Schiffes gebracht zu werden. ›Ich kann nicht mehr zu Fuß gehen‹, sagte ich, ›all meine Kraft ist dahin.‹ Man war erstaunt, daß ich zu Fuß aus einem so weit entfernten Land gekommen war. Sie suchten den Kapitän und sprachen zu ihm: ›Dieser armenische Mönch bittet Euch, ihn auf Eurem Schiff mitzunehmen. Er kommt von weit her und ist nicht imstande, auf dem Landwege in seine Heimat zurückzukehren.‹ Sie lasen ihm das päpstliche Empfehlungsschreiben vor. Der Kapitän hörte zu und sagte: ›Ich werde ihn auf mein Schiff nehmen. Aber sagt ihm, daß ich hinaus auf die Weltmeere fahre, daß mein Schiff keine Ladung befördert und daß alle Mann an Bord im Dienste des Schiffes stehen. Was uns angeht, so geben wir unser Leben hin. Unsere einzige Hoffnung ist der allmächtige Gott, und wir glauben, daß Gott uns in jeder Lage schützen wird. Wir fahren über die ganze Welt und können nicht sagen, wohin uns die Winde tragen. Aber Gott weiß es. Und wenn es Euer Wunsch ist, gleichfalls mitzukommen, so seid willkommen. Geht an Bord, und um Euer leibliches Wohl soll gesorgt werden. Ihr kümmert Euch um alles andere. Da wir ein Herz haben, werden wir Euch mit Zwieback und allem anderen, was Gott uns gegeben hat, versorgen.‹«

Achtundsechzig Tage lang fuhr der unerschrockene Bischof über die fremden Meere. Widrige Winde trieben sie hierhin und dorthin, und schließlich kamen sie zu einer Stadt, »am Ende der Welt«. Sie waren von heftigen Stürmen geschüttelt worden, so daß sie zwecks Reparaturarbeiten nach Cadiz zurückkehren mußten. Hier ging der Bischof an Land und trat von hier aus seine Pilgerreise nach Santa Maria de Guadelupe an. Erst im Frühjahr 1496 traf er wieder in Rom ein. Und so endet sein Bericht: »Dann begab ich mich nach Santa Maria, wo ich an Bord ging. Abermals erlebte ich so widrige Situationen, daß ich lieber gestorben wäre als so vielen Gefahren ausgesetzt zu sein.«

Diesen Bericht des Bischofs von Arzendjian habe ich nicht um seinetwillen zitiert, wenn ich es auch nicht für Zeitverschwendung halte, sich mit einem so guten und tapferen Mann zu beschäftigen. Mir ging es um die Antwort des unbekannten Kapitäns. Und ich dachte mir, daß auch der armenische Bischof von ihr angetan war, denn es ist die einzige Rede in seinem Buch. Seine Begegnungen mit berühmten Menschen erwähnt er nur, beschreibt sie aber nicht. Für mich sind die Worte des Kapitäns genauso eindrucksvoll wie die beste Rede des Thukydides an die Griechen, deren Geschichte er schrieb. Dieser Seefahrer, der, auf Gott vertrauend, mit einem zerbrechlichen Schiff die Weltmeere befuhr, wird wohl für immer unbekannt bleiben. Seine Worte haben etwas Heroisches. Ich glaube, der Bischof erkannte in ihm einen Gleichgesinnten. Auch er, der unbekannte Kapitän, war ein engagierter Priester, der sich dem großen Abenteuer widmete, und auch er hatte ein furchtloses Herz.

Und wenn ich mich nicht irre, dann haben wir hier das Geheimnis der Größe, die Spanien ausmachte. Seine Gedichte, seine Gemälde und seine Bauwerke sind männlich. Männlich ist auch sein Denken. Sie lebten, diese Spanier des Goldenen Zeitalters. Sie fühlten und handelten, sie sinnierten nicht. Sie suchten das Leben und fanden es schließlich, das Leben in all seiner Unruhe, Hitze und Vielfalt. Leidenschaft war die Saat, aus der sie geboren wurden, und Leidenschaft war die Blume, die sie trugen. Doch Leidenschaft allein bringt noch keine große Kunst hervor. In den Künsten haben die Spanier nichts erfunden. Dort, wo sie Künste praktizierten, haben sie nicht viel mehr getan als einer von Ausländern übernommenen Virtuosität ein wenig Lokalkolorit zu geben. Ihre Literatur, das erlaubte ich mir bereits zu bemerken, war nicht von allererstem Rang. Die Malerei erlernten sie von fremden Meistern, brachten selbst, unfähige Schüler, die sie waren, aber nur einen Maler von höchstem Rang hervor. Ihre Architektur verdankten sie den Mauren, Franzosen und Italienern, und was sie selbst schufen, war am besten, wenn sie am wenigsten von ihren Modellen abwichen. Sie hatten eine außerordentliche Qualität, doch die lag auf einem anderen Gebiet. Es war eine Qualität des Charakters. Darin sind sie meines Erachtens von niemand übertroffen worden, und nur die alten Römer sind ihnen ebenbürtig. Es scheint, als sei all die Energie, all die Originalität dieses vitalen Volkes auf ein Ziel und nur darauf gerichtet gewesen: auf die Hervorbringung des Menschen. Nicht in der Kunst haben sie sich hervorgetan, sondern in etwas Größerem als der Kunst – im Menschen. Und doch ist es der Gedanke, der das letzte Wort hat.

*Das spanische Goldene Zeitalter im Diogenes Verlag*

Miguel de Cervantes Saavedra
*Leben und Taten des scharfsinnigen Edlen Don Quixote von la Mancha*

Roman. Aus dem Spanischen von Ludwig Tieck
Mit einem Essay von Heinrich Heine und
Illustrationen von Gustave Doré

»*Don Quixote* von Cervantes – eines der grandiosesten und zugleich entzückendsten Bücher aller Zeiten, die Geschichte des irrenden Ritters und seiner Kämpfe mit eingebildeten Bösewichten und seines fetten Knappen Sancho: zwei unsterbliche Figuren.«
*Hermann Hesse*

»Bewunderung und Mitleid und Vergnügen – das alles kann ich bei Cervantes finden, weil er eben ein Mann ist, der versucht, das bestmögliche in dieser baufälligen Welt zu leisten, in der zu leben er gezwungen ist. Er hat Ideale, die, an unsern pharisäerhaften Idealen gemessen, verrückt sind. Doch an meinen Maßstäben gemessen sind sie nicht verrückt. Wenn ich ein oder zwei Seiten *Don Quixote* gelesen habe, kann ich mich in ihm erkennen, und ich möchte gern glauben, daß mein Verhalten besser geworden ist, seit ich ihn gelesen habe.« *William Faulkner*

*Meistererzählungen*

Deutsch von Gerda von Uslar
Mit einem Nachwort

»Cervantes zeigt sich in seinen Erzählungen als Meister der Situationsschilderung in ihrer Komik und plastischen Anschaulichkeit, als Meister des dramatischen Dialogs, der die Erzählungen von innen heraus belebt, und als intimer Kenner der menschlichen Seele.« *Kindlers Literatur Lexikon*

Baltasar Gracián

*Hand-Orakel und Kunst der Weltklugheit*

Aus dessen Werken gezogen von D. Vincencio Juan de Lastanosa und aus dem spanischen Original treu und sorgfältig übersetzt von Arthur Schopenhauer. Mit einem Nachwort von Hugo Loetscher

Schopenhauer fühlte sich ebenso wie Nietzsche von den psychologischen Ansichten des Jesuiten Gracián, geboren 1601 in Belmonte (Aragón), gestorben 1658 in Taragoza, angezogen und in manchen eigenen Überlegungen bestätigt. Von ihm stammt die deutsche Übersetzung von Graciáns erstmals 1647 erschienenem *Hand-Orakel.*

»Mit offenen Karten spielen ist weder nützlich noch angenehm. Indem man seine Absicht nicht gleich kundgibt, erregt man die Erwartung. Bei allem lasse man etwas Geheimnisvolles durchblicken und errege, durch seine Verschlossenheit selbst, Ehrfurcht. Behutsames Schweigen ist das Heiligtum der Klugheit.«
*Baltasar Gracián*

»Das einmalige Durchlesen ist offenbar durchaus unzulänglich, vielmehr ist es zu anhaltendem gelegentlichem Gebrauche gemacht und recht eigentlich ein Gefährte für das Leben: daher wird, wer es gelesen oder auch nur darin geblättert hat, es besitzen wollen!« *Arthur Schopenhauer*

»Gracián hatte seine Einsichten in einer höfisch-aristokratischen Gesellschaft gewonnen, und demnach war sein erster Adressat der Hofmann. Aber die Schlüsse, die er aus seinen Beobachtungen zog, erlangten gleicherweise Gültigkeit für andere und spätere Gesellschaftsformen.«
*Hugo Loetscher im Nachwort*

## Teresa von Avila

### *Die innere Burg*

Herausgegeben und übersetzt von
Fritz Vogelgsang

»An Teresa darf nicht das Normalmaß gelegt werden. Sie ist ein Phänomen, wie es nicht in jedem Jahrhundert vorkommt.« *Walter Nigg*

»Teresa war mitnichten, was man sich unter einem klösterlichen Geschöpf vorstellt, weder dem Leibe noch der Seele noch dem Geiste nach, was alles auf höchste Aktivität gestellt war. Die frommen Bücher langweilten sie nicht weniger als das obligate Hersagen der Gebete. Sie wünschte, daß man von Herzen fröhlich sei und sich damit beschäftigte, die anderen zu erheitern. Und daß man sich sehr hüten solle, ›seinem Geist zu entfliehen‹, wenn man so glücklich sei, einen zu haben. Alle großen Einsiedler und Mönche waren mächtige und heroische Liebhaber der Wirklichkeit, welche die Fackel des Lebens weitergaben, nie vom Leben flüchtende Feiglinge und selbstische Visionäre. Mit Verfall quittiert die Kirche, wenn ihrem geistigen Leben die mystische Nahrung aus diesem Elan vital versagt bleibt.« *Franz Blei*

## Ludwig Marcuse

### *Ignatius von Loyola*

Ein Soldat der Kirche

Ignatius von Loyola, spanischer Grande und Offizier, Gründer und erster General des Jesuiten-Ordens, ist einer der großen, muster- und mythenbildenden Politiker der Weltgeschichte.
Ludwig Marcuse, auch Biograph Sigmund Freuds, Richard Wagners und Heinrich Heines, erzählt mit plastischen Details das Zeitalter der Renaissance, Inquisition und Reformation und zeigt am Beispiel des

Ignatius, wie man das macht: Macht gewinnen, ausbauen, behalten.

»Es darf der Loyola, es darf das Christentum nicht denen überlassen werden, die es in Verruf gebracht haben; und nicht von denen ›überwunden‹ werden, die seiner nicht würdig sind.« *Ludwig Marcuse*

W. Somerset Maugham
*Don Fernando*

Eine Reise in die spanische Kulturgeschichte
Aus dem Englischen von Matthias Fienbork

Der Leser unternimmt mit dem Erzähler eine Reise in die spanische Kulturgeschichte. Mit seiner Schilderung der Literatur, der Kunst und der Musik des Goldenen Zeitalters Spaniens entwirft Maugham ein großartiges Gemälde der Menschen und der Kultur jener Zeit.
*Don Fernando* ist ein Buch über Spanien, über Cervantes, Lope de Vega, El Greco, über Seefahrer und einen Schotten, der im 17. Jahrhundert nach Spanien kam...

»Was beispielhaft bleibt, sind die nie ermüdende Lebensneugier des Schriftstellers und einstigen Arztes Maugham und die als Zynismus erscheinende unsentimentale Gelassenheit des Erzählers Maugham: ›Wenn es zynisch ist, die menschliche Natur so zu nehmen, wie sie ist, zu lächeln, wenn sie absurd ist, nicht übermäßig betrübt zu sein, wenn sie kläglich ist, dann bin ich wohl ein Zyniker.‹« *Der Spiegel, Hamburg*

## *W. Somerset Maugham im Diogenes Verlag*

»Er ist ein glänzender Beobachter. Menschen und Umwelt gewinnen bei ihm höchste Präsenz.«
*D. H. Lawrence*

*Meistererzählungen*
Ausgewählt von Gerd Haffmans. Aus dem Englischen von Kurt Wagenseil, Tina Haffmans und Mimi Zoff

*Gesammelte Erzählungen in 10 Bänden*
Deutsch von Felix Gasbarra, Marta Hackel, Ilse Krämer, Helene Mayer, Claudia und Wolfgang Mertz, Eva Schönfeld, Wulf Teichmann, Friedrich Torberg, Kurt Wagenseil und Mimi Zoff u. a.

*Honolulu*

*Das glückliche Paar*

*Vor der Party*

*Die Macht der Umstände*

*Lord Mountdrago*

*Das ewig Menschliche*

*Ashenden oder Der britische Geheimagent*

*Entlegene Welten*

*Winter-Kreuzfahrt*

*Fata Morgana*

*Das gesammelte Romanwerk in bisher 13 Einzelbänden:*

*Der Menschen Hörigkeit*
Roman. Erstmals vollständig in deutscher Sprache. Deutsch von Mimi Zoff und Susanne Feigl

*Rosie und die Künstler*
Roman. Deutsch von Hans Kauders und Claudia Schmölders

*Silbermond und Kupfermünze*
Roman. Deutsch von Susanne Feigl

*Auf Messers Schneide*
Roman. Deutsch von N. O. Scarpi

*Theater*
Ein Schauspielerroman. Deutsch von Renate Seiler und Ute Haffmans

*Damals und heute*
Ein Machiavelli-Roman. Deutsch von Hans Flesch und Ann Mottier

*Der Magier*
Ein parapsychologischer Roman
Deutsch von Melanie Steinmetz und Ute Haffmans

*Oben in der Villa*
Ein kriminalistischer Liebesroman. Deutsch von William G. Frank und Ann Mottier

*Mrs. Craddock*
Roman. Deutsch von Elisabeth Schnack

*Südsee-Romanze*
Roman. Deutsch von Mimi Zoff

*Liza von Lambeth*
Ein Liebesroman. Deutsch von Irene Muehlon

*Don Fernando*
oder Eine Reise in die spanische Kulturgeschichte. Deutsch von Matthias Fienbork

*Der bunte Schleier*
Roman. Deutsch von Anna Kellner und Irmgard Andrae

*Zehn Romane und ihre Autoren*
Keine Autobiographie. Deutsch von Matthias Fienbork

# *D.H. Lawrence im Diogenes Verlag*

»Es war etwas von einem Proletarier an ihm und von einem Marquis. Von rächerischer Leidenschaft, die ihr Opfer sucht, und gefeiltester Feinheit. Vom kämpfenden Zauber, dem ›Auge der Venus, das die Gegner selbst bestrickt und blind macht‹, von der ›Magie des Extrems, der Verführung, die alles Äußerste übt‹ – und von einem in Blumen und Tiere verliebten Schäfer.«
*René Schickele*

*Sämtliche Erzählungen und Kurzromane in 8 Bänden*
Aus dem Englischen von Martin Beheim-Schwarzbach, Georg Goyert, Marta Hackel, Karl Lerbs, Elisabeth Schnack und Gerda von Uslar

*Der preußische Offizier*
Erzählungen

*England, mein England*
Erzählungen

*Die Frau, die davonritt*
Erzählungen

*Der Mann, der Inseln liebte*
Erzählungen

*Der Fremdenlegionär*
Erzählungen, Autobiographisches, Fragmente

*Der Hengst St. Mawr*
Roman

*Liebe im Heu*
Erzählungen

*Die Hauptmanns-Puppe*
Erzählungen

*John Thomas & Lady Jane*
Roman. Die zweite und längste Fassung der ›Lady Chatterley‹. Deutsch von Susanna Rademacher. Mit einem Nachwort von Roland Gart

*Briefe*
Auswahl von Richard Aldington. Vorwort von Aldous Huxley. Deutsch und Nachwort von Elisabeth Schnack. Personenverzeichnis, Chronik und Bibliographie im Anhang

*Liebe, Sex und Emanzipation*
Essays. Deutsch von Elisabeth Schnack

*Mr. Noon*
Autobiographischer Roman. Deutsch von Nikolaus Stingl

*Mexikanischer Morgen*
Reisetagebücher. Deutsch von Alfred Kuoni

*Das Meer und Sardinien*
Reisetagebücher. Deutsch von Georg Goyert

*Etruskische Stätten*
Reisetagebücher. Deutsch von Oswalt von Nostitz

*Italienische Dämmerung*
Reisetagebücher. Deutsch von Georg Goyert

*Die gefiederte Schlange*
Roman. Deutsch von Georg Goyert

*Meistererzählungen*
Ausgewählt, deutsch und mit einem Nachwort von Elisabeth Schnack

George Orwell
*Mein Katalonien*

Bericht über den Spanischen Bürgerkrieg
Aus dem Englischen von Wolfgang Rieger

Ende 1936 kam Orwell als Zeitungsreporter nach Barcelona, um über den Bürgerkrieg zu berichten. Er schloß sich der Miliz der P.O.U.M. an, der Arbeiterpartei der marxistischen Einigung, und kämpfte den Winter über an der Front in Aragonien. Als er wenig später mitansehen mußte, wie die Kommunisten bei der Ausschaltung der ihnen nicht genehmen revolutionären Splittergruppen Methoden der faschistischen Geheimpolizei anwandten, wurde er zu einem der erbittertsten Feinde des sowjetischen Totalitarismus.

»Auch nach so vielen Jahren wird bei der Lektüre von Orwells Bericht die Vitalität gegenwärtig, die Barcelona unter den Bedingungen des sogenannten Bürgerkriegs kennzeichnete: die nicht mehr lodernde Begeisterung, aber doch glimmende Hoffnung der Menschen, die bereit waren – trotz aller verwirrenden Unzulänglichkeiten – für die Herrschaft des Volkes, für ihr Verständnis von Sozialismus, für die legitime Regierung oder – wie sie weithin meinten – auch für die Sache der europäischen Demokratie zu kämpfen.«
*Willy Brandt*

# *Dichter und Denker im Diogenes Verlag*

**● Angelus Silesius**

*Der cherubinische Wandersmann*
Geistreiche Sinn- und Schlußreime. Herausgegeben und mit einem Nachwort von Erich Brock

**● Heinrich Böll**

*Worte töten, Worte heilen*
Gedanken über Lebenslust, Sittenwächter und Lufthändler. Ausgewählt und zusammengestellt von Daniel Keel. Mit einem Nachwort von Alfred Andersch

**● Buddha**

*Worte der Vollendung*
Herausgegeben und mit einem Vorwort und einem Nachwort von Wolfgang Kraus

**● Luciano De Crescenzo**

*Also sprach Bellavista*
Neapel, Liebe und Freiheit. Aus dem Italienischen von Linde Birk

*oi dialogoi*
Von der Kunst, miteinander zu reden. Deutsch von Jürgen Bauer

*Geschichte der griechischen Philosophie I*
Die Vorsokratiker. Deutsch von Linde Birk

*Geschichte der griechischen Philosophie II*
Von Sokrates bis Plotin. Deutsch von Linde Birk

**● Friedrich Dürrenmatt**

*Kritik*
Kritiken und Zeichnungen

*Literatur und Kunst*
Essays, Gedichte und Reden

*Philosophie und Naturwissenschaft*
Essays, Gedichte und Reden

*Politik*
Essays, Gedichte und Reden

*Versuche*

*Denkanstöße*
Ausgewählt und zusammengestellt von Daniel Keel. Mit sieben Zeichnungen des Dichters

*Labyrinth*
Stoffe I–III: Der Winterkrieg in Tibet / Mondfinsternis / Der Rebell. Vom Autor revidierte Neuausgabe

*Turmbau*
Stoffe IV–IX: Begegnungen / Querfahrt / Die Brücke / Das Haus / Vinter / Das Hirn

*Kants Hoffnung*
Zwei politische Reden / Zwei Gedichte aus dem Nachlaß. Mit einem Essay von Walter Jens

*Gedankenfuge*

**● Meister Eckehart**

*Deutsche Predigten und Traktate*
Herausgegeben und übersetzt von Josef Quint

**● Albert Einstein**

*Briefe*
Aus dem Nachlaß herausgegeben von Helen Dukas und Banesh Hoffmann

**● Albert Einstein & Sigmund Freud**

*Warum Krieg?*
Ein Briefwechsel. Mit einem Essay von Isaac Asimov

**● Henry F. Ellenberger**

*Die Entdeckung des Unbewußten*
Geschichte und Entwicklung der dynamischen Psychiatrie von den Anfängen bis zu Janet, Freud, Adler und Jung. Aus dem Amerikanischen von Gudrun Theusner-Stampa. Mit 45 Abbildungen

**● Ralph Waldo Emerson**

*Essays*
Erste Reihe. Herausgegeben, aus dem Amerikanischen übersetzt und mit einem ausführlichen Anhang von Harald Kiczka

*Natur*
Herausgegeben und übersetzt von Harald Kiczka. Mit einem Nachruf auf Emerson von Herman Grimm

*Repräsentanten der Menschheit*
Plato, Swedenborg, Montaigne, Shakespeare, Napoleon, Goethe. Sieben Essays. Deutsch von Karl Federn. Mit einem Nachwort von Egon Friedell

*Von der Schönheit des Guten*
Betrachtungen und Beobachtungen. Ausgewählt, übertragen und mit einem Vorwort von Egon Friedell. Mit einem Nachwort von Wolfgang Lorenz

● **Epiktet**
*Handbüchlein der Moral und Unterredungen*
Herausgegeben und mit einer Einführung von Wolfgang Kraus

● **Erasmus von Rotterdam**
*Das Lob der Narrheit*
Mit vielen Kupfern nach Illustrationen von Hans Holbein und einem Nachwort von Stefan Zweig

● **Jean-Henri Fabre**
*Das offenbare Geheimnis*
Aus dem Lebenswerk des Insektenforschers. Eine Auswahl aus den ›Souvenirs entomologiques‹. Herausgegeben von Kurt Guggenheim und Adolf Portmann. Mit einem Essay von Martin Lindauer. Aus dem Französischen von Kurt Guggenheim. Mit Bildtafeln und Zeichnungen

*Wunder des Lebendigen*
Aus der vielfältigen Welt der Insekten. Eine Auswahl aus den ›Souvenirs entomologiques‹. Herausgegeben von Martin Lindauer und Jost M. Franz. Deutsch von Liselotte Ronte

● **Franz von Assisi**
*Fioretti*
Gebete / Ordensregeln / Testament / Briefe. Aus dem Italienischen von Wolfram von den Steinen und Max Kirschstein. Mit einem Essay von Wolfram von den Steinen

● **Egon Friedell**
*Ist die Erde bewohnt?*
Gesammelte Essays 1919 bis 1931. Herausgegeben und mit einem Nachwort ›Der ganze Friedell?‹ von Heribert Illig

*Steinbruch*
Kleine Philosophie. Mit einem Vorwort des Autors und einem Nachwort von Wolfgang Lorenz

*Ecce Poeta*
Mit einem Nachwort von Wolfgang Lorenz

● **Nicolas Gfeller**
*Eine kleine Geschichte der Ethik*
von Buddha bis Ernst Bloch. Mit zahlreichen Abbildungen

● **Baltasar Gracián**
*Hand-Orakel und Kunst der Weltklugheit*
Aus dem Spanischen von Arthur Schopenhauer. Mit einem Nachwort von Hugo Loetscher

● **Friedrich Hebbel**
*Ergründe die Welt, und nicht die Bücher*
Einfälle, Reflexionen, Beobachtungen. Ausgewählt und mit einem Vorwort von Egon Friedell. Mit einem Nachwort von Wolfgang Lorenz. Frontispiz von J. Kriehuber

● **Immanuel Kant**
*Deines Lebens Sinn*
Eine Auswahl aus dem Gesamtwerk. Herausgegeben von Wolfgang Kraus

● **Lao Tse**
*Tao-Te-King*
Neu ins Deutsche übertragen von Hans Knospe und Odette Brändli. Mit einem Nachwort von Knut Walf

● **D.H. Lawrence**
*Liebe, Sex und Emanzipation*
Essays. Aus dem Englischen von E. Schnack

● **Ludwig Marcuse**
*Philosophie des Glücks*
Von Hiob bis Freud. Vom Autor revidierter und erweiterter Text nach der Erstausgabe von 1948. Mit Register

*Sigmund Freud*
Sein Bild vom Menschen. Mit Register und Literaturverzeichnis

*Argumente und Rezepte*
Ein Wörterbuch für Zeitgenossen

*Ignatius von Loyola*
Ein Soldat der Kirche. Mit Zeittafel

*Briefe von und an Ludwig Marcuse*
Herausgegeben und eingeleitet von Harold von Hofe

*Mein zwanzigstes Jahrhundert*
Auf dem Weg zu einer Autobiographie. Mit Personenregister

*Nachruf auf Ludwig Marcuse*

*Heinrich Heine*
Melancholiker, Streiter in Marx, Epikureer

*Ludwig Börne*
Aus der Frühzeit der deutschen Demokratie

*Philosophie des Un-Glücks*
Pessimismus – ein Stadium der Reife

*Meine Geschichte der Philosophie*
Aus den Papieren eines bejahrten Philosophiestudenten

*Das Märchen von der Sicherheit*
oder Die unverschämte Vernunft. Ein Essay, herausgegeben und eingeleitet von Harold von Hofe

*Richard Wagner*
Ein denkwürdiges Leben. Mit einem Register

*Obszön*
Geschichte einer Entrüstung

*Der Philosoph und der Diktator*
Plato und Dionys. Geschichte einer Demokratie und einer Diktatur

*Essays / Porträts / Polemiken*
Die besten Essays aus vier Jahrzehnten. Herausgegeben und eingeleitet von Harold von Hofe

*Wie alt kann Aktuelles sein?*
Literarische Porträts und Kritiken. Herausgegeben, mit einem Nachwort und einer Auswahlbibliographie von Dieter Lamping

*Strindberg*
Das Leben der tragischen Seele

*Die Welt der Tragödie*

*Amerikanisches Philosophieren*
Pragmatisten, Polytheisten, Tragiker

● **Thomas Merton**

*Im Einklang mit sich und der Welt*
Contemplation in a World of Action. Aus dem Amerikanischen und mit einer Einführung von Georg Tepe

● **Mohammed**

*Die Stimme des Propheten*
Aus dem Koran ausgewählt, herausgegeben und mit einem Vorwort von Wolfgang Kraus

● **Michel de Montaigne**

*Essais*
nebst des Verfassers Leben nach der Ausgabe von Pierre Coste, ins Deutsche übersetzt von Johann Daniel Tietz. Mit Personen- und Sachregister. Nachwort von Winfried Stephan

*Essais*
Eine Auswahl vorgestellt von André Gide

● **Charles-Louis Secondat Montesquieu**

*Vom glücklichen und weisen Leben*
Aus dem Französischen von Erwein Freiherr von Aretin. Nachwort von Fritz Schalk

● **Thomas Morus**

*Utopia*
Roman. Aus dem Lateinischen von Alfred Hartmann. Mit einem Porträt des Autors von Erasmus von Rotterdam

● **Friedrich Nietzsche**

*Vom Nutzen und Nachteil der Historie für das Leben*
Herausgegeben und mit einem Nachwort von Michael Landmann

● **Walter Nigg**

*Große Heilige*
Von Franz von Assisi bis Therese von Lisieux

*Das Buch der Ketzer*
Von Simon Magus bis Leo Tolstoi

*Vom Geheimnis der Mönche*
Von Bernhard von Clairvaux bis Teresa von Avila

*Das mystische Dreigestirn*
Meister Eckhart, Johannes Tauler, Heinrich Seuse

*Heilige und Dichter*
Von Augustinus bis Reinhold Schneider

*Des Pilgers Wiederkehr*
Drei Variationen über ein Thema

*Heimliche Weisheit*
Mystisches Leben in der evangelischen Christenheit

*Der christliche Narr*
Über Symeon von Edessa, Jacopone da Todi, Erasmus' *Lob der Torheit*, Philipp Neri, Cervantes' *Don Quijote*, Heinrich Pestalozzi und Dostojewskijs *Idiot*

*Buch der Büßer*
Neun Lebensbilder. Von Maria Magdalena bis Simone Weil

● **Novalis**
*Geleit auf allen Wegen*
Aus dem Gesamtwerk ausgewählt und mit einem Vorwort von Wolfgang Kraus

● **George Orwell**
*Im Innern des Wals*
Erzählungen und Essays. Aus dem Englischen von Felix Gasbarra und Peter Naujack

*Rache ist sauer*
Essays. Deutsch von Felix Gasbarra, Peter Naujack und Claudia Schmölders

*Gerechtigkeit und Freiheit*
Gedanken über Selbstverwirklichung nebst dem Essay ›Kreativität und Lebensqualität‹. Zusammengestellt von Fritz Senn. Deutsch von Felix Gasbarra und Tina Richter. Mit 7 Zeichnungen von Tomi Ungerer

● **Hanspeter Padrutt**
*Der epochale Winter*
Zeitgemäße Betrachtungen

*Und sie bewegt sich doch nicht*
Parmenides im epochalen Winter. Mit einem ausführlichen Anhang

● **Blaise Pascal**
*Größe und Nichtigkeit des Menschen*
Aus dem Französischen von Ferdinand Bruckner. Mit einem Nachwort von Egon Friedell

● **Arthur Schopenhauer**
*Aphorismen zur Lebensweisheit*
Textidentisch mit Band 8 der ›Zürcher Ausgabe‹. Herausgegeben von Arthur Hübscher. Mit einem Nachwort von Egon Friedell

*Zürcher Ausgabe: Werke in 10 Bänden*
Vollständige Neuedition. Alle Bände bringen, nach dem letzten Stand der Forschung, den integralen Text in der originalen Orthographie Schopenhauers nach der historisch-kritischen Gesamtausgabe von Arthur Hübscher; Übersetzungen fremdsprachiger Zitate und seltener Fremdwörter wurden in Klammern eingearbeitet. Die editorischen Materialien besorgte Angelika Hübscher

*Die Welt als Wille und Vorstellung I*
In zwei Teilbänden

*Die Welt als Wille und Vorstellung II*
In zwei Teilbänden

*Über die vierfache Wurzel des Satzes vom zureichenden Grunde*
*Über den Willen in der Natur*
Kleinere Schriften I

*Die beiden Grundprobleme der Ethik: Über die Freiheit des menschlichen Willens / Über die Grundlage der Moral*
Kleinere Schriften II

*Parerga und Paralipomena I*
In zwei Teilbänden, wobei der zweite als Einzelausgabe die ›Aphorismen zur Lebensweisheit‹ enthält

*Parerga und Paralipomena II*
In zwei Teilbänden

● **Erwin Schrödinger**
*Die Natur und die Griechen*
Aus dem Englischen von Mira Koffka

*Geist und Materie*

*Mein Leben, meine Weltansicht*
Mit einem Vorwort von Auguste Dick

**● Alexander Sinowjew**
*Ich bin für mich selbst ein Staat*
Betrachtungen eines russischen Kosmopoliten. Aufgezeichnet von Adelbert Reif und Ruth Renée Reif. Mit einer vollständigen Bibliographie der Werke von Alexander Sinowjew

**● Stendhal**
*Über die Liebe*
Essay. Aus dem Französischen von Franz Hessel. Mit Fragmenten, einem Anhang aus dem Nachlaß des Autors und einer Anmerkung von Franz Blei

**● Teresa von Avila**
*Die innere Burg*
Herausgegeben und übersetzt von Fritz Vogelgsang

**● Thomas a Kempis**
*Die Nachfolge Christi*
Ein kernhafter Auszug aus ›De imitatione Christi‹. Nach dem lateinischen Urtext bearbeitet und mit Anmerkungen herausgegeben von E.A. Kernwart

**● Henry David Thoreau**
*Über die Pflicht zum Ungehorsam gegen den Staat*
und andere Essays. Herausgegeben, aus dem Amerikanischen und mit einem Nachwort von Walter E. Richartz

**● Marquis de Vauvenargues**
*Große Gedanken entspringen im Herzen*
Herausgegeben und mit einem Vorwort von Wolfgang Kraus. Aus dem Französischen und mit einem Nachwort von Candida Kraus. Frontispiz von Ch. Colin

**● Voltaire**
*Gedanken regieren die Welt*
Eine Auswahl. Herausgegeben und mit einem Vorwort von Wolfgang Kraus

**● Gerhard Wehr**
*Carl Gustav Jung*
Leben, Werk, Wirkung

*C.G. Jung und Rudolf Steiner*
Konfrontation und Synopse

*Martin Buber*
Leben, Werk, Wirkung

*Rudolf Steiner*
Leben, Erkenntnis, Kulturimpuls

**● H.G. Wells**
*Die Geschichte unserer Welt*
Vom Neanderthaler bis zum Zweiten Weltkrieg. Aus dem Englischen von Otto Mandl, Helene M. Reiff und Eva Redtenbacher

**● Urs Widmer**
*Das Normale und die Sehnsucht*
Essays und Geschichten

**● Oscar Wilde**
*Der Sozialismus und die Seele des Menschen*
Ein Essay. Aus dem Englischen von Gustav Landauer und Hedwig Lachmann. Frontispiz von Walter Crane

**● Der französische Geist**
Die Meister des Essays von Montaigne bis Giraudoux. Herausgegeben und mit einer Einführung von Gustav René Hocke. Zweisprachige Ausgabe. Aus dem Französischen von Peter M. Schon

**● Ein Panorama europäischen Geistes**
Texte aus drei Jahrtausenden, ausgewählt und vorgestellt von Ludwig Marcuse. Mit einem Vorwort von Gerhard Szczesny
Band I : Diogenes bis Plotin
Band II : Augustinus bis Hegel
Band III : Karl Marx bis Thomas Mann